DESCRIPTION
PITTORESQUE
DE L'AUVERGNE.

Seconde Livraison.

CLERMONT-FERRAND,
IMPRIMERIE DE THIBAUD-LANDRIOT, LIBRAIRE.

DESCRIPTION PITTORESQUE DE L'AUVERGNE.

LE MONT-DORE

ET

SES ENVIRONS,

OU

REMARQUES SUR LA STRUCTURE ET LA VÉGÉTATION DE CE GROUPE DE MONTAGNES ; OBSERVATIONS SUR LES EAUX, LE CLIMAT, L'AGRICULTURE, ETC. ;

AVEC

ITINÉRAIRES DE CLERMONT AU MONT-DORE PAR DEUX ROUTES DIFFÉRENTES ;

ET DESCRIPTION DE TOUS LES SITES PITTORESQUES DE CETTE LOCALITÉ ;

OUVRAGE ORNÉ DE SEIZE LITHOGRAPHIES ;

PAR **H. LECOQ**,

Professeur d'Histoire naturelle, Directeur du Jardin de Botanique de la ville de Clermont-Ferrand, Rédacteur en chef des Annales scientifiques, littéraires et industrielles de l'Auvergne, etc.

SECONDE LIVRAISON. — PRIX : 8 fr.

PARIS,

J.-B. BAILLIÈRE,

Libraire, rue de l'École-de-Médecine, n° 13 bis.

LONDRES, MÊME MAISON, 219, RÉGENT STREET.

CLERMONT,

CHEZ LES PRINCIPAUX LIBRAIRES.

1835.

A Monsieur

Le Docteur Bertrand,

Chevalier de l'Ordre royal de la Légion d'honneur, Inspecteur des Eaux du Mont-Dore, Membre de l'Académie royale de Médecine, &c., &c.,

Hommage respectueux de l'Auteur.

H. Lecoq.

TABLE

PAR ORDRE DE MATIÈRES.

(Voir à la fin du volume la table alphabétique.)

	Pages.
Le Mont-Dore et ses environs.	1

PREMIÈRE PARTIE.

CHAPITRE I. — Itinéraire de Clermont au Mont-Dore par la grande route.	4
La Barraque.	6
Le puy de Dôme.	Ibid.
Montrodeix.	Ib.
Laschamp.	Ib.
Le puy de Montchié.	7
Le puy de Barme.	10
Antérioux et Nébouzat.	11
La cascade de Saillins.	14
Le Pont-des-Eaux.	21
Rochefort.	22
Laqueuille.	23
Murat-le-Quaire.	26
CHAPITRE II. — Le village du Mont-Dore.	27
CHAPITRE III. — Topographie.	30
Vallées.	31
Liste des hauteurs.	34
CHAPITRE IV. — Constitution géologique.	39
Trachytes.	40
Conglomérats trachytiques.	43
Phonolites.	46
Basaltes.	47
Volcans modernes.	48

	Pages.
Produits postérieurs aux éruptions volcaniques.	49
Première période. — Formation des trachytes et de leurs conglomérats.	52
Seconde période. — Formation des filons trachytiques. — Premier soulèvement.	60
Troisième période. — Basaltes en coulées et en filons. — Second soulèvement.	65
Quatrième période. — Apparition des volcans modernes. — Troisième et dernier soulèvement.	69
CHAPITRE V. — De l'atmosphère et des eaux.	97
Rosée, gelée blanche.	99
Nuages, brouillards.	101
Pluie.	103
Neige.	104
Sources.	107
Marais.	Ibid.
Température des sources.	109
Pression atmosphérique.	Ibid.
Cascades.	110
Lacs.	111
CHAPITRE VI. — De la végétation du mont Dore.	115
Distribution géographique des végétaux.	Ibid.
Végétation des forêts hautes.	122
— Des forêts basses.	126
— Des prairies basses.	129
— Des prairies hautes.	132
— Des sources.	140
— Des marais.	142
— Des escarpemens.	143
CHAPITRE VII. — Aperçu sur les animaux qui	

	Pages.
habitent le groupe du Mont-Dore.	148
Mammifères ou quadrupèdes.	149
Oiseaux.	150
Poissons.	155
Reptiles.	Ibid.
Insectes.	156
Mollusques.	160
CHAPITRE VIII. — Agriculture et industrie.	163
Richesse du Mont-Dore.	Ibid.
Cultures.	164
Irrigations.	165
Prés.	167
Jardins.	Ibid.
Forêts.	169
Pelouses et pacages.	170
Plantes qui composent les pacages.	172
Vacheries. — Bestiaux.	173
Personnel d'une vacherie.	174
Burons et fromages.	177

SECONDE PARTIE.

DESCRIPTION PITTORESQUE DU MONT-DORE.

L'établissement thermal.	184
PREMIÈRE PROMENADE.	190
La grande cascade.	190
Le ravin des Égravats.	195
Le roc de Cuzeau.	Ibid.
SECONDE PROMENADE.	199
La cascade du Serpent.	Ibid.
La cascade et le marais de la Dore.	202
Le pic de Sancy.	205
TROISIÈME PROMENADE.	213

	Pages.
Le Capucin.	216
Le vallon de la Cour.	220
Le Val ou la gorge des Enfers.	223
QUATRIÈME PROMENADE.	226
Le salon de Mirabeau.	227
Les prairies de Rigolet.	229
La cascade de la Vernière.	231
Murat-le-Quaire.	236
CINQUIÈME PROMENADE.	238
La Bourboule et ses eaux.	Ibid.
Les bois de Charoude.	245
La roche des Fées.	247
La grotte de la Bonne-Femme.	252
SIXIÈME PROMENADE.	256
Le ravin de l'Eau salée.	257
La roche Vendeix.	261
Les forêts de sapins du plateau de Bozat, et les moulins à scie.	273
SEPTIÈME PROMENADE.	287
Le Pessis.	Ibid.
Genestoux.	289
La cascade de Quereilh.	290
HUITIÈME PROMENADE.	294
Le puy Gros.	296
La Banne d'Ordenche.	298
Le lac de Guéry et sa cascade.	302
La cascade de la roche Sanadoire.	305
Les roches Tuillière et Sanadoire.	307
Le lac de Servières.	325
La Roche branlante.	318
NEUVIÈME PROMENADE.	321
Les puys de Marcilh, Haute-Chaux, etc.	322

	Pages.
La Croix-Morand.	325
Le bois de la Chaneau.	327
DIXIÈME PROMENADE.	332
La chapelle de Vassivière.	333
Le lac Pavin et le creux du Soucy.	334
La ville de Besse.	347
ONZIÈME PROMENADE.	349
Le lac Estivadou.	350
Le lac Chauvet.	351
Le lac de Chambedaze.	354
Le lac et le volcan de Montsineyre.	355
La Godivelle et son lac.	362
DOUZIÈME PROMENADE.	367
Le lac Chambon et la Dent du Marais.	368
Murol et son château.	372
TREIZIÈME PROMENADE. — St-Nectaire et ses environs.	377
QUATORZIÈME PROMENADE.	381
Le volcan de Murol ou le Tartaret.	Ibid.
La vallée de Chambon.	385
La gorge de Chaudefour.	389
QUINZIÈME PROMENADE. — Itinéraire du Mont-Dore à Clermont par la petite route.	396
Le bois de la Chaneau.	399
La Croix-Morand.	Ibid.
Le puy de Baladou.	400
Pessade.	402
Monteinard.	Ibid.
La Narse d'Espinasse.	403
Randanne.	Ibid.
Montjugheat.	405
Montchaud.	406

Pages.

Le puy de la Rodde. 408
Le lac d'Aydat. 409
Avitacum. — Habitation de Sidoine. . 412
Le puy de Vichatel. 415
Les puys de la Vache et de Lassolas. . . 416
Le puy Noir. 419
Les bosquets de la Cheire, du puy de la
    Vache. 421
Le puy de Laschamp. 422

LE MONT-DORE
ET
SES ENVIRONS.

Au centre de la France, et dans la partie sud-ouest du département du Puy-de-Dôme, s'élève un groupe de montagnes volcaniques, que l'on connaît sous le nom de *monts Dores*. Une belle vallée qui donne naissance à la Dordogne, des eaux thermales abondantes et salutaires, un air pur, quoique souvent chargé d'émanations odorantes, sont les titres que présente le village des Bains à la France et à l'Europe, pour réunir la société brillante qu'y attire tous les ans la douleur ou le plaisir.

Souvent visité, le Mont-Dore a été l'objet d'un grand nombre d'observations; ses paysages ont été admirés; ses sites ont été retracés avec exactitude; ses eaux ont été étudiées avec un soin remarquable, par le médecin distingué qui en dirige l'emploi. Malgré tant de titres à la célébrité, cette belle vallée n'a pas encore été décrite sous tous les rapports qui peuvent intéresser les voyageurs nombreux qui la visitent. La plupart des observateurs n'ont vu le Mont-Dore que dans une seule saison ; ils n'ont visité que les lieux les plus connus ou les plus rapprochés du village; ils ont vu, mais n'ont pas étudié cette localité.

Résidant près du Mont-Dore, j'ai pu le parcourir dans tous les mois de l'été ; j'ai étudié la végétation de ses vallées, la structure de ses longs plateaux et celle de leurs pics décharnés.

J'ai été témoin des orages et des tempêtes, dont de nombreux échos doublent l'intensité, et j'ai souvent admiré, pendant les belles journées d'automne, ce calme et ce silence des régions élevées, qui rendent alors leur séjour si agréable.

Enfin, quand la plaine entière était privée de verdure, j'ai vu la vallée du Mont-Dore d'une blancheur éclatante, sillonnée par les eaux noires de la Dordogne, et ses sapins toujours verts retenir sur leurs feuilles nombreuses la neige qui manquait à leurs pieds.

C'est après avoir revu souvent les mêmes lieux, que je vais essayer de les décrire; et autant mes descriptions devront s'éloigner de la nature pour l'élégance, autant je m'efforcerai de les en rapprocher par l'exactitude et la vérité.

Cet itinéraire étant principalement destiné aux personnes qui viennent visiter le Mont-Dore, dans la saison des eaux, j'ai tâché d'y réunir tout ce qui est relatif à cette intéressante localité. J'ai eu soin cependant de partager ma description en petits chapitres, afin que les lecteurs puissent éviter ceux qui ne les intéresseraient pas, et arriver de suite aux autres. J'ai pensé aussi que Clermont étant généralement le point de départ pour une excursion ou un séjour au Mont-Dore, il serait bon de connaître les lieux intermédiaires; et comme ordinairement on suit un chemin pour aller et que l'on revient par un autre, j'ai fait précéder ce que j'avais à dire sur le Mont-Dore, de la description de la grande route, et je l'ai fait suivre des observations que l'on peut faire en revenant par la traverse.

CHAPITRE I.

De Clermont au Mont-Dore par la grande route.

Chaque fois que l'on sort de Clermont, pour gagner la partie montagneuse du département, on est forcé, quelque direction que l'on veuille prendre ensuite, de suivre la grande route de Limoges; elle est bien entretenue, mais très-longue à cause des nombreuses sinuosités, que l'on aurait pu, sans doute, abréger, si elle eût été tracée dans la vallée de Royat. Cette route est à peu près la seule qui soit praticable pour toute espèce de voitures. On monte lentement, laissant successivement derrière soi les vignes, les vergers et les noyers, et l'on atteint Prudelle, large plateau basaltique, qui domine deux vallées, dont l'une située à gauche, et très-voisine de la route, offre des bois et des prairies, et les restes bien conservés d'une route romaine.

Les personnes qui n'ont pas encore parcouru de contrées volcaniques, ne verront pas sans intérêt la roche ignée la plus connue, celle que l'on désigne sous le nom de *basalte*. A peine auront-elles dépassé le dernier crochet de la route, ou le *grand tournant*, qu'elles verront à leur droite une grosse masse de basalte, placée obliquement sur le sol primitif, dont elle n'est séparée que par une petite couche de sable. Ce basalte dur et compacte offre plus loin des traces de décomposition, et se couvre d'une foule de petites taches qui annoncent une altération déjà très-ancienne. Plus loin, on y voit de grosses masses de péridot granulaire, très-commun dans la roche qui nous occupe, et que sa couleur verdâtre rend parfois très-visible au milieu même de la chaussée, lorsque la pluie vient d'en entraîner la poussière. Enfin, sur le même côté, on voit une petite colonnade basaltique, qui fut mise à nu pour l'entretien de la route. On y trouve en miniature les formes prismatiques, que le Mont-Dore présente dans de si grandes proportions, et qui frappent sur-le-champ les personnes étrangères à ce genre de structure.

On n'abandonne ce basalte que pour entrer sur un sol volcanique plus moderne ; la route est tracée sur la coulée de lave de Pariou. On trouve de tous côtés des amas de scories ou de pierres calcinées, parsemées de quelques plantes qui paraissent bien plus vigoureuses qu'on ne le supposerait, en voyant les lieux où elles se développent ; une série de montagnes coniques termine l'horizon ; des plaines couvertes de bruyères les séparent de la route, et quelques maisons qui s'élèvent sur le premier plan, constituent le hameau nommé *la Baraque*. Il fait partie de la commune d'Orcines, dont toutes les maisons sont dispersées sur les points les moins arides, et dont l'église, également isolée, est en partie cachée par quelques arbres.

La Baraque est un petit hameau qui n'offre rien de remarquable. Il est composé d'auberges, qui, sans être bonnes, ne sont pas comparables à ce qu'elles étaient autrefois.

Le puy de Dôme, vu de cet endroit, se présente sous une forme remarquable ; il a réellement l'aspect d'un dôme assez bien proportionné, et peu de temps après la fonte des neiges, on le voit couvert d'une verdure riante, que la rosée ou des nuages demi-transparens viennent baigner tous les matins (1). Alors il arrive souvent que le voyageur, distrait par les formes variées que prennent les nues, en enveloppant la montagne,

---

(1) Voyez, pour plus de détails sur cette montagne, l'*Itinéraire de Clermont au puy de Dôme*, et le retour par *la Vallée de Royat et Fontanas*, in-8° de 100 pages.

ou en roulant sur ses pentes, ne s'aperçoit pas de l'embranchement que présente la route en entrant à la Baraque; la branche droite conduit à Pontgibaud; la gauche est celle que l'on doit suivre. On a toujours le puy de Dôme à la droite; à gauche, s'ouvre la vallée de Villars, et plus loin, celle de Fontanas, près des ruines du château de *Montrodeix*, bâti sur une éminence basaltique. En face, s'élèvent les puys de Laschamp et de Montchié. Avant de les atteindre, on rencontre encore à gauche un chemin tracé au milieu des bruyères, et qui conduit à un village peu éloigné, qui se nomme *Laschamp*. Quelques prairies et des arbres assez beaux environnent ses maisons, tandis que la grande plaine que l'on traverse, et qui appartient à la même commune, est couverte de genêts communs, culture ordinaire et très-productive de ses habitans. Si l'on voulait aller au Mont-Dore par la petite route, c'est là qu'il faudrait abandonner la grande pour prendre ce chemin, remarquable par son horizontalité, et traverser le village de Laschamp; on le laisse encore à gauche, et l'on arrive au puy de Montchié, situé du côté opposé, et digne d'attirer un instant notre attention. C'est un volcan moderne, qui, sans être le plus élevé de la chaîne des *monts Dômes*, atteint cependant 1,207 mètres d'élévation absolue. Il est très-large, et présente quatre cratères situés à des hauteurs différentes. Celui qui est dirigé vers le sud est le plus bas et le moins profond; il ressemble à une dépression peu considérable que le sol aurait éprouvée; il est égueulé au midi. Le second est situé au-dessus de celui dont nous venons de parler; il est petit, assez profond et très-régulier. Le troisième est le plus grand, mais il n'est pas extrêmement profond, et occupe la partie occidentale de la montagne. Enfin, le quatrième est situé vers le nord; il est un peu ovale, et légèrement ouvert du côté du puy de Salomon. Il paraît avoir fourni la coulée de lave que l'on observe un peu au-dessous, et qui va se joindre aux autres produits volcaniques qui recouvrent toute la plaine. On trouve de nombreuses scories rouges qui forment les bords de ce cratère, et dans son intérieur, des fragmens de lave avec amphibole; on y observe, comme dans les trois autres, quelques morceaux de domite. Tout le reste de la montagne est couvert de végétation, et les déchirures que l'on rencontre çà et là sur la pelouse, mettent toujours à découvert des scories modernes, et surtout des fragmens de domite.

La route passant au pied de Montchié, entre cette montagne et celle de Laschamp, on a été obligé d'entamer un peu la base du premier de ces volcans. Les travaux ont mis à découvert un certain nombre d'arbres couchés, charbonnés, et enterrés dans les fragmens de domite, et les scories dont le puy de Montchié paraît en grande partie formé.

Ces troncs appartiennent à des arbres dycotylédons; la structure de l'écorce, et sa nature résineuse, m'ont conduit à les regarder comme du *bouleau*. Le bois a bien conservé son tissu fibreux, et l'on y reconnaît très-distinctement la disposition concentrique des couches ligneuses. Il est tendre, très-friable, noir ou d'un brun foncé et presqu'entièrement charbonné. Il est toujours imbibé d'eau, et les troncs, couchés dans les débris volcaniques, sont souvent partagés, dans leur longueur, en plusieurs tronçons, dont les fissures sont couvertes d'une matière blanche, qui présente les caractères du carbonate de chaux. La grosseur des troncs est extrêmement variable, et ils sont situés à quatre ou cinq pieds de profondeur. En face de Montchié, et de l'autre côté du chemin, s'élève le puy de Laschamp, encore couvert d'une forêt où le hêtre domine. C'est un des volcans les plus élevés de la chaîne, et la végétation cache, sur presque toute sa surface, les scories modernes dont il est formé. De grands arbres qui en couronnent la cime, ont leurs branches courbées par les vents d'ouest, et semblent constamment fléchis par leur violence. On jouit de son sommet d'une vue très-étendue, et l'on remarque sa connexion avec deux autres montagnes, également couvertes de forêts, qui sont les puys de Lamoreno et de Monchar. Ce dernier, en grande partie entouré par les autres, offre une grande quantité de blocs de granite, qui auraient été détachés du sol à l'époque de son soulèvement. On est très-rapproché du puy de Pourcharet, volcan moderne terminé par un cratère, et couvert de hêtres. Un peu au delà de Montchié, et du même côté, on aperçoit le château d'Alagnat, avec son parc, dans lequel on retrouve encore plusieurs de ces beaux arbres qui couvraient autrefois toute cette contrée. Le sol du parc est uni, et présente seulement quelques éminences produites par la lave épanchée des montagnes voisines.

Le puy de Barme, autre volcan moderne, attire bientôt les voyageur. C'est une montagne allongée qui paraît d'abord placée en face de la grande route, et qu'on laisse à sa droite, en avançant. Elle présente trois cratères placés sur une même ligne. L'un d'eux est assez profond, et présente une grande quantité de scories rouges et légères; l'autre, en partie couvert de pelouse, commence à se garnir de buissons; et le troisième, déformé, et ouvert au sud-ouest, a fourni la grande coulée de lave que traverse la route, et qui s'est étendue comme une large nappe jusqu'à Antérioux d'un côté, et jusqu'à Chez-Pierre de l'autre. Cette coulée est déjà en partie cultivée, mais on y remarque des monticules de lave, qui indiquent des soulèvemens partiels et postérieurs à la grande éruption.

Au delà des Brameaux, et à une petite distance sur la gauche de la grande route, se trouve la cascade de Salliens, que rien n'annonce au voyageur : son nom est celui d'un hameau situé très-près de sa chute. Si l'on est à pied, et qu'on ait le temps de parcourir un peu les environs, on abandonne la route aux Brameaux, pour faire une promenade à Antérioux et à Nébouzat, villages très-rapprochés, entourés de prairies, et arrosés d'eaux vives. On peut de cette manière suivre, avant sa chute, le ruisseau qui doit former la cascade. Déjà on peut prendre une idée des villages de la montagne, de sa culture, et de la stricte économie qui préside aux constructions de ses habitans. Quoique élevés de 750 mètres, le chanvre y croît avec vigueur, et à peine est-on sorti d'Antérioux, que l'on rencontre, sur le bord d'un ruisseau, plusieurs cavités entourées de gros fragmens de lave, et destinées à faire rouir le chanvre. Aucun ciment n'en lie les matériaux ; ce sont des enceintes circulaires que l'eau traverse en tous sens, et dont les pierres sont souvent cachées au printemps par plusieurs plantes aquatiques, et principalement par la renoncule à feuilles de lierre. Une fontaine abondante y conduit ses eaux, qui ne tardent pas à se mêler à celles du ruisseau. Plus loin, une belle touffe d'arbres ombrage les ruines d'une maison, dont les murs abattus se confondent avec de grosses masses de lave qui sortent du gazon, et cachent l'issue d'une source intermittente, souvent tarie, mais quelquefois abondante. Les habitans y voient alors le présage de grands malheurs : la guerre ou la famine suivront de près le signe qui les annonce ; heureusement la source tarit, et il est rare que l'événement désastreux soit assez proche, pour que ce changement ne le détourne pas. Les pluies abondantes de 1816 augmentèrent encore la crainte qu'inspiraient les présages de cette fontaine ; elle ne cessa de couler, et elle prédit ainsi naturellement la disette qui succéda à cette année pluvieuse.

On entre bientôt à Nébouzat, village en grande partie construit avec la lave et le basalte, et qui offre l'aspect sombre de toutes les constructions qui reposent sur les coulées volcaniques, qui en ont elles-mêmes fourni les matériaux. Il ne présente rien de remarquable ; on y voit cependant les ruines d'un château ou plutôt d'un fort, dont les murs sont percés de barbacanes. Cette enceinte à laquelle on a adossé depuis plusieurs bâtimens, appartenait, sans doute, aux seigneurs de Nébouzat, obligés, à cette époque, de se mettre à l'abri sous d'énormes remparts.

Le ruisseau de Recolène et celui de l'Auzon, qui porte aussi le nom de la Gigeola, se réunissent à Nébouzat. Ils se sont creusé un profond ravin, soit dans la lave, soit dans le schiste argileux sur lequel elle repose. La pente est assez forte ; les eaux roulent avec rapidité sur des blocs de rochers couverts de mousse, et reçoivent le produit d'un grand nombre de petites fontaines entourées d'arbres, qui s'avancent jusqu'au bord de l'eau, et forment sur son cours un dôme impénétrable aux rayons du soleil. Une de ces sources, appelée Fontaine de l'Etang, située près de la Pradas, produit un bruit sourd, que l'on n'entend bien distinctement qu'en se baissant près de son bassin. On entend une chute d'eau bien distincte, mais entièrement souterraine; car l'eau sort tranquillement au milieu des blocs de laves qui cachent la cavité où le bruit est produit; l'eau s'épanche ensuite dans une espèce de bassin demi-circulaire, qui formait autrefois la digue d'un petit étang, dans le fond duquel elle entretient une verdure qui ne disparaît que par la chute de la neige.

Le ruisseau, grossi par ces différentes sources, arrose de belles prairies, où croissent déjà quelques plantes de montagne. Après un grand nombre de détours, il vient passer très-près d'Antérioux, arrive à Salliens, passe sous plusieurs petits ponts construits avec le basalte tabulaire de St-Bonnet, et disparaît tout à coup sous des arbres vigoureux, parmi lesquels le frêne domine, et dont les cimes, en s'abaissant successivement, annoncent la déclivité du sol et la chute du ruisseau.

La cascade isolée produirait peu d'effet, car sa hauteur n'excède pas trente pieds;

mais l'assemblage de grands arbres et de quelques maisons qui semblent destinées à suivre tôt ou tard le cours de l'eau, la profusion de fleurs et de verdure, qui semble lutter contre la pesanteur et la vitesse du liquide, pour couvrir les rochers, et la fraîcheur continuelle qu'y entretiennent les cimes touffues des frênes et des cerisiers sauvages, en font un paysage extrêmement pittoresque, et dont la vue peut dédommager de l'abandon momentané de la grande route du Mont-Dore.

Comme dans la plupart des chutes d'eau des pays volcaniques, c'est le bord d'une coulée de lave qui d'abord a formé la cascade; mais bientôt des morceaux, entraînés par le courant, se sont amoncelés à la base; le ravin s'est élargi, et il s'est formé une espèce de cirque dont on ne peut voir les détails qu'en descendant dans la partie la plus profonde.

L'eau n'abandonne pas le rocher; elle glisse sur des masses de laves disposées en gradins, et n'arrive au dernier échelon qu'après avoir formé une infinité de petites chutes, dont chacune offre quelque chose de particulier. Tantôt la lave, dont les angles sont émoussés, ne lui présente aucun obstacle, tantôt des sommets, encore pointus, la divisent en gerbes écumantes; ailleurs, elle réfléchit la teinte verte des mousses qui l'empêchent de toucher le rocher, et qui retiennent long-temps, sous leurs gazons submergés, les bulles d'air sécrétées par leurs feuilles. Partout de nombreuses inégalités font jaillir l'eau sur les ronces et les fougères qui s'avancent en guirlandes ou en faisceaux jusque sur les bords du liquide. Le vent, arrêté par de grands arbres, n'emporte jamais ses eaux, et l'arc en ciel s'y voit rarement, car le soleil peut à peine y pénétrer. Une végétation vigoureuse s'y succède depuis l'époque où le populage, mêlant ses fleurs dorées à celles de la cardamine, annonce le retour du printemps, jusqu'à celle où les fleurs roses du colchique, dispersées sur la verdure des prés, indiquent l'approche de l'hiver. Les feuilles des frênes tombent et disparaissent sous l'écume des eaux. Le ruisseau les entraîne, et le soleil d'hiver vient éclairer de ses rayons obliques, les longues stalactites de glace qui ont remplacé les fleurs odorantes de la valériane et les guirlandes de l'aubépine.

Un autre ruisseau, celui de *la Gorce*, vient se réunir à ceux qui ont formé la cascade; si l'on peut remonter son cours pendant quelques instans, on sera bien dédommagé par la variété des objets que l'on rencontrera sur son passage.

Je visitai ces lieux pour la première fois, à la fin de mars 1828. Déjà quelques fleurs printannières étaient épanouies sur le bord du ruisseau, et j'admirais les belles prairies qu'il arrose, quand je distinguai, malgré le murmure des eaux, un bruit particulier qui semblait venir de quelque fabrique, dont je ne soupçonnais pas l'existence dans un lieu si sauvage. J'en trouvai la cause un peu plus loin; c'était un moulin à foulon, de la construction la plus simple: deux lourds marteaux, mus par une roue à palette, frappaient des étoffes grossières de laine bleue, fabriquées dans les environs. On n'y employait ni savon, ni terre à foulon, l'eau et le temps étaient les seuls agens qui puissent opérer le désuintage. Quelques arbres ou quelques branches creusées en gouttières, étaient les seuls accessoires de la roue et des deux marteaux. L'un amenait l'eau sur la roue; l'autre versait continuellement sur ces draps une eau limpide qui se renouvelait toujours; enfin, deux canaux plus petits conduisaient deux filets d'eau sur les deux extrémités de l'axe de la roue, et remplaçaient ainsi la graisse ou le cambouis, qui eût été un objet de luxe dans une fabrique de ce genre.

Un gazon ou une motte de terre, placés à propos dans l'un ou l'autre des conduits, arrêtaient la machine, ou lui donnaient le mouvement à la volonté de son propriétaire, qui n'avait certainement pas employé 30 fr. à sa construction.

Une seconde usine, semblable à celle-ci, existait à quelques pas au delà ; elle était construite avec la même économie, et servait au blanchîment des habits, des couvertures, et de toutes les étoffes de laine.

Je rencontrai plus haut un moulin à chanvre, que je n'avais encore remarqué qu'en Auvergne, et principalement dans la vallée de Royat. Une roue tantôt verticale, tantôt horizontale, fait tourner un axe après lequel est fixée une roue verticale qui brise et écrase continuellement le chanvre, qu'on ramène à chaque instant sous elle. La meule était en lave, tandis que celles des moulins de Royat sont en granite.

Enfin, plusieurs moulins à farine, qui rappellent l'enfance de la mécanique, se succèdent le long du ruisseau jusqu'au moulin de la Gorce, près duquel je rencontrai une très-belle source d'eau minérale.

De grosses bulles d'acide venaient crever à sa surface; son eau presque froide était saturée d'acide carbonique, et présentait les plus grands rapports avec l'eau de Seltz naturelle.

La pluie m'empêcha de remonter jusqu'à sa source, le cours de ce petit ruisseau. Je retournai sur mes pas jusqu'à sa jonction avec la Gigeola, au-dessous de Saliens; ces deux cours d'eau réunis forment alors une petite rivière bien limpide, qui arrose des prés, où l'on remarque déjà le trèfle d'eau et la renoncule à feuilles d'aconite; ils enveloppent plusieurs groupes d'aunes et de peupliers, qui forment ainsi des îles nombreuses et rapprochées, et viennent enfin se confondre avec la Sioule, dont ils doublent le volume, à l'endroit que l'on appelle Pont-des-Eaux.

Une roche particulière remplace ici les gneiss et les granites, qui constituent la majeure partie du sol primordial de l'Auvergne. C'est l'aphanite ou phyllade primitif qui forme une large bande à découvert au Pont-des-Eaux. On la retrouve encore à Antérioux, sur un des bords de la coulée de lave du puy de Barmes, et Chez-Pierre, près d'Alagnat, à une autre extrémité du courant. Au nord-ouest, cette roche va plonger sous les produits volcaniques des monts Dômes, et elle disparaît fréquemment au sud et au sud-est, sous les plateaux basaltiques qui avoisinent Rochefort.

Au delà du Pont-des-Eaux, on trouve bientôt le granite, en général un peu décomposé. Il sert de base à un grand nombre de plateaux basaltiques, qui couvrent en quelque sorte toute la contrée. Tantôt ces basaltes forment des assises qui ont vingt mètres d'épaisseur; tantôt ce sont des couches de quelques pieds seulement : rarement ils offrent des prismes bien réguliers; presque toujours ceux-ci sont informes, inclinés, et tendent à se décomposer en boules; enfin, on trouve des plateaux basaltiques qui sont formés de longues tables superposées, et qui peuvent s'enlever avec facilité. Telle est la structure de celui de Saint-Bonnet, que l'on exploite comme dalles d'une très-grande dimension. Ces carrières sont situées au delà du Pont-des-Eaux, à gauche de la route, sur le bord d'un plateau assez large, et dont la surface est cultivée. Le basalte y présente des caractères remarquables ; il est très-dense, puisque sa pesanteur spécifique va jusqu'à 3,12;

sa couleur d'un gris bleuâtre est peu foncée, si on la compare à la teinte générale que présente cette espèce de roche. Sa structure est tabulaire en grand, et sa texture grenue à grains très-fins. Au microscope, on distingue très-bien le pyroxène et le felspath en petits cristaux, offrant chacun la couleur qui leur est propre, et formant ainsi une véritable *dolérite*. Sa ténacité est forte ; il fond au chalumeau en émail noir.

Ce basalte est remarquable par la propriété que possèdent ses tables, d'être extrêmement sonores ; leur son ressemble à celui d'une cloche, et s'entend de très-loin.

Il forme de grandes dalles appliquées les unes sur les autres, et que l'on exploite pour faire des ponts, des clôtures de jardins, des couvertures d'habitations, etc.

On rejoint la grande route ; on passe près des arbres séculaires du parc de Cordès, et l'on traverse ensuite Saint-Martin-de-Tours, village au-dessus duquel on voit une butte de basalte. On remarque, dans les haies qui bordent le chemin, beaucoup de *salix pentendra* ; on monte pendant quelque temps, et l'on arrive auprès d'une montagne volcanique, située à gauche de la route, et remarquable par la grande quantité de scories contournées qui en couvrent la surface. C'est le puy d'Augère, centre d'éruption moderne, qui a probablement contribué à soulever tout le terrain environnant. De là, à Rochefort, on descend toujours; la ville, bâtie sur le basalte, est au fond d'une vallée profonde et resserrée, traversée par un ruisseau. Elle n'offre rien de remarquable; on y voit seulement les ruines d'un ancien château, bâti sur un monticule de basalte, et qui appartenait autrefois aux comtes d'Auvergne. On peut de Rochefort aller visiter les mines d'antimoine d'Angle, ainsi que les roches Tuilière et Sanadoire, que nous décrirons par la suite.

On monte long-temps en sortant de cette ville, et l'on a été obligé d'entamer de grosses masses de basalte pour y tracer la route. Une foule de filets d'eau suinte des fissures, et mouille le rocher qui se couvre, au printemps, de myosotis, de mousses et de pulmonaires. Entre Rochefort et Laqueuille, la végétation prend le caractère des montagnes; le frêne et l'alisier sont les arbres dominans. Les prés que le crocus couvrait au printemps de ses fleurs blanches ou purpurines, présentent, pendant l'été, le *veratrum album*, et quelques pieds épars de la grande *gentiane jaune;* des ruisseaux d'eau vive les arrosent, et favorisent la végétation des *saules nains*, des *comarum*, et d'élégantes orchidées. Le *viola sudetica*, si commun sur la pelouse du Mont-Dore, se montre en abondance, avant d'arriver à Laqueuille, près d'une cabane isolée, qui disparaît souvent, pendant l'hiver, sous la couche de neige qui couvre cette plaine élevée.

Laqueuille, où l'on ne tarde pas d'arriver, est un village bien bâti, dont les maisons bordent la grande route; une église neuve s'est élevée près des ruines d'un ancien château; et, du sommet du clocher, la vue s'étend sur une grande étendue de pays. Le paysage cependant offre peu de variété. Ce sont toujours des prairies et des bouquets de hêtre, dont la verdure est de toute beauté.

Laqueuille est bâti sur un trachyte gris, qui forme une large nappe, et qui semble s'élever vers la Banne d'Ordenche, montagne basaltique qui domine la vallée du Mont-Dore, et que l'on aperçoit à sa gauche, en entrant dans le village. Cette nappe s'arrête brusquement à Laqueuille, et lorsqu'on en sort pour continuer la route du Mont-Dore, on aperçoit plusieurs escarpemens formés par de gros prismes de trachyte, que l'on prendrait, au premier aspect, pour du basalte. Cette dernière roche n'est cependant pas exclue de cette localité ; car, au bas de l'escarpement, derrière la maison Bouchaudy, il existait un petit dyke remarquable par la couleur noire et la grande pesanteur de son basalte. Sa grande dureté, qui le mettait à l'abri de toute atteinte de la part du temps, a été la cause de sa destruction. Il a été enlevé pour l'entretien de la route. Deux autres filons de même nature viennent affleurer à Lagrange, près Laqueuille, dans la propriété de M. Sablon ; ils percent le gneiss et le micaschiste, et l'un d'eux est remarquable par sa petitesse et son encaissement dans la roche primitive. L'apparition de ce basalte date vraisemblablement de l'époque du soulèvement de la Banne d'Ordenche.

A peine a-t-on dépassé Laqueuille, que l'on trouve un bouquet de hêtres qui croissent sur un sol incliné. Il offre la même végétation que ceux des environs ; le *fumaria lulbensa*, le *scilla lilio hyacinthus*, et plus tard, le *stellaria nemorum*, le *monotropa hypopitis*, et le *prenanthes purpurea* couvrent presque entièrement le terreau formé par la chute annuelle des feuilles. On n'y rencontre jamais l'*erythronium dens canis*, qui cependant est très-commun dans tous les bois de Préchonnet et des environs du Bourg-Lastic, qui ne sont éloignés que d'une ou deux lieues.

Quand on a dépassé Laqueuille, on perd bientôt de vue les deux pointes des roches Tuilière et Sanadoire, que l'on apercevait à gauche de la grande route. Celle-ci se bifurque; on suit la branche gauche qui se bifurque encore; on continue dans la même direction; on passe près des prismes de Malroche, et l'on a bientôt la Dordogne au-dessous de soi. L'œil suit son cours bien au delà de Saint-Sauves, au milieu d'une belle plaine, relevée çà et là d'éminences granitiques, que l'on prendrait, à la première vue, pour les lambeaux d'un plateau de basalte. La route longe la rive droite de cette rivière; elle est toujours bien au-dessus de son niveau, quoique dominée elle-même par des prismes souvent groupés en faisceaux, ou réunis en colonnades.

On arrive à Murat-le-Quaire, situé sur le bord de la vallée de la Dordogne; on y voit l'emplacement d'un vieux château; on distingue dans le bas l'établissement thermal de la Bourboule, et en face d'immenses forêts de sapins. On est trop près du Mont-Dore pour s'arrêter à Murat; on y revient ensuite visiter avec soin ses environs.

On passe au Pessy, qui présente aussi de beaux prismes; on voit sur la hauteur le hameau de l'Usclade, sur le bord du ravin auquel il a donné son nom; on le laisse à gauche, ainsi que la Banne d'Ordenche et le puy Gros, point de vue magnifique pour l'ensemble du pays; on traverse Quereilh, et l'on arrive au village des Bains, éloigné de Clermont d'environ treize lieues de poste.

CHAPITRE II.

LE VILLAGE DU MONT-DORE.

Nous voici arrivés dans ce village qui est connu de l'Europe entière ; nous sommes au milieu d'une vallée magnifique, dont la Dordogne charrie au loin des débris. De tous côtés paraissent des objets dignes de fixer l'attention : des montagnes élevées, dont la pelouse cache en partie la nudité ; des ravins profonds, privés de végétation, et offrant à l'observateur la structure d'un sol incendié ; des cascades qui dégradent maintenant des roches que le feu a formées ; enfin, de belles prairies et les sapins qui s'élèvent en amphithéâtre au-dessus d'elles, attirent successivement les regards de celui qui voit le Mont-Dore pour la première fois.

Le village est bien bâti ; des hôtels commodes et élégans ont remplacé les masures et les chaumières qui s'étaient élevées sur les ruines des constructions romaines.

Un établissement thermal, en rapport avec la sévérité des lieux, a été construit sur les anciennes piscines, et réunit les eaux qui sourdent de la base de la montagne de l'Angle.

On a jeté sur la Dordogne un petit pont suspendu, qui établit une communication avec une route nouvelle qui s'élève en zig-zag, au milieu des arbres verts, jusqu'à la base de la montagne du Capucin. On voit près de l'établissement thermal les restes d'un temple romain ; ce sont des chapiteaux, des entablemens, des tronçons de colonnes, sur lesquels on remarque quelques sculptures d'une exécution assez médiocre.

Les constructions augmentent chaque année. On vient de bâtir un hôpital tenant au grand établissement, et tous les ans on voit aussi de nouveaux hôtels rivaliser de luxe et d'élégance avec ceux qui sont déjà formés.

Depuis trente ans le Mont-Dore est entièrement changé ; la civilisation y a fait, pendant ce temps, plus de progrès qu'elle n'en fera pendant deux siècles dans les villages des environs. Il est à désirer qu'il soutienne long-temps la réputation dont il jouit maintenant, et qu'il doit à l'efficacité bien reconnue de ses eaux, au zèle et aux talens d'un médecin distingué.

La saison des eaux dure deux ou trois mois. Dans cet intervalle, on a le temps de visiter les environs, de parcourir les lieux remarquables, et d'étudier sous différens points de vue, le séjour que l'on doit habiter. Nous nous occuperons d'abord de cette localité d'une manière générale. Nous étudierons :

1°. Sa topographie, la forme et l'élévation des montagnes, la situation des vallées, leur direction, etc. ;

2°. Sa constitution géologique, la nature des terrains, leur superposition, leur âge relatif, et les divers soulèvemens qui lui ont donné la forme qu'il présente actuellement;

3°. Les eaux, leur distribution, leur nature et leurs effets ;

4°. L'aspect général de la végétation, l'influence des saisons et des hauteurs.

5°. Nous jetterons un coup d'œil sur les différentes espèces d'animaux qui l'habitent, et sur les lieux qu'ils affectionnent.

6°. Nous examinerons l'état de l'agriculture et de l'industrie.

7°. Enfin, nous terminerons par la description détaillée de tous les sites pittoresques dignes d'être visités.

CHAPITRE III.
TOPOGRAPHIE.

Au milieu des vastes plaines du centre de la France, s'élèvent plusieurs groupes de montagnes, dont le mont Dore fait partie. En faisant abstraction des inégalités, des sommets déchirés, des vallées plus ou moins profondes, que l'on rencontre à chaque pas, ce groupe paraît comme une énorme boursoufflure, à pentes très-douces, et dont le point culminant serait le pic de Sancy, élevé de 1889 m. au-dessus de l'Océan.

En prenant pour terme moyen un rayon de trois lieues tout autour de ce pic, on a un groupe de dix-huit lieues de circonférence, qui comprend à peu près toute la masse du Mont-Dore. A cette distance, l'élévation moyenne est de 700 mètres environ; ce qui donne, pour le profil du mont Dore, la proportion de 1 de hauteur, sur 20 d'étendue.

La pente aurait donc été très-douce sans les déchirures postérieures, qui ont formé, dans certains endroits, de grands escarpemens.

Cette espèce de dôme surbaissé, dont la

forme est à peu près la même que celle du Cantal et du Mezenc, qui s'élèvent aussi beaucoup au-dessus du plateau central, est entièrement formé de produits volcaniques sur lesquels différentes causes postérieures ont agi; en sorte que la topographie du Mont-Dore diffère actuellement de ce qu'elle devait être autrefois.

Autour du point culminant sont groupées un certain nombre de montagnes, dont la nature est la même, et qui diminuent de hauteur à mesure qu'elles s'en éloignent. Des escarpemens presque verticaux isolent souvent ces pics d'un ou de plusieurs côtés, tandis qu'une pelouse uniforme couvre leurs pentes un peu moins escarpées. Plusieurs vallées partent du centre du mont Dore, et s'étendent dans des directions très-diverses, et quelquefois opposées; de petites vallées latérales viennent y aboutir; mais on n'y remarque pas cette régularité qui caractérise les grandes chaînes de montagnes primitives.

La vallée principale est celle de la Dordogne, qui part du pied du pic de Sancy; elle communique d'un côté avec la vallée de la Cour, et la gorge des Enfers; et de l'autre, avec une vallée latérale qui part du roc de Cuzeau.

Le village des Bains est bâti à environ trois quarts de lieue de sa naissance ; elle continue un peu plus loin, et va s'ouvrir dans une autre vallée où coule le ruisseau qui descend du lac de Guéry, et dont les eaux viennent se réunir à celles de la Dordogne.

Un fait assez remarquable, et qui tient peut-être à la nature des rochers, est le rétrécissement de la vallée de la Dordogne, à mesure qu'elle s'éloigne du pic de Sancy. Elle est très-large à la base de cette montagne, et se resserre beaucoup, près du village, jusqu'au point où elle finit. Les petits affluens qui descendent dans la Dordogne des diverses montagnes voisines, ont certainement contribué à cet élargissement.

La vallée du ruisseau de Guéry s'étend très-loin ; elle passe à la Bourboule, sous la commune de Murat, et s'élargit ensuite jusqu'aux environs de Saint-Sauve.

La vallée de Chaudefour part de la base de Cacadogne et du puy Ferrand ; elle ne tarde pas à se rétrécir aussi, et contient un ruisseau qui passe à Chambon, et va alimenter son lac. Plusieurs vallées de moindre importance ont pour centre le puy de Chaubourguet, situé du côté de Pavin, et déjà éloigné du pic de Sancy.

De la base du puy Gros et de celle du puy Ferrand, partent aussi deux petites vallées dont la direction est à peu près opposée à celle de la Dordogne, et qui se réunissent avant Charreyres, pour former la petite rivière de *Burande*.

Enfin, une vallée profonde se trouve derrière le pic de Sancy, et descend brusquement dans la plaine. Deux ruisseaux viennent s'y joindre, l'un descendant du puy Gros, l'autre venant du puy de Lagrange.

D'autres vallées très-longues ont encore leur origine à l'est de la vallée de la Cour, derrière les puys du Cliergue et de Chabano; elles se dirigent à l'est, et vont traverser les plateaux basaltiques de Latour, de Chastreix, du Preghnoux et d'Auliat.

On peut donc considérer le pic de Sancy comme un centre autour duquel viennent se réunir une infinité de vallées qui divergent ensuite, et qui ont acquis plus ou moins de profondeur. Quelques cavités, dont l'origine est différente pour chacune d'elles, ont été remplies d'eau, et constituent des lacs que nous étudierons par la suite avec détails.

Nous terminerons ce qui est relatif à la topographie du Mont-Dore, par la liste des hauteurs principales, qui ont été calculées par

Ramond, dans son Nivellement barométrique des monts Dores et des monts Dômes.

LISTE DES HAUTEURS DES PRINCIPAUX POINTS DU GROUPE DES MONTS DORES,

D'après le Nivellement barométrique du baron Ramond (1).

Pic de Sancy...................	1889^m.
Puy Ferrand, extrémité orientale..	1857
Id. Prolongement méridional.....	1834
Puy de l'Aiguiller, au nord de Sancy.	1843
Plateau de Cacadogne............	1800
Puy Gros, au sud du puy de Sancy.	1798
Chemin du Mont-Dore au Cantal....	1787
Puy de la Grange, au-dessus de la gorge des Enfers...............	1783
Pan de la Grange, au nord du puy Ferrand.......................	1779
Puy de Chabano, au-dessus du vallon de la Cour..................	1749
Puy Pailharet, au sud de Sancy, sur la route de Vassivières..........	1746

---

(1) Ces mesures diffèrent un peu de celles de Ramond. Elles ont été modifiées d'après les travaux du colonel Bonne, qui a reconnu que la cuvette du baromètre de l'observatoire de Paris était trop élevée de 5^m 77^c. Nous avons en conséquence réduit ces hauteurs de 6 mètres.

Puy de l'Angle, au-dessus des Bains.	1744[n]
Roc de Cuzeau....................	1739
Puy de Clujade, à l'ouest du puy de Chabano......................	1735
Puy de Hautechaux, prolongement méridional du puy de l'Angle....	1707
Puy du Cliergue, au sud de Sancy..	1704
Puy du Barbier, de Mône ou Trigou.	1697
Source de la Dogne, sur le plateau de Sancy......................	1688
Cascade de la Dogne, au point de sa chute........................	1650
Puy de la Tache, près la Croix-Morand ; sommet du milieu........	1635
Pierre Picade, un des sommets du puy de la Tache...............	1611
Puy de Pouge, entre la vallée de Latour et celle de Chastreix...	1590
Sommet septentrional du puy de la Tache........................	1573
Puy de Mareilh, au-dessus des Bains	1566
Puy de Chagourdet, près de l'extrémité orientale du puy Ferrand...	1545
Puy de l'Aiguiller, près la Croix-Morand........................	1529
Puy de Chambourguet, au nord de Pavin........................	1528
Puy Poulet ou de la Croix-Morand.	1524

Banne d'Ordenche...............	1519
Puy de Loueire, près la roche Sanadoire...................	1513[n]
Plateau de Bozat................	1509
Roc de Courlande, à la suite du puy de Pouge..................	1501
Puy Gros, au nord des Bains.....	1490
Puy du Loup...................	1486
Chemin du Mont-Dore à Latour, par Bozat......................	1479
Le Capucin....................	1473
Plateau de la Durbise, à l'éboulement nommé Ecorchade.........	1464
Puy de Baladou, près la Croix-Morand......................	1464
Chemin du Mont-Dore à Clermont..	1432
Chantouzet, près le puy Gros.....	1416
Chuquet du Cros de Pèze, entre la Banne d'Ordenche et le puy Gros.	1409
Puy de Montchalme, près Pavin...	1409
Puy de Trioulerou, isolé entre les deux bassins du lac de Guéry et de la Croix-Morand............	1403
Roc d'Ourdines.................	1395
Buron supérieur du Cliergue......	1394
Burons de la Croix-Morand.......	1394
La Croix-Morand...............	1390

Roc de la Monteilhe ; sommet déta-

ché du puy Gros..............	1367^m
Hameau de Diane...............	1335
Plateau de l'Angle, au point où part la cascade du Mont-Dore........	1324
Chapelle de Vassivières............	1298
Roche Tuilière................	1296
— Sanadoire................	1292
Puy de Vivanson...............	1252
Plaine de Chamablanc............	1251
Lac de Guéry.................	1240
Lac Pavin....................	1198
Chuquet de Prenioux, sur la pente orientale du puy Gros..........	1190
Pessade.....................	1187
Rigolet-Haut.................	1176
Roche Vendeix................	1174
Duffaud, village...............	1168
Mounaux, village..............	1134
Laguièze, village..............	1126
Lessard, village...............	1108
Vandeix, hameau..............	1107
Cascade de Quereilh, en haut.....	1081
Roche de Prentigarde...........	1076
Pailhoux, hameau..............	1076
Labro, domaine...............	1070
La Veyseire, village............	1068
l'Usclade, village..............	1066
Rigolet-Bas, village............	1064

Chastreix, village.................. 1053^m.
Bains du Mont-Dore................ 1046
Zanières, village.................. 1045
Fougères, village.................. 1042
Château de Murat-le-Quaire........ 1038
Besse, ville...................... 1036
Légal, hameau, près du puy Gros.. 1030
Murat-le-Quaire, village.......... 1016
Laqueuille, village................ 1015
Latour, ville..................... 1002
Le Prénioux, village.............. 999
Quereilh, village................. 992
Le Pessy......................... 974
Le Genestoux, village............. 949
Les Escures, domaine.............. 945
Fenestre, village................. 914
Bourboule-Haute................... 852
Bains de la Bourboule............. 846

CHAPITRE IV.

CONSTITUTION GÉOLOGIQUE.

Avant de nous occuper des grands bouleversemens qu'a dû éprouver le mont Dore, avant de discuter l'âge relatif de ses laves, nous devons d'abord essayer de classer ses différens produits, et d'en donner une description succincte. Nous ne pouvons ici que répéter en partie ce que M. Bouillet et moi avons déjà publié dans les Vues et Coupes géologiques du département du Puy-de-Dôme.

Le mont Dore est un amas de produits volcaniques, dont le volume est énorme et la variété infinie. Au premier abord, tout paraît mélangé et confondu ; mais, après des observations faites avec soin, on y reconnaît un certain ordre, et l'on y voit l'action prolongée d'une bouche volcanique dont les produits se sont accumulés.

Cet ensemble volcanique repose sur le sol primitif. Au nord, c'est à la Bourboule ; à l'est, à Laguièze et à Chambon ; à l'ouest, sous les amas de tuf de la vallée de Chastreix, que l'on voit pour la première fois le granite à découvert, quand on part du centre du mont Dore.

Partout où l'on peut observer ce sol, c'est un granite à grains assez volumineux, très-riche en felspath, et analogue à celui qui supporte les montagnes volcaniques des monts Dômes. Son niveau est un peu plus élevé ; sa moyenne élévation paraît être 1,000 mèt. En retranchant ce nombre de 1889, élévation absolue du pic de Sancy, on a une épaisseur de 889 mètres pour les matières volcaniques qui composent le mont Dore. En se dirigeant de la Bourboule à Saint-Sauves, le granite passe peu à peu au gneiss, et se trouve remplacé par une grande formation de micaschiste, qui s'étend dans les départemens du Cantal et de la Corrèze. Du côté de Rochefort et du Pont-des-Eaux, on rencontre le schiste argileux, qui semble former une large couche subordonnée au granite, et presque verticale. Il en est de même des diorites que l'on trouve au lac d'Aydat.

Trachytes. — Cette roche forme les sommets les plus élevés, et s'étend ensuite, sous forme de larges nappes, à la manière du basalte. Aussi, au premier abord, distingue-t-on deux sortes de trachytes : les uns paraissent en masse, et constituent les sommets du pic de Sancy, du puy Ferrand, du pan de la Grange, du puy Gros, du puy de la Grange, du puy de l'Aiguiller, du puy du Cliergue, etc.; les autres forment de longues coulées, comme le plateau de Bozat, le plateau de l'Angle, de Rigolet, etc. Le plus bel exemple de ces coulées de trachyte est celui de la vallée de la Dordogne, où se trouve situé le village des Bains. De l'un et de l'autre côté une nappe de trachyte recouvre les conglomérats, et d'autres coulées paraissent encore intercalées dans ces dépôts ponceux, dont elles accompagnaient les éruptions. La vallée de la Cour, celle des Enfers, et les précipices qui forment le commencement de la vallée de Chaudefour, offrent des exemples nombreux de sommets trachytiques isolés des courans. Des filons quelquefois très-puissans traversent en différens points les produits volcaniques du mont Dore. Les plus beaux sont dans le fond de la vallée des Enfers; ils s'élèvent à travers d'autres trachytes et des masses de conglomérat, et leurs affleuremens vont former des pointes élevées, parmi lesquelles on distingue les sommets de l'Aiguiller; d'autres s'élèvent dans la vallée de la Cour, et l'un d'entre eux paraît comme une barrière qui ferme l'entrée de ce beau cirque.

Les trachytes se présentent partout avec des divisions prismatiques qui, à la vérité, sont souvent informes; de loin ils ressemblent à de véritables coulées de basalte, et ce sont surtout ceux qui se sont épanchés en nappes, qui offrent cette structure pseudo-régulière. Les fissures sont toujours un peu décomposées, et assez fréquemment tapissées de fer oxidé et même de fer hématite. Les grosses masses de trachyte en contiennent souvent de plus petites, qui y paraissent empâtées, dont le grain est plus fin, et l'amphibole plus abondant.

La composition minéralogique de ces roches offre les plus grandes variétés (1). La pâte, la finesse de son grain, le nombre et la grosseur des cristaux, la proportion et la nature des principes accessoires varient à l'infini. Souvent dans la même coulée on observe des différences tranchées, entre lesquelles on parvient à réunir toutes les nuances intermédiaires ; leur structure est tout aussi

---

(1) On peut, pour cet objet comme pour la composition de toutes les roches du Mont-Dore, consulter l'ouvrage que M Bouillet et moi avons publié, sous le titre de *Coup d'œil géologique sur la structure du mont Dore*, avec planches et 50 échantillons de roches.

variable, et ils passent par degrés de la ponce à l'obsidienne. Enfin, ces trachytes se décomposent quelquefois de la manière la plus complète, et les cristaux de felspath qu'ils renferment résistent seuls à cette décomposition. La roche se transforme en cendres grises, au milieu desquelles se retrouvent des felspaths souvent mâclés et toujours fendillés.

Conglomérats trachytiques. — Ces matières forment la majeure partie du mont Dore, où elles sont loin cependant d'être aussi abondantes qu'au Cantal. Tantôt elles sont libres, tantôt elles sont agglutinées. Elles paraissent plus abondantes aux environs du pic de Sancy que partout ailleurs, et c'est principalement au nord et à l'est du mont Dore que l'on rencontre les plus grands amas de tufs ponceux. Elles accompagnent le trachyte jusqu'à une très-grande élévation, puisqu'on les trouve au puy de l'Aiguiller et sur la pente septentrionale du puy Ferrand, très-près de son sommet. En s'éloignant du mont Dore, on rencontre les matières pulvérulentes disposées avec moins de désordre; elles forment des assises assez distinctes, soit qu'elles aient été formées par simple tassement comme les blocs de trachyte ponceux des Egravats, soit qu'entraînées par les eaux, elles se soient déposées ensuite en sedimens de densité différente. On rencontre les produits ponceux du mont Dore, mélangés avec d'énormes blocs de trachyte, jusqu'aux environs d'Issoire, où ils forment la montagne de Pardines, la Chaux du Broc, etc., et près de Clermont ; on les retrouve à Orcet et même au delà de la rivière d'Allier, au hameau de Brolat.

Un fait qui peut jeter un certain jour sur le dépôt de ces tufs est la présence des lignites en différens endroits. Le plus rapproché du centre d'éruption est la couche que l'on observe dans le ravin des Egravats ; c'est un dépôt ponceux extrêmement fin et très-pur, qui, à sa partie supérieure, est pénétré de matière végétale dans laquelle on retrouve encore des empreintes reconnaissables, et s'est changé en un lignite analogue à celui de Menat, et qui, comme lui, mais plus rarement, contient aussi des pyrites. On retrouve le lignite dans une position analogue sous les tufs de Pessis, près Murat-le-Quaire, et auprès d'Issoire sous les conglomérats de la montagne de Perrier. Le gisement des tufs est le même que celui des trachytes. On les voit souvent alterner avec ces derniers, surtout lorsqu'on approche du pic de Sancy; et la grande vallée de la Dordogne ouverte au milieu d'une masse énorme de trachyte et de conglomérats, offre sur l'un et l'autre de ses bords des exemples frappans de cette alternance. On voit surtout très-bien ces superpositions, à la grande cascade près le village des Bains, et au ravin des Egravats. Dans la première de ces localités, on voit à la partie supérieure une couche très-épaisse de trachyte à gros cristaux de felspath; elle a 49 mètres, et du sommet tombe le ruisseau qui forme la cascade et descend dans la Dordogne. Cette couche repose sur un dépôt de cendres grises qui renferment des felspaths mâclés et frittés. Au-dessous est un dépôt de tuf ponceux qui recouvre une couche de trachyte qui passe au basalte, et cette couche est encore séparée d'une autre par de nouvelles assises de tuf. Cette dernière couche de trachyte offre à sa partie inférieure plusieurs filons qui s'enfoncent dans le tuf ou sous les débris qui le recouvrent.

Le ravin des Egravats, quoique faisant partie du même plateau, présente une structure différente, avec des élémens qui sont à peu près les mêmes. Au sommet, on voit deux couches puissantes et superposées d'un trachyte bleuâtre; sur certains points, ce trachyte paraît même divisé en trois assises par du tuf qui provient peut-être de la décomposition de leur partie inférieure. Au-dessous existe une couche puissante de trachyte ponceux avec de beaux cristaux de felspath, qui lui donnent l'apparence d'un porphyre. Cette couche est très-remarquable par sa composition ; elle est formée de blocs de trachytes arrondis, quelquefois d'un volume considérable, et entassés les uns sur les autres comme les véritables ponces des îles de Lipari et de Vulcano.

Au-dessous existent de nombreuses assises de tuf grossier, dont plusieurs sont colorées en brun ou en noir par l'oxide de fer. Vers la base de ce dépôt, on remarque dans un tuf très-fin la couche de lignite dont nous avons déjà parlé, et enfin, à quelques mètres au-dessus, un banc de trachyte noirâtre passant au basalte, au-dessous duquel existe encore le tuf, qui cette fois disparaît sous un amas énorme de débris qui tous proviennent du creusement de ce ravin.

Phonolites. — Ces roches paraissent d'abord n'occuper qu'un rang secondaire au mont Dore; mais en étudiant le sol avec soin, on voit qu'elles constituent un amas très-considérable, dont la roche Tuilière, la roche Sanadoire et la Malviale font partie.

Déjà on rencontre cette roche au hameau

de Légal, au-dessous du puy Gros. Elle est interrompue par la masse de cette montagne, et reparaît derrière, à la Banne d'Ordenche dont elle constitue la base.

Partout ces phonolites se présentent en beaux prismes, et cette structure pseudo-régulière paraît bien mieux développée sur cette roche que sur les basaltes. Ils paraissent reposer sur les conglomérats trachytiques, ou peut-être les ont-ils percés, ce qui, dans tous les cas, prouverait l'antériorité des formations trachytiques.

Basaltes. — Les basaltes occupent au mont Dore un plus grand espace que les trachytes. Ceux-ci forment le centre, et les basaltes s'étendent en une large bande généralement uniforme autour des sommets déchirés qui forment essentiellement le groupe du mont Dore. Il s'en faut cependant que ces basaltes soient aussi abondans que les produits trachytiques; car ceux-ci existent, pour ainsi dire, sous toutes les coulées; et les basaltes, quoique ayant souvent une épaisseur considérable, ne peuvent être comparés pour leur masse à celle des tufs et des conglomérats trachytiques.

Les basaltes les plus voisins du pic de Sancy sont ceux de Chagourdet et de Sausses, au-dessous du puy de Pailheret; ceux du roc de Courlande, à la suite du puy de Pouge; ceux de Maupertuis, sur le flanc de Chamablanc, dans la vallée de la Scie; viennent ensuite cenx de Latour, qui s'étendent au loin, et offrent des prismes très-réguliers; d'un autre côté, et près du village des Bains, ceux de Quereilh, de Prentigarde et de Pailhoux, et près du puy Gros, Chantouzet et le chuquet de Cros-de-Pèze; mais de ce côté la formation basaltique se développe; on la voit au roc de la Monteilhe, et surtout au roc d'Ourdines, au-dessus de l'Usclade. Enfin, la Banne d'Ordenche, le plateau de Pessis, la roche Vendeix, la Malroche, près des Escures, et le grand plateau qui la domine au levant, appartiennent tous à la formation basaltique; il en est de même de la masse qui supportait l'ancien château de Murat-le-Quaire, et du plateau qui domine ce village. Un peu au delà, et sans quitter la grande route, on voit ce basalte passer à la dolérite.

Volcans modernes. — Ils sont tous à une certaine distance du centre du mont Dore. Au nord, c'est Monteynard et le puy de l'Enfer qui en approchent le plus; à l'est, c'est le Tartaret, situé à l'une des extrémités du lac Chambon, et dont la lave est descendue jusqu'à Neschers. C'est principalement au sud que semble se continuer la chaîne des puys à cratères. Au delà de Valcivières, on ne voit pas de trachytes. Le volcan de Montchalme paraît sur le bord occidental du lac Pavin, atteignant une élévation absolue de 1,400 mèt. Plusieurs autres volcans s'élèvent aux environs, et forment des cônes que l'on aperçoit dans la direction des montagnes du Cantal.

Outre ces volcans modernes, on observe encore dans le groupe des monts Dores quelques endroits où les scories sont si fraîches qu'on ne peut guère les attribuer qu'à des points d'éruptions modernes : tel est le puy de Vivanson, tel est encore le versant d'une partie du puy de l'Aiguiller, avant d'arriver au puy de Baladoux, le flanc du puy de la Tache, etc.

Produits postérieurs aux éruptions volcaniques. — Ces produits ont peu d'importance relativement à la masse du mont Dore; mais ils augmentent tous les jours; ce sont :

1°. Des travertins ou dépôts d'eaux minérales ;

2°. Des tourbes provenant de la décomposition des végétaux dans les prés humides ;

3°. Les attérissemens qui se forment jour-

4

nellement, et qui tendent à exhausser le sol des vallées.

Les eaux minérales sont abondantes au Mont-Dore ; plusieurs d'entre elles, connues de toute antiquité, ont déterminé la position du village. Elles s'échappent des trachytes prismés de la montagne de l'Angle. Elles ont déposé autrefois des masses de silice assez considérables, et forment encore aujourd'hui quelques incrustations de même nature, mais moins abondantes. Plusieurs filets s'échappent dans les prés qui bordent la Dordogne. Ces eaux ont déposé dans plusieurs endroits des masses plus ou moins caverneuses, dans la composition desquelles le calcaire domine ; elles conservent encore une saveur salée très-marquée, mais déposent à peine un peu de calcaire et de fer hydroxidé.

Des eaux minérales très-actives et d'une température élevée sortent aussi à la Bourboule ; les unes s'échappent des fissures du granite ; d'autres des tufs ponceux qui lui sont adossés. Enfin, dans le fond de la vallée des Enfers, on trouve aussi quelques sources extrêmement ferrugineuses, qui sortent des trachytes, dont les fissures sont tapissées de fer hématite.

La tourbe se forme abondamment au mont

Dore, mais elle est très-terreuse; elle couvre le fond de tous les marais élevés à la Croix-Morand, au-dessous du pic de Sancy, au-dessous du lac de Guéry, et dans les prés élevés de la Bourboule. L'épaisseur de la couche atteint plus de deux pieds dans cette dernière localité, où elle repose sur les tufs.

Quant aux attérissemens, ils se forment continuellement à la base de chaque ravin, et à l'issue de chaque vallée; ils offrent aux géologues toutes les variétés imaginables de roches volcaniques, et souvent il est impossible de retrouver le lieu dont elles ont été détachées. Tous ces débris viennent se confondre dans les grandes vallées, dont ils exhaussent le sol d'une manière très-sensible.

Quelques dépôts d'alluvion plus anciens forment des couches régulières que l'on voit près de la Bourboule, sur les bords de la Dordogne, tandis que les éboulemens contemporains restent amoncelés près du point de leur origine, comme on peut le voir à la grande cascade, à la base des Égravats, au pied de Sancy, dans la vallée des Enfers, et dans plusieurs autres localités.

CONSIDÉRATIONS SUR LES DIVERS ÉTATS DES MONTS DORES.

PREMIÈRE PÉRIODE.

Formation des trachytes et conglomérats trachytiques. Tufs ponceux.

La description géologique précédente, quoique succincte, suffit pour nous donner une idée de la structure du mont Dore; nous allons essayer maintenant de démêler les différentes forces qui ont agi dans la formation de ce groupe, et les époques différentes pendant lesquelles s'est développée leur puissance.

Les trachytes forment la base du mont Dore; c'est sans contredit la première des formations volcaniques de ce grand massif; mais il faut y comprendre leurs tufs et leurs conglomérats; bien que ceux-ci n'aient pu être produits avant la formation des matériaux qui les composent, on les trouve alternant avec les trachytes, de telle manière qu'on peut les considérer comme contemporains.

Les premières assises du mont Dore furent donc composées de larges nappes de trachytes qui s'étendaient à la manière des basaltes, qui présentaient, comme ces derniers, des fissures produites par le retrait, et des formes prismatiques. Des éruptions ponceuses les accompagnaient, et leurs produits, se déposant en couches plus ou moins compactes, renfermaient souvent des débris de couches préexistantes. De nouvelles coulées de trachyte s'épanchaient sur ces dépôts pulvérulens : c'est ainsi que se formèrent ces alternats de trachytes en coulées, et de dépôts ponceux, que l'on observe le long de la vallée de la Dordogne, et surtout à la grande cascade et au ravin des Égravats. D'où sortaient ces produits ? est-ce d'un cratère analogue à ceux des volcans modernes ? est-ce de fissures au milieu du sol cristallisé ? Cette dernière opinion paraît plus raisonnable, d'autant plus que, de nos jours, on a vu des laves modernes s'épancher de cette manière, et qu'il en existe un grand nombre d'exemples dans les volcans éteints.

C'est donc où existe maintenant le pic de Sancy, et aux environs de ce point central, que parurent les différentes crevasses par lesquelles tant de matières ont été projetées de l'intérieur à l'extérieur du sol. Le mont Dore présentait alors une structure analogue à celle du Vésuve et de l'Etna ; c'était une masse énorme de produits pulvérulens et de conglomérats, au milieu desquels se trouvait une infinité de courans plus ou moins larges, qui s'étaient accumulés successivement autour du centre d'éruption.

Le mont Dore ne devait pas, à cette époque, présenter de déchirures; il devait offrir une masse arrondie, dont l'élévation était sans doute beaucoup moindre qu'elle ne l'est aujourd'hui.

Quand on considère le peu de pente nécessaire aux basaltes pour couler, on doit s'étonner que les trachytes qui, sous ce rapport, doivent se rapprocher infiniment des basaltes, offrent, au mont Dore, une si grande inclinaison, et soient cependant parfaitement prismés.

On sait maintenant que les formes prismatiques que présentent plusieurs roches, ne sont pas dues à la nature de ces roches, mais à leur mode de refroidissement; aussi observe-t-on ces formes sur les basaltes, les phonolites, les trachytes, les granites, etc. Il a fallu, pour qu'elles puissent avoir lieu, un refroidissement lent; et, pour que le refroidissement puisse s'opérer avec lenteur, il faut la réunion d'une grande masse de matière, qui conduise lentement la chaleur, et la conserve long-temps. Ces conditions ne peuvent être remplies que sur des plans peu inclinés, où la matière fondue puisse s'amonceler et former une couche puissante. Ces conditions n'ont pu avoir lieu pour les coulées trachytiques du mont Dore, si l'on n'admet pas un soulèvement postérieur à la formation de ces nappes felspathiques.

Prenons un seul exemple parmi ceux que nous pourrions présenter.

Une coulée de trachyte part du roc de Cuzeau, passe au ravin des Egravats, à la grande cascade, et vient s'arrêter à l'extrémité du plateau de l'Angle, longeant ainsi toute la partie supérieure de la vallée de la Dordogne. Cette nappe de trachyte ne paraît pas très-régulière au premier abord, mais nous verrons par la suite quelles ont pu être les causes des irrégularités qu'elle présente.

Le roc de Cuzeau est à 1,737 mètres d'élévation, et la pointe la plus éloignée du plateau de l'Angle est à 1,322 mètres. La différence de niveau est de 415, et la distance qui sépare ces deux points est à peu près de 4,500 mètres, ce qui donne une pente d'un décimètre environ par mètre. En appliquant ce calcul à des coulées de lave moderne, et, entre autres, à celles de Gravenoire et de

Pariou, j'ai trouvé qu'une pente de 37 millimètres par mètre était encore bien suffisante pour permettre à la lave de couler, et pour l'empêcher de prendre la forme prismatique. Il est donc impossible qu'à l'époque où cette nappe de trachyte s'est épanchée, le mont Dore ait déjà l'élévation qu'il présente aujourd'hui ; car non-seulement ce trachyte ne serait pas prismé, mais, avec une pente d'un décimètre par mètre, il ne se serait pas arrêté au point où nous le voyons maintenant, il aurait continué de s'étendre. Cela est d'autant plus présumable, que les laves anciennes étaient plus fluides, et restaient plus long-temps fondues que les modernes ; aussi contiennent-elles un plus grand nombre de cristaux, qui ont pu s'y former lentement, tandis que, dans les laves modernes, le refroidissement rapide a empêché, la plupart du temps, la réunion des divers principes qui pouvaient donner naissance à des minéraux cristallisés.

Nous ne chercherons pas, pour le moment, d'autres preuves d'un soulèvement postérieur ; nous en trouverons par la suite.

L'âge de ces trachytes est facile à déterminer ; leurs tufs et leurs conglomérats, entraînés par les eaux ou par les vents, sont venus se déposer sur plusieurs points de la Limagne, et nulle part on ne les trouve recouverts par le calcaire; partout au contraire ils sont déposés sur eux; ce qui prouve incontestablement qu'ils sont postérieurs à la formation du bassin tertiaire de la Limagne. Il paraît cependant que l'époque trachytique a suivi de très-près le dépôt des calcaires. Un fait vient, pour ainsi dire, servir de preuve à cette conclusion : c'est que des dépôts ponceux, de véritables conglomérats trachytiques, contenant des morceaux de trachyte assez volumineux pour qu'on ne puisse admettre que les vents les ont transportés, se trouvent sur la rive droite de l'Allier, à Brolat, au puy de Saint-Romain, et dans quelques autres localités; en sorte que le creusement de l'Allier, qui a dû suivre de près la formation tertiaire, n'avait pas encore eu lieu lors des premières éruptions trachytiques du mont Dore.

On trouve cependant près de Coudes, en descendant vers l'Allier, une couche de blocs trachytiques, qui, au premier abord, semblent déposés par cette rivière, à une époque où ses eaux étaient plus hautes qu'elles ne le sont aujourd'hui; mais si l'Allier avait pu charrier ces blocs, il ne les aurait pas abandonnés tous dans un seul point; on en retrouverait au-dessus ou au-dessous de cet endroit. Cet amas de trachytes paraît plutôt provenir d'un ruisseau ou d'une rivière qui serait venue du mont Dore, qui aurait été comblée à l'époque de ses éruptions, et dont l'Allier aurait attaqué l'ancien lit; ce qui expliquerait la présence de quelques blocs de trachyte qu'il charrie dans son cours.

Or, si l'Allier est postérieur aux éruptions de trachyte, elles ont dû suivre de très-près l'époque tertiaire; ce qui explique la difficulté de trouver une limite marquée entre les dépôts ponceux et les calcaires marneux sur lesquels ils reposent souvent dans la Limagne.

Soit que les nappes de trachyte aient à la fin recouvert les produits pulvérulens du mont Dore, soit que les derniers de ces produits aient été entraînés au bas des pentes, on ne trouve guère vers le centre de ce groupe que ces grandes coulées qui s'étendent en différens sens, et que l'on remarque surtout des deux côtés de la vallée de la Dordogne.

On retrouve vers les points culminans d'autres coulées de trachyte moins étendues que les précédentes, plus modernes, puisqu'elles sont situées au-dessus, et divisées en une foule de fragmens, comme les coulées de laves modernes.

Le trachyte qui les compose est gris, quelquefois poreux, et renferme bien moins de cristaux que celui des grandes nappes qui nous ont occupés un peu plus haut.

On observe une de ces coulées au roc de Cuzeau, et plusieurs autres le long de l'escarpement qui domine la vallée de la Cour, en se dirigeant du puy du Cliergue au puy de Chabano. Ces coulées sont trop distinctes des autres, pour qu'on puisse les rapporter à la même époque; elles paraissent plutôt appartenir à la grande formation des filons dont nous allons nous occuper.

Elles prouvent un fait, c'est que le cirque que forme, par son élargissement, la vallée du Mont-Dore, n'existait pas lors de leur formation; car, n'éprouvant de ce côté aucune résistance, elles se seraient épanchées dans le cirque, au lieu de couler du côté opposé. On est donc forcé d'admettre que ce grand cirque, que les uns regardent comme une *fracture de soulèvement*, et que d'autres considèrent comme le résultat général d'érosions partielles que le temps et les eaux ont creusées ensemble, n'existait pas à l'époque de ces coulées trachytiques.

SECONDE PÉRIODE.

Formation des filons trachytiques. — Premier soulèvement. — Phonolites.

C'est à cette seconde période que parurent tous les filons qui traversent le grand massif du mont Dore. Peut-être ont-ils commencé à se faire jour immédiatement après les dernières éruptions des trachytes; mais il est plus probable qu'il s'est écoulé un certain laps de temps entre ces deux formations, dont les trachytes sont presque toujours différens. Les filons ont rempli les fentes par lesquelles les matières volcaniques s'étaient écoulées, et comme ces fentes se trouvaient, pour la plupart, au centre de l'éruption, c'est là que les filons sont le plus abondans. On remarque la plus grande analogie entre les deux formations de trachyte et de basalte. Dans les deux, on trouve de grandes nappes, qui ont évidemment coulé, et dans les deux encore on rencontre ces filons ou dykes, qui sont toujours plus élevés, qui dominent les plateaux auxquels ils semblent avoir donné naissance, et forment des massifs qui ont été soulevés et se sont refroidis sur le lieu même où ils se trouvent. Je ne pense pas cependant que, dans l'un ni l'autre de ces deux cas, on puisse considérer ces filons comme étant encore remplis par la matière qui en sortait pour couler en nappes. La plupart sont plus modernes, et précisent une époque à laquelle les matières volcaniques ont paru de nouveau à la surface du sol, sans pouvoir s'y étendre, comme elles l'avaient fait auparavant.

C'est autour du pic de Sancy que l'on rencontre la plus grande quantité de ces filons de trachytes. La vallée des Enfers en offre de beaux exemples; ils se prolongent au-dessus des escarpemens, et forment les sommets du puy de l'Aiguiller. On les retrouve au fond de la vallée de la Cour, derrière le pic de Sancy; ils sont nombreux dans la vallée de Chaudefour; enfin, le centre du mont Dore en offre une très-grande quantité. Ordinairement ils s'élèvent comme des murailles, et sont souvent parallèles entre eux; c'est ce qui a lieu quand ils ont peu d'épaisseur; alors ils sont composés le plus ordinairement de petits prismes couchés les uns sur les autres. D'autres fois ils sont plus gros, moins réguliers; leur sommet forme de petites montagnes, et l'on arrive, par nuances insensibles, à des affleuremens très-volumineux, qui forment les sommets des hautes montagnes du

Mont-Dore. Ainsi le pic de Sancy et presque tous ceux qui l'avoisinent, le puy du Cliergue, de Chabano, le roc de Cuzeau, ne sont autre chose que les affleuremens de ces nombreux filons, qui constituent nécessairement une époque distincte. Ils se sont fait jour à travers les trachytes en coulées, et au milieu des conglomérats; ceux-ci ont été un peu fondus sur quelques points, boursoufflés dans quelques endroits, comme on peut le voir dans la vallée des Enfers. Leur action a même été quelquefois assez puissante pour changer la nature des roches; aussi l'on trouve au-dessus de la Bourboule un filon de trachyte qui a traversé des tufs ponceux, et qui les a fondus. Ils ont acquis une division prismatique, et sont maintenant transformés en phonolite qui ne s'étend pas au delà du voisinage du filon.

Ce soulèvement de filons aussi puissans a dû nécessairement changer la forme du large plateau incliné qui constituait le Mont-Dore; il a dû s'élever d'une manière inégale, et des sommets distincts parurent à sa surface; dès lors le mont Dore fut crevassé, et quelques vallées se formèrent autour du pic de Sancy, qui était déjà le point le plus élevé, mais qui n'avait pas la hauteur qu'il atteint aujourd'hui. Plusieurs de ces filons s'élèvent maintenant comme des murailles très-minces, bien au-dessus du sol. Il est évident qu'ils n'ont pu acquérir cette forme qu'au moyen des corps solides qui soutenaient leurs parois, et dans lesquels ils se sont moulés. C'est donc dans la masse trachytique et primitive du mont Dore, que ces filons se sont montrés, et alors ils ne dépassaient pas le niveau de cette masse. Dans l'état où ils se trouvent maintenant, il faut admettre l'une ou l'autre des deux théories suivantes : ou les filons ont été élevés de nouveau, ou la roche qui les entourait a été détruite et entraînée, comme étant moins dure qu'eux. Cette dernière supposition paraît d'abord la plus vraisemblable, d'autant plus qu'en admettant la première, il faut supposer que la force qui a soulevé les filons de nouveau, a dû aussi soulever leur gangue et la roche qui les environnait. L'inspection des lieux tend à faire admettre les deux suppositions : 1°. que le tout a été soulevé et disloqué par une force quelconque ; 2°. que, depuis cette époque, ce terrain déjà brisé a été en partie entraîné et détruit, et que les filons plus durs sont restés saillans ; mais ils sont tous brisés : on trouve à leurs pieds les débris de leurs sommets, tandis qu'ils seraient restés entiers s'ils n'avaient éprouvé aucune secousse postérieure, et si le terrain qui les environnait avait été lentement entraîné.

Les phonolites sont sortis de terre entre la formation des trachytes en coulée, et l'apparition des basaltes; ils doivent, par conséquent, se rapprocher de l'âge des filons dont nous venons de parler. Cependant rien au mont Dore n'indique bien clairement leur âge, si ce n'est le basalte de la Banne d'Ordenche, qui prouve leur antériorité. Ceux qui existent au mont Dore sont rassemblés d'un même côté en une masse considérable, qui paraît avoir été dérangée postérieurement à sa formation.

La Tuilière, la Sanadoire, la Malviale, et les bords de la vallée dans laquelle sont situées ces roches, semblent groupés autour d'un centre de soulèvement qui aurait mis à découvert les belles colonnades de Tuilière et de Sanadoire, qui, au lieu d'être des dykes puissans, comme on l'a supposé, seraient seulement les fragmens d'une épaisse coulée de phonolite. Un relèvement assez considérable paraît avoir eu lieu au fond de cette vallée, et l'on ne peut guère l'expliquer qu'en la considérant comme un centre de soulèvement.

C'est ce redressement de la couche de phonolite qui a dû former le lac de Guéry, et fait déverser ses eaux du côté opposé à celui par lequel elles s'écoulaient autrefois; car, au lieu de descendre du côté du mont Dore, elles coulaient sur la nappe de phonolite, avant son soulèvement, et descendaient dans le bassin de la Sioule, au lieu d'alimenter la Dordogne.

Le lac de Guéry est donc un amas d'eau qui ne doit son origine ni à un cratère d'explosion, ni à un barrage par une coulée, mais à un soulèvement qui a redressé au-dessus de son niveau la partie du sol par laquelle ses eaux s'écoulaient autrefois.

TROISIÈME PÉRIODE.

Basaltes en coulées et en filons. — Second soulèvement.

Les basaltes, comme les trachytes, se présentent, au mont Dore, sous deux états différens, en nappes et en filons; mais, sous cette dernière forme, ils sont bien moins abondans que les trachytes, et toujours éloignés du centre de soulèvement, exclusivement occupé par les roches felspathiques.

Les basaltes en nappes forment de longues coulées, quelquefois morcelées par le temps ou les cours d'eaux, et probablement aussi, par un soulèvement postérieur. Ils sont généralement peu inclinés, mais souvent trop, pour qu'ils aient pu cristalliser dans cette position; en sorte que la situation de ces roches tendrait aussi à faire admettre un soulèvement postérieur à leur formation.

Quoique formant des plateaux élevés, les basaltes n'atteignent pas la hauteur des trachytes, et n'ont coulé que sur les flancs du mont Dore, et, dans certaines directions, ils se sont étendus très-loin.

Leur nature n'est pas toujours la même; quoique contenant tous du péridot, ils en offrent moins que de pyroxène, et présentent parfois des caractères minéralogiques tout à fait différens.

Au reste, leur superposition aux tufs ponceux fixe leur âge d'une manière à peu près certaine, et leur relation avec les laves modernes prouve qu'aucune formation n'a eu lieu entre ces deux époques. On est fort embarrassé pour trouver le point de départ de ces grandes nappes de basalte, dont les niveaux sont quelquefois très-différens; cependant, quand on remarque qu'elles sont toutes inférieures aux pics isolés et basaltiques qui existent maintenant au mont Dore. Quand on observe que les pics sont tous à une certaine distance du centre, on peut présumer avec assez de vraisemblance qu'ils ont produit autrefois les grandes coulées de basalte du mont Dore. Nous voyons, en effet, dans toute l'Auvergne, à la tête des grands plateaux de basalte, des pics qui les dominent plus ou moins. Au puy de Mur, on trouve le pic de Dallet; au-dessous de Saint-Romain, s'étend une large coulée; les plateaux de Courgoul ont pour centre le massif qui supporte la chapelle de Bryonnet; et dans presque toutes les localités où l'on trouve de grands plateaux basaltiques, on voit des pics qui les dominent, et la même chose se présente au mont Dore. Ainsi l'on peut citer, parmi ces derniers, la Banne d'Ordenche, le roc de Courlande, Chagourdet, Chambourguet, tous basaltiques, offrant les mêmes caractères, des formes analogues et une hauteur presque semblable. Ils occupent sans doute la place où étaient les fentes par lesquelles s'échappaient les basaltes; car on sait maintenant que les roches volcaniques anciennes ne sont pas sorties de cratères réguliers, comme les laves modernes.

Quant aux pics eux-mêmes, ils sont plus modernes que les basaltes en coulées ; ils sont le résultat d'un mouvement interne qui s'est opéré entre l'épanchement des nappes basaltiques, et la sortie des laves modernes. Dans tous les cas, la formation de ces pics a dû donner au sol une nouvelle secousse, et produire un soulèvement analogue à celui qui a dû s'opérer lors de l'apparition des filons trachytiques. Il paraît cependant que le soulèvement produit par les dykes a été plus considérable que celui qu'occasionèrent les filons de trachyte, et, d'après ce que l'on sait aujourd'hui sur les soulèvemens, les derniers doivent être les plus intenses, et par conséquent celui des basaltes ayant eu lieu après celui des trachytes, a dû occasioner de plus grands changemens à la surface du sol. En effet, lorsqu'on approche des pics dont nous avons parlé un peu plus haut, on voit le terrain s'élever graduellement de tous côtés, et l'on ne peut méconnaître l'action de ces dykes. A cette époque, les points culminans du mont Dore n'étaient pas les sommets des filons trachytiques, mais ceux des filons de basalte, et plusieurs cours d'eau durent nécessairement se diriger vers le centre des groupes qui est aujourd'hui le point le plus haut. Ils ont sans doute contribué au mélange de divers produits pulvérulens, et des différens blocs trachytiques qui se trouvent accumulés dans ces localités.

QUATRIÈME PÉRIODE.

Apparition des volcans modernes. — Troisième et dernier soulèvement.

Nous ne pouvons assigner aucune date historique à l'apparition des derniers volcans de l'Auvergne ; nous savons seulement qu'ils sont postérieurs à tous les autres produits volcaniques de cette contrée, et que le sol primordial et le sol tertiaire présentaient dès lors la configuration extérieure qu'ils nous offrent aujourd'hui. Ainsi toutes les vallées du terrain cristallisé existaient déjà, ainsi que celles des terrains de sédiment, puisque les laves vinrent s'y répandre, en suivant leur pente et leurs anfractuosités. Un espace de temps assez considérable s'est écoulé entre l'apparition des basaltes et l'épanchement des laves modernes : la différence des niveaux, et par conséquent le temps présumé nécessaire pour creuser ces vallées, sont des faits qui prouvent directement la différence d'âge de ces deux espèces de roches.

L'éruption des volcans modernes s'est fait sentir au mont Dore. Le sol déjà brisé par la sortie des matières volcaniques devait présenter moins de résistance sur ce point que sur d'autres, puisque les couches inférieures avaient déjà été ouvertes; mais la masse énorme des produits accumulés sur ce point dut opposer aussi une résistance considérable, que la puissance des volcans modernes n'a pu vaincre; c'est alors qu'arriva le dernier soulèvement des monts Dores; c'est alors que la masse entière de ces montagnes, soulevée et déchirée, donna naissance à des fentes nombreuses et généralement divergentes, que les eaux agrandirent en entraînant leurs débris. Le centre principal de soulèvement, placé selon nous au pied du pic de Sancy, dans le ravin de la Craie, souleva le pic lui-même et les nombreux filons qui l'entouraient, les coulées trachytiques se redressèrent, et comme elles se trouvaient voisines des filons, et placées au centre, elles acquirent une grande élévation, et dès cette époque, les trachytes se trouvèrent plus élevés que les dykes basaltiques qui devaient auparavant les dominer.

Quand on examine le mont Dore du haut du roc de Cuzeau ou du point qui lui est opposé, le puy du Cliergue, on voit une enceinte étendue et profonde, dominée par des pics décharnés ; partout des nappes de trachytes relevées, ou des filons qui les traversent, forment les bords interrompus de ce cirque ; on y voit des couches de trachytes intercalées dans des conglomérats ; on y trouve des portions toutes entières de filons trachytiques brisés et amoncelés au bas des escarpemens. Enfin, on est témoin d'un désordre que l'eau seule n'a pu produire. Il a fallu nécessairement qu'une secousse ait brisé ces nappes de trachyte, et qu'elle ait en même temps démantelé ces filons, qui tombent en ruines depuis qu'ils ne sont plus soutenus par les parois des fentes dans lesquelles ils se sont moulés.

L'idée d'un vaste cratère se présente à l'esprit ; mais quand on entre dans la vallée de la Cour, et qu'on examine attentivement les nombreux filons qui la traversent ; quand on étudie la gorge des Enfers où ces mêmes filons forment les sommets élancés du puy de l'Aiguillier ; et surtout si l'on observe l'ensemble du massif du sommet de Sancy, on voit qu'on ne peut donner le nom de cratère à cette partie du mont Dore. C'est un véritable centre de soulèvement, dont le point central de la force agissante a dû être placé, comme je l'ai dit un peu plus haut, à la base du ravin de la Craie ; mais cette force n'a pas agi sur ce seul point ; elle a occupé un espace circulaire assez grand, qu'elle a soulevé en forme de dôme, à la surface duquel il a dû se former un grand nombre de fissures qui ont divisé la partie centrale en polyèdres irréguliers, d'où sont parties des fentes prolongées et divergentes. Ce sont ces fentes agrandies par l'action séculaire des eaux, qui ont formé les nombreuses vallées qui partent du mont Dore, et dont celles des Bains et de Chaudefour sont les principales. Ces deux vallées ont de grands rapports entre elles ; toutes deux ont de chaque côté des plateaux de trachyte qui les dominent, et qui reposent sur des produits ponceux et pulvérulens. Des filons nombreux et verticaux traversent l'une et l'autre vers leur origine, et toutes deux, très-élargies à leur point de départ, se rétrécissent ensuite, leurs versans s'abaissent, et elles finissent par se confondre avec la plaine.

Ces vallées sont tout à fait indépendantes des vallées primitives et tertiaires ; elles sont creusées seulement dans la masse des produits volcaniques surajoutés au sol primordial, et ne peuvent avoir pris naissance qu'à l'époque du soulèvement du mont Dore, quand la grande nappe volcanique qui couvrait ce massif, a été divisée par des fissures.

Les eaux qui ont agi ensuite ont puissamment contribué à l'élargissement de ces vallées, et c'est en partie à leur action qu'il faut attribuer ce beau cirque que l'on voit du roc de Cuzeau, quoiqu'évidemment il n'ait pu se former sans un étoilement dû au soulèvement des monts Dores. Arrivant de plusieurs ravins, les eaux ont dû continuer l'agrandissement de ce cirque, et ce qui le prouve, c'est l'exhaussement considérable de la vallée, à mesure que l'on approche de la base de Sancy, et cet exhaussement n'est dû qu'à une masse énorme de débris accumulés. La gorge des Enfers, et surtout la vallée de la Cour, qui seule donne l'idée d'un cratère, ne sont que des portions de ce grand cirque, qui, vues de près, en paraissent distinctes, mais qui n'en sont réellement séparées que par des filons assez puissans, qui ont résisté à l'action érosive des eaux.

Le centre du mont Dore ayant opposé aux volcans modernes une résistance invincible, ceux-ci durent se frayer des issues sur d'autres points, et c'est alors que se formèrent quelques cônes de scories qui avoisinent le mont Dore, et un grand nombre de petits points d'éruption, qui témoignent partout de l'action puissante des derniers volcans.

Il semble cependant que cette puissance se soit principalement manifestée sur une ligne qui partirait du puy Ferrand, et qui se dirigerait vers la roche Sanadoire.

Il existe, en effet, entre ces deux points, une arête interrompue, mais marquée par le soulèvement d'un certain nombre de montagnes. On remarque d'abord quelques éminences derrière le roc Cuzeau, puis la série des puys de Mareilh, de l'Angle, Hautes-Chaux, du Barbier, de Tribout, de la Tache, de Diane, de la Croix-Morand, de l'Aiguillier, de Loueire, et enfin les phonolites de Malviale, de Sanadoire et de la Tuilière.

Partout, sur cette ligne qui comprend plusieurs des plus hautes cimes du mont Dore, on retrouve les traces d'une volcanisation moderne. Déjà, près du roc de Cuzeau, on voit quelques roches scorifiées, dans les cavités desquelles il existe des paillettes de mica sublimées; sur les puys de Hautes-Chaux et de Tribout, on trouve partout des trachytes fondus, des masses caverneuses. Au puy de la Tache, des masses de laves se sont frayé une issue sur le flanc même de la montagne;

des scories légères et volumineuses les ont accompagnées, et au-dessus de ce point d'éruption, toutes les fissures sont tapissées de lames éclatantes de fer oligiste. Enfin, le puy de Diane, qui s'éloigne un peu de la direction des autres, est tellement arrondi et tellement régulier, qu'il est impossible d'admettre sa formation, sans la considérer comme une véritable boursouflure. Les trachytes qui composent le puy de Mône et le puy de la Tache, ont subi des altérations bien singulières : on voit des fragmens qui ont été fondus, qui ont été colorés par l'oxide de fer; d'autres ont changé de couleur, et sont devenus poreux, et ils passent, par nuances insensibles, aux trachytes qui ne sont nullement altérés. On ne peut méconnaître sur ces montagnes l'action d'une force volcanique postérieure, à laquelle elles doivent, pour ainsi dire, leur soulèvement. Ce sont des boursouflures qui se sont élevées sur le vaste plateau de trachyte qui descend du roc de Cuzeau.

Les changemens que le trachyte peut éprouver quand il est soumis de nouveau à une température élevée, sont très-remarquables. Déjà M. Bouillet et moi en avons indiqué quelques-uns dans une note publiée dans les Annales de l'Auvergne, et lue à l'Académie de Clermont.

Nous avons présenté des fragmens de trachyte terreux ou domite rejetés par un cratère, et présentant sur les mêmes morceaux l'apparence d'un domite presque pulvérulent, et d'un trachyte vitreux à structure porphyrique. Ces phénomènes ont été produits au mont Dore avec bien plus d'intensité, et le trachyte est devenu quelquefois méconnaissable.

En étudiant la direction des nappes de trachyte qui bordent la vallée du Mont-Dore, on voit que le bord le plus élevé de ces nappes est du côté de la vallée, et qu'elles s'abaissent ensuite graduellement, comme si un soulèvement les avait séparées. On ne peut prendre une idée nette de cette direction opposée des deux coulées de trachyte qui forment les bords de la vallée, qu'en les examinant d'un peu loin, et aucun point ne paraît plus propre à cette étude, que la base du rocher basaltique de la Banne d'Ordenche. On voit alors clairement les deux versans s'incliner en sens opposés. Or, ce fait étant constaté, on ne peut plus admettre la puissance des eaux pour creuser la vallée de la Dordogne; car si on prolonge les lignes de pente des deux versans jusqu'à ce qu'elles viennent se croiser au-dessus de la vallée, on verra que les nappes de trachyte qu'elles représentent, formaient, par leur jonction, une arête qui aurait été entraînée par les eaux ; mais comment concevoir que des eaux puissent entamer précisément sur la crête une masse de terrain quelconque, qui présenterait cette forme ; et comment d'ailleurs une masse fondue aurait-elle pu la prendre ? Les eaux auraient glissé continuellement sur la pente de l'un et de l'autre côté de l'arête, et n'auraient pu, en aucun temps, l'entamer dans le sens longitudinal, tandis qu'un soulèvement des nappes de trachyte explique à la fois la direction des coulées et celle de la vallée, et permet aux eaux d'agrandir promptement les fissures dans lesquelles elles viennent toutes se réunir.

On ne manque pas de faire une objection à cette théorie, c'est que si les versans opposés à la vallée étaient réellement inclinés en sens opposé de chaque côté, les eaux de la cascade, qui viennent tomber près du village, auraient une direction diamétralement opposée. En effet, au point où les eaux se précipitent dans la vallée, la nappe de trachyte qui la borde de ce côté et dans cet endroit, a plus de tendance à pencher dans la vallée que du côté opposé ; mais c'est à ce point seulement ; et cette pente qui est très-faible, comme on peut s'en convaincre par la présence des marais qui sont au-dessus de la source, est due au soulèvement de plusieurs des puys que nous avons nommés tout à l'heure, et surtout au puy de Mareilh. Ces puys, comme nous l'avons vu, se trouvent sur la ligne de soulèvement que les volcans modernes paraissent avoir suivie en se dirigeant du centre du mont Dore vers la roche Sanadoire.

Là existe, comme l'a indiqué M. Elie de Beaumont, un nouveau point de relèvement ; mais il a eu lieu sur une roche différente ; c'est sous des phonolites que le centre de soulèvement a eu lieu, et l'élévation de la Tuilière, de la Sanadoire et de la Malviale en a été le résultat. Tout autour de ces roches, les phonolites sont relevés, et, comme nous l'avons vu plus haut, le lac de Guéry doit sa formation au redressement des couches du grand plateau de phonolites, où se trouve son bassin.

Ce lac et ce nouveau centre de soulèvement dateraient donc encore de l'époque des volcans modernes, qui auraient cherché à se faire jour à travers ces phonolites, comme ils l'avaient tenté sous la grande masse trachytique du mont Dore.

On ne trouve, près de Sanadoire et de Tuilière, rien qui justifie cette théorie ; on rencontre peu de produits scoriacés ; mais à une certaine distance, entre le lac de Guéry et le mont Dore, on voit beaucoup de scories recouvertes par la pelouze, et au delà des phonolites dont nous venons de parler, on trouve deux points bien remarquables où les volcans modernes se sont fait jour.

L'un est le puy de Vivanson, au nord-est du lac de Guéry. C'est un point d'éruption couvert de scories récentes, et qui a fourni une coulée de lave qui descend jusqu'à la base du puy de Cornillou. L'autre est au nord-ouest du même lac ; c'est le puy d'Augère, au pied duquel se trouve aussi un amas d'eau désigné sous le nom de *lac de Servière*.

Ce point est assez curieux, en ce qu'il offre un des volcans modernes les plus rapprochés du centre du mont Dore, et à sa base, un cratère d'explosion ; car on ne peut refuser ce nom au lac de Servière, parfaitement arrondi, couvert de scories sur ses bords, et situé au bas d'un monticule entièrement formé de scories, qui paraît n'être lui-même que le point le plus élevé des bords du cratère.

La force volcanique s'est aussi dirigée sur une ligne presque opposée à celles que nous venons de suivre, et deux volcans puissans, Montchalme et Montsineire s'élevèrent aussitôt que la matière en fusion put se dégager de la masse des terrains d'épanchement qui la retenaient captive.

La grande quantité de laves qui sortit de ces deux volcans, dut rétablir pendant quelque temps l'équilibre aux environs du mont Dore. La coulée de Montsineire est la plus considérable de l'Auvergne ; le cratère dont elle est sortie est le plus vaste, et l'on voit facilement qu'à cette première époque de l'apparition des volcans modernes, ils avaient une puissance qu'ils n'ont pu soutenir dans leurs dernières éruptions.

Le puy de Montchalme est le plus intéressant de ces deux cônes, à cause d'un lac situé à sa base, et bien connu sous le nom de *Pavin*.

On n'a jamais pu refuser à ce lac le nom de cratère, malgré ses dimensions et malgré la masse d'eau qui s'y est accumulée. C'est un vaste cirque dont les bords sont abruptes quoique accessibles, et se prolongent sous l'eau avec le même degré d'inclinaison. Il paraît cependant que cette pente ne continue pas long-temps, et, d'après quelques sondages qui ont été faits, on s'est assuré que le fond du lac est presque plat, comme le serait celui d'une soucoupe, malgré la grande inclinaison de ses bords.

De la surface au fond de l'eau, la profondeur est de 280 pieds; le diamètre du lac est dix-sept fois plus considérable; l'eau s'échappe par une échancrure pratiquée dans un des bords; son niveau doit baisser continuellement à mesure qu'elle use la digue qui la retient. En faisant le tour du lac sur le bord de l'eau, on voit facilement les sources qui l'alimentent, et qui sortent d'une coulée de lave qui paraît suspendue à plus de quarante pieds au-dessus de son niveau. La nature de la roche et les scories qui l'accompagnent font présumer, avec bien de la vraisemblance, que c'est une coulée moderne, d'autant plus qu'immédiatement au-dessus s'élève le puy de Montchalme, qui domine Pavin, et qui présente encore un cratère très-bien conservé. La lave est accompagnée d'amas de pouzzolane; elle offre des traces de structure prismatique, et se montre sur plusieurs points autour du lac. Partout où l'on peut observer le terrain qui supporte cette lave, on le voit formé de tufs trachytiques, de dépôts ponceux, qui contiennent des morceaux de trachyte, et l'on distingue même souvent à travers l'eau limpide de Pavin, cette roche qui paraît stratifiée, et dans laquelle, suivant toute apparence, le cratère est creusé.

Vu en face et d'un peu loin, Pavin paraît un large cratère occupant toute la partie supérieure d'une montagne élargie; de tous côtés il faut monter pour atteindre ses bords, et le niveau de ses eaux est encore bien au-dessus du sol environnant. Il est, à la vérité, dominé par Montchalme, dont le cratère est encore plus élevé que Pavin, mais il paraît lié à cette dernière montagne.

Après un examen approfondi, on ne peut donc refuser à Pavin le nom de cratère qu'il mérite sous tous les rapports; mais comme le lac de Servière, c'est un cratère d'explosion. Il a été établi au milieu de ces dépôts trachytiques et ponceux qui couvrent tous les environs du Mont-Dore.

Jusqu'ici on n'avait trouvé aucun fait géologique qui puisse indiquer l'âge de ce cratère, et on le considérait comme antérieur aux volcans modernes. En examinant le sol des environs, et surtout la déchirure par laquelle s'échappent les eaux, on voit que le terrain est formé de débris de trachyte, de fragmens de lave, de sables ponceux, et qu'il présente enfin toutes les apparences d'un sol où se trouvent amoncelés les débris de plusieurs couches superposées. Ce sol, en effet, n'est autre chose que celui qui a été chassé du cratère lors de l'explosion qui l'a produit, et qui est retombé tout autour de la bouche.

On est étonné cependant d'y trouver des morceaux de lave moderne mélangés à des blocs de trachyte ; mais ce qui étonne davantage, c'est de rencontrer un peu au-dessus de Besse, entre cette ville et Pavin, une coulée de lave dont on ignore l'origine. Elle passe sous la ville, continue dans la vallée de Coteuge, et vient s'arrêter à Saurier, à plus de deux lieues de son point de départ.

Si, comme dans la chaîne des puys, des volcans nombreux et rapprochés s'étaient élevés aux environs, on serait embarrassé de trouver celui qui a fourni cette coulée ; d'un autre côté, elle est trop considérable pour qu'on puisse la supposer sortie d'une fente, sans aucun appareil volcanique, et l'on ne voit que Montchalme qui ait pu lui donner issue. Si l'on compare des échantillons détachés près des sources du lac avec la lave qui passe à Besse, on trouve la plus grande analogie ; c'est la même pâte, la même texture, ce sont les mêmes cristaux. Si l'on suit, en remontant au delà de Besse, le cours de la lave, elle disparaît avant qu'on ne soit à Pavin, sous les débris dont nous avons déjà parlé, et sous la pelouse qui recouvre tous les environs du lac. Cette superposition de fragmens et de tufs trachytiques au-dessus d'une lave moderne, paraîtrait inexplicable, si elle ne donnait elle-même l'époque relative de l'explosion du cratère. Ce n'est qu'après l'épanchement de la coulée de Montchalme, qu'a eu lieu la formation de Pavin. La résistance qu'opposait la lave, une fois vaincue, ses débris, lancés dans les airs avec ceux du terrain sur lequel elle reposait, se confondirent en tombant, se déposèrent tout autour du cirque qui venait de se former, et cachèrent ainsi la coulée de lave qui paraît maintenant interrompue. Pavin devait alors présenter un immense cratère, dont les bords supérieurs étaient formés par la lave, et dont la majeure partie était creusée dans les tufs et les conglomérats trachytiques; peut-être même le sol primitif y fut mis à découvert.

Le cours d'eau, qui suivait sous cette coulée comme sous toutes les autres, la déclivité du terrain, fut interrompu par une telle explosion. Les points d'écoulement furent mis à découvert comme le serait l'orifice d'une conduite dont une tranchée arrêterait la continuité. Les eaux coulèrent donc peu à peu dans la cavité qui venait de se former ; elles durent s'infiltrer long-temps, puis enfin se réunir pour emplir le cratère, et former cette belle nappe circulaire qui existe aujourd'hui, et dont le niveau doit continuellement s'abaisser.

Pavin serait donc plus moderne que le volcan de Montchalme, dont il semble faire partie ; mais il appartiendrait cependant à la même époque géologique ; il aurait servi d'issue aux grands dégagemens de gaz qui eurent lieu lors du soulèvement général du mont Dore, avant que les volcans modernes n'aient pris une direction déterminée, et n'aient formé la chaîne des puys, dont le temps a jusqu'ici respecté les formes. Quelques traces d'éruption se manifestèrent encore aux environs du mont Dore. Un volcan puissant, le *Tartaret*, se fit jour à l'extrémité d'une des fissures produites par ce soulèvement, au bout de la vallée du Chambon, près du village de Murol.

Une coulée de lave très-étendue s'est échappée du milieu d'un amas considérable de scories, et la matière fondue, continuellement soulevée par des gaz, est restée sous forme de **monticules coniques formés par la lave bour-**

soufflée et brisée. La force volcanique, qui agissait à cette époque, était loin de s'éteindre, une longue ligne de cônes scorifiés allait s'élever sur un autre point, dans une autre direction : c'est la chaîne des monts Dômes, telle qu'elle existe aujourd'hui.

Monteinard fut le premier volcan qui s'ouvrit au nord du mont Dore ; le puy d'Enfer vint ensuite avec son large cratère, qui a beaucoup d'analogie avec les cratères d'explosion, et que l'on connaît maintenant sous le nom de *Narse d'Espinasse*; mais jusque-là aucune coulée de lave n'était encore sortie ; rien n'avait pu diminuer l'intensité de l'action qui se manifestait dans cette direction ; mais bientôt les puys de Charmont, de la Vache, de Lassolas, de Vichatel, donnèrent de longues et puissantes coulées ; il en fut de même de Pourcharet, Barme, Salomon, Montchié, etc. ; leurs laves se déversèrent tantôt à l'ouest, tantôt au levant. Tous ces cônes volcaniques se faisaient jour sous une couche trachytique plus ou moins épaisse, qu'ils parvenaient toujours à percer et à couvrir de leurs scories ou de leurs pouzzolanes. Enfin, soit que la couche trachytique ait été plus épaisse, soit que la force agissante ait perdu de son intensité, cette couche fut soulevée bien au-dessus du sol, et, dès cette époque, le puy de Dôme domina la Limagne; une issue s'ouvrit sur son flanc; de nombreuses scories, lancées par ce cratère, retombèrent tout autour, et formèrent le petit puy de Dôme, qui ne paraît pas avoir fourni de coulée. Le Petit Suchet, Clierzou, Sarcouy, montagnes trachytiques, furent également soulevées à la même époque et par les mêmes moyens. Près de chacune d'elles existe le volcan souleveur, qui lui est presque toujours accolé, et qui, ayant dépensé toute sa force, s'est borné à répandre des scories, sans émettre de lave.

Le puy de Chopine, soulevé presqu'en totalité avec une portion du sol cristallisé qui lui servait de base, semble sorti en entier du cratère circulaire qui l'environne, et qui est désigné sous le nom de *Puy des Gouttes*. Enfin, la ligne des volcans, suivant toujours la même direction, est maintenant marquée par une nombreuse série de centres d'éruption, qui se prolongent jusqu'au delà de Combronde. Elle est terminée par le puy de Chalard, et par un dernier cratère d'explosion, qui est le *gour de Tazana*. Comme Pavin, Tazana est plein d'eau, ses versans sont rapides, et sa profondeur assez considérable. Mais l'incendie général allait cesser ; une partie seulement de ce cratère présente des traces de fusion. Un grand dégagement de gaz dut s'échapper par cette dernière ouverture, et à ces bouleversemens fréquens, dont nous venons d'essayer de tracer une esquisse, succéda le calme profond qui s'est prolongé jusqu'à nos jours.

Il existerait donc, d'après cette manière de voir, des rapports d'époque entre les monts Dores et les puys domitiques, et je pense que l'on peut résumer les différentes idées émises dans ce Mémoire, en reproduisant textuellement les dernières pages d'un Mémoire que j'ai lu, le 5 novembre 1827, à l'Académie de Clermont, et qui a été publié en février 1828.

« Les puys felspathiques des monts Dômes se rattachent essentiellement aux monts Dores, et je suis tenté de croire que l'élévation de ces derniers a eu lieu en même temps que celle des monts Dômes.

» Les volcans modernes, cherchant à se faire jour à travers le sol, durent nécessairement se porter vers les lieux où ce sol avait déjà été entr'ouvert par des éruptions qui avaient dès long-temps précédé les leurs. Mais ici (au mont Dore) la masse énorme des matières entassées les unes sur les autres opposa une résistance qui était en rapport avec leur poids et leur épaisseur, et leurs efforts réunis ne purent que soulever l'ensemble de ces matières. La croûte supérieure toute crevassée en plusieurs endroits, et les gerçures de cette immense calotte y produisirent plusieurs sommets plus ou moins escarpés et séparés par des précipices, dont les uns furent comblés et les autres agrandis par les torrens qui en descendent.

» C'est à ce mode de formation qu'il faut attribuer l'espèce d'abaissement proportionnel qui a lieu à mesure que l'on s'éloigne d'un côté ou de l'autre, du sommet des puys trachytiques du Mont-Dore, et qui se remarque surtout sur les plateaux de basalte. Ceux-ci, sur quelques points, offrent des scories récentes, qui datent de la même époque, et qui se sont formées sur les points où le foyer inférieur a pu s'ouvrir quelques soupiraux.

» Rarement les matières fondues ont pu se faire jour à la surface; cependant on en voit des exemples à Montchalme, au Tartaret et à Montsineyre. Le foyer volcanique prit alors une direction, et marchant vers le nord, s'ouvrit d'abord à Monteynard, puis ensuite forma les puys de l'Enfer, de la Rodde, de la Vache, de Lassolas, etc., avec les laves qui en sont sorties, et continuant dans la même direction, souleva le puy de Dôme et ses analogues, et ne s'arrêta qu'au puy de Chalard, après s'être épuisé en vomissant une foule de coulées, parmi lesquelles on remarque principalement celles de Côme, Pariou, Louchadière et la Nugère.

» Peut-être tous les sommets trachytiques, qui sont en général extrêmement élevés, sont-ils dus à la même cause, et selon des circonstances accessoires, ils ont pu se crevasser fortement, comme le mont Dore ; très-peu, comme le puy de Dôme, ou pas du tout, comme Sarcouy, Clierzou ; et je crois qu'il faut attribuer aux volcans modernes, que je distingue des contemporains, non-seulement les effets visibles que personne ne conteste, mais d'autres encore qui ne se montrent pas entièrement à la surface du sol, ou qui sont tout à fait cachés. » (*Annales scientifiques de l'Auvergne*, t. 1, p. 93—95.)

Il est assez remarquable que les montagnes volcaniques qui composent la chaîne des monts Dômes, présentent une sorte d'alignement dont elles dévient très-peu. On les voit, en effet, se développer sur une ligne qui va à peu près du sud au nord, en inclinant légèrement à l'est et à l'ouest.

Une autre ligne, parallèle à la première, est également marquée sur une assez grande longueur, par un certain nombre de points d'éruption, placés de distance en distance. La Sioule sépare ces deux séries de volcans. La première ligne, celle qui est la plus rapprochée de Clermont, est située sur l'arête de partage des eaux qui se rendent dans la Sioule et dans l'Allier. L'autre marque également la ligne de séparation des deux versans, dont l'un conduit les eaux dans la Sioule, et l'autre dans le Sioulet. En suivant la direction de ces deux parallèles, qui sont assez rapprochés, on arrive au mont Dore, et au delà on parvient au Cantal, qui se trouve encore sensiblement sur le même alignement.

Cette observation conduit à deux manières de voir. Sont-ce les volcans qui, en sortant du sol, l'ont soulevé sur toute cette longueur, ou bien cette arête de séparation des eaux existait-elle avant les soulèvemens volcaniques? Dans ce dernier cas, les volcans se seraient fait jour sur cette même arête, c'est-à-dire, sur le point le plus élevé du terrain primitif. Le premier cas paraît d'abord le plus probable, parce qu'on suppose que des volcans, sortant sur un point, ont dû soulever le sol environnant. Mais, en y réfléchissant, on voit qu'il n'y aurait là aucune raison qui puisse expliquer la direction de ces volcans, et leur alignement. D'un autre côté, puisque les laves de ces volcans ont coulé sur les deux versans presque indistinctement, et qu'elles ont suivi le lit des ruisseaux qui coulaient à la surface du sol, il faut nécessairement que ces vallées aient été creusées avant leur apparition. Le point de partage des eaux existait donc alors, puisque les vallées sur l'un et l'autre versant forment à peu près un angle droit avec l'arête qui constitue la ligne culminante.

Depuis long-temps les eaux sillonnaient ce terrain, et avaient pris la direction qu'elles ont aujourd'hui. La même chose a eu lieu au mont Dore : le sol primitif y formait une gibbosité, quand les produits volcaniques s'y sont frayé une issue ; ce qui explique déjà le rayonnement des vallées granitiques, qui est cependant bien moins prononcé que celui des vallées postérieures aux éruptions volcaniques. Il est probable que le sol primitif, recouvert par les déjections du Cantal, est aussi plus élevé que celui des environs.

Il s'agissait de rechercher la cause de ce soulèvement antérieur, qui semblait si bien coïncider avec l'alignement des centres d'éruption, et je crois pouvoir assurer qu'il est dû à l'apparition de nombreux filons d'amphibolites, la plupart parallèles entre eux. Le plus puissant de ces filons forme une ligne presque droite, de l'extrémité de la chaîne des puys, au Cantal, en passant sous les produits volcaniques du mont Dore : sa roche dominante est la diorite.

On commence à la trouver au delà de Volvic, où elle forme un large filon que l'on rencontre sur le chemin qui conduit à Louchadière. On l'observe ensuite au puy de Chopine, où elle est soulevée et mélangée au domite qui reposait sur elle, à la côte de la Beisse près de Channat, près du village de Laschamps, à Verneuge et au lac d'Aydat. Elle disparaît ensuite sous les produits volcaniques du mont Dore, pour reparaître, toujours dans la même direction, jusqu'à la base du Cantal. Ainsi une diorite très-compacte se trouve près de Bort, au saut de la Saule. On la retrouve encore depuis le hameau d'Embelles jusqu'auprès de Vendes ; elle abonde dans tous les ravins qui bordent la route ; elle se présente encore entre Mansset et Jaleyrac ; elle forme des filons dans le calcaire lamellaire, entre la Forestie et le château de Miremont, près des rives de la Dordogne; enfin, au delà des groupes du Cantal, dans le département de l'Aveyron; on la trouve en masse assez considérable sur la route d'Entraigues, après avoir passé Monsalvy (1).

Beaucoup de filons de nature différente sont parallèles à ceux-ci dans le département du Puy-de-Dôme. M. Fournet, directeur des mines de Pontgibaud, a suivi leur direction sur un grand nombre de points, et l'a constamment trouvée la même, en sorte qu'il paraît à peu près certain que tous ces filons se rapportent à une même époque, pendant laquelle des fentes profondes ont partagé les terrains cristallisés de l'Auvergne. Il est facile de reconnaître que tout le système volcanique du puy de Dôme, du mont Dore et du Cantal s'est élevé sur une ligne d'amphibolite, qui avait précédemment soulevé une partie du sol primitif. Les volcans modernes ont dû nécessairement chercher les points de moindre

---

(1) Je n'ai pas vu les gisemens de diorite que je cite dans le département du Cantal. Je les dois à M. Bouillet, dont l'exactitude est assez connue, et qui s'est empressé de me les communiquer. Plusieurs personnes ont déjà mis à l'épreuve la complaisance et les connaissances de M. Bouillet, la plupart l'en ont remercié. J'ai regretté, en lisant un ouvrage publié sur les volcans de la France centrale, par M. Burat, qui a profité des communications et des écrits de M. Bouillet sur le Cantal, de ne pas voir son nom cité une seule fois, quoique ses observations soient souvent reproduites dans le cours de l'ouvrage.

résistance, et ils ont profité de la rupture qui avait été faite long-temps avant leur apparition (1). On conçoit alors leur série linéaire, et surtout leur grand nombre ; ce sont, en quelque sorte, les différentes bouches d'un même volcan, dont les éruptions, au lieu de s'accumuler, comme celles de l'Etna, se sont développées en longueur.

Quant aux groupes du mont Dore et du Cantal, des filons convergens vers un même point, ou plutôt des centres de soulèvemens, produits par l'apparition des roches amphiboliques sous les granites, ont pu être la cause des grands amas de matières volcaniques que l'on y trouve accumulées.

L'âge des volcans de l'Auvergne se trouve déterminé par leur superposition constante au terrain tertiaire. Aucun fait à ma connaissance ne prouve même l'antériorité des trachytes; mais des alluvions, et surtout des tra-

---

(1) Une observation vient à l'appui de cette théorie, c'est la présence, et même l'abondance de l'amphibole dans les trachytes, dans les basaltes, et même dans les laves modernes. Des masses entières d'amphibole aciculaire mélangées de felspath, et offrant l'apparence de véritables diorites altérées par la chaleur, se trouvent dans les trachytes du mont Dore, ou bien ont leurs aiguilles disséminées dans leur pâte. On observe la même chose dans les trachytes du Cantal; on voit de gros cristaux d'amphibole dans les basaltes de Corent, et la même substance se trouve en aiguilles dans la lave et les scories du volcan de Montchié.

vertins, se déposaient encore dans de petits bassins superposés au sol tertiaire, lors des dernières éruptions basaltiques. Des recherches ultérieures apprendront peut-être l'âge du soulèvement d'amphibolite, qui paraît avoir eu tant d'influence sur l'apparition des volcans en Auvergne, et sur leur direction; mais, pour le moment, je n'ai aucune donnée sur cet objet.

CHAPITRE V.

DE L'ATMOSPHÈRE ET DES EAUX.

Nous venons de voir, dans le chapitre précédent, que l'eau seule n'avait pu produire ces belles vallées qui sillonnent les flancs du mont Dore ; mais on y reconnaît partout les traces évidentes de courans plus puissans que ceux qui existent actuellement. L'eau se montre encore partout au milieu de ces montagnes, et c'est à sa présence qu'est due la végétation vigoureuse qui cache presque complétement l'ancienne nudité de ses longs plateaux de lave.

La situation élevée du mont Dore contribue beaucoup à augmenter la quantité d'eau que les pluies y versent plus fréquemment qu'ailleurs.

L'air y est ordinairement très-pur, quelquefois même très-sec; car les matières poreuses, qui composent les masses du mont Dore, paraissent capables d'absorber en partie l'eau contenue dans l'atmosphère, et de le rendre ainsi plus sec que dans la plaine.

Mais le renouvellement continuel qui a

lieu dans la masse de l'atmosphère, amène successivement de nouvelles couches d'air à la surface des montagnes, et les vapeurs qui s'y trouvent contenues sont en grande partie absorbées. Ce qui contribue le plus à faire verser une grande quantité d'eau sur le mont Dore, c'est la hauteur de ses montagnes, qui atteignent de quinze à dix-huit cents mètres d'élévation absolue, hauteur qui est précisément celle où se tiennent, sous le parallèle de 45°, les nuages pluvieux les plus élevés. On connaît l'attraction puissante qu'exerce sur les nues une masse quelconque de montagnes. Non-seulement ces nues viennent se grouper autour des points les plus élevés, mais il s'y établit des foyers d'attraction; tous les petits nuages, flottant au-dessous, s'élèvent et viennent s'y réunir. Tous ceux des environs viennent également s'y joindre, à moins qu'un vent contraire ne les pousse dans une autre direction.

Il est plus rare de voir des nuages très-élevés s'abaisser pour rejoindre ceux qui sont au-dessous; mais il arrive ordinairement, dans ces circonstances, qu'il se forme des nuages intermédiaires qui s'accroissent rapidement, et qui confondent les deux masses, malgré la distance qui les séparait. Cette attraction des vapeurs par les montagnes est très-sensible au mont Dore. On peut souvent en suivre les effets sur les pics isolés, tels que le Capucin, la Banne d'Ordenche, et surtout le pic de Sancy. Les nuages s'y arrêtent et en enveloppent la partie supérieure. Le vent est quelquefois trop faible pour les en détacher, car on voit souvent des nues peu élevées ou sur le même plan, mais situées à une certaine distance, obéir à la vitesse du vent, tandis que celles-ci restent immobiles.

Il en résulte généralement une accumulation de nuages au-dessus du mont Dore, et souvent même des brouillards épais qui descendent jusque dans les vallées, et qui s'élèvent ensuite lentement, lorsque le soleil échauffe l'atmosphère et facilite leur dissolution.

La rosée est par cette raison très-abondante dans tous les lieux élevés; mais elle disparaît promptement à cause des vents frais et presque continuels qui règnent dans les hautes régions. Elle est remplacée par la gelée blanche, si la température est au-dessous de zéro. Ordinairement, quand cette circonstance se présente, l'air est calme, les vésicules du brouillard se déposent et se congèlent lentement; rien ne gêne leur cristallisation au milieu d'un air d'une densité très-faible, et le givre qui se dépose acquiert un éclat et des formes que l'on ne rencontre jamais dans les plaines, ni même dans les vallées. Les plateaux élevés ressemblent alors à de véritables jardins, dont les fleurs auraient été remplacées par des moules de glace. La moindre tige, le moindre brin d'herbe sert de centre à une guirlande élégante, à une rosette régulièrement disposée, ou à de longs festons unilatéraux, qui s'accroissent encore quand le soleil, perçant les nues, vient tout à coup arrêter leurs progrès, et enlever aux prairies des montagnes cette parure éphémère, ornement du matin.

C'est surtout la nuit que les nuages s'accumulent sur les cimes du mont Dore. Il est rare que le pic de Sancy reste pendant vingt-quatre heures sans présenter au moins quelques nuages floconneux, qui, sans troubler la sérénité du ciel, annoncent cependant de la vapeur d'eau qui cherche à se condenser.

La rosée, la gelée blanche ne se forment pas tous les jours. La chaleur du soleil n'est pas toujours suffisante pour dissoudre les vapeurs qui couvrent le mont Dore; quand elles sont accumulées au point de descendre par leur propre poids jusque dans la vallée, on est à peu près certain qu'elles ne s'élèveront plus. J'en ai vu plusieurs fois d'énormes lambeaux se détacher tout à coup des masses supérieures, et rouler mollement sur les flancs du puy de la Tache, de Haute-Chaux et de Tribout. Je m'attendais à chaque instant à les voir augmenter de vitesse, comme les corps pesans dont le mouvement s'accroît dans leur chute, à mesure qu'ils s'éloignent du point de départ; mais leur marche était toujours tranquille; on eût dit de grosses masses de neige qui descendaient sur des pentes verdoyantes; au lieu de grossir, elles diminuaient insensiblement, et disparaissaient avant de m'atteindre, quoique placé à la base du pic qui leur servait à la fois de lieu de réunion et de point de départ.

Si, au lieu d'attendre inutilement les nues, on s'élève pour les atteindre, on voit qu'elles ne forment ni rosée ni pluie; elles tombent sur le sol à l'état de nuage proprement dit. Les vésicules n'ont pas la force de se réunir pour former de la pluie, ou peut-être leur état électrique, changeant par leur contact avec le sol, peut-il, dans certaines circonstances, les forcer de se déposer ainsi à l'état nébuleux, dont chaque parcelle est cependant visible à l'œil nu.

Ces vésicules d'eau mouillent fortement;

elles se réunissent sur les pierres, sur les feuilles et les tiges des plantes. Sur ces dernières, elles glissent jusqu'aux racines, et abreuvent le sol, tandis que sur les rochers, lorsqu'ils sont imperméables, cette eau se rassemble dans de petites cavités, où elle séjourne quelquefois long-temps. On peut la boire; elle est préférable à l'eau de pluie. On en trouve aussi de semblable à la base des deux feuilles opposées de la grande gentiane jaune; mais la saveur amère de ces plantes se communique promptement au liquide qu'elles portent, et, sans le rendre malsain, le rend néanmoins très-désagréable.

Cet état particulier de l'atmosphère, dont je viens de parler, est un temps précieux pour les cryptogamistes; les mousses, les lichens sont en pleine vigueur, et présentent sur chaque bloc de rochers leurs formes bizarres et leur port particulier. Les troncs de sapins deviennent chacun un champ de recherches; car aucune partie de la France, et je n'en excepte pas les vieilles forêts de la Grande-Chartreuse, n'est aussi riche que le mont Dore, pour ce genre de production.

Pendant qu'on examine avec surprise, sur les flancs des hauts pics du mont Dore, ces singulières modifications qu'y présentent les vapeurs de l'atmosphère, on est souvent pris tout à coup par la pluie. On la prévoit assez facilement à l'immobilité que présentent les nuages, à l'absence des flocons blancs et pelotonnés, et à la teinte grise ou noire que prennent les dômes nuageux qui recouvrent les sommets. Ces dômes s'étendent sans que leur centre change de place ; ils se réunissent et forment un voile épais qui cache tout le groupe des montagnes ; alors la pluie tombe, presque toujours fine, comme si les gouttelettes, tombant d'une petite hauteur, n'avaient pas le temps de se rencontrer et de s'agglomérer pour former des gouttes de pluie généralement froides, parce que, ne traversant qu'un petit nombre de couches d'air, elles ne peuvent s'échauffer par la chaleur qu'abandonne la vapeur qui se liquéfie à la surface de chaque goutte d'eau, quand elle traverse les couches les plus rapprochées du sol.

Ces pluies sont quelquefois très-abondantes et de longue durée ; elles sont rarement horizontales ; on les voit tomber très-obliquement ; mais leur direction change souvent à cause des réflexions que les courans d'air éprouvent dans les vallées et sur les pentes plus ou moins inclinées des montagnes. Il paraît qu'elles ont une action érosive assez puissante ; car on voit assez souvent au milieu des pelouses de gros blocs de trachyte qui présentent des cavités arrondies, qui ne peuvent avoir été creusées que par les eaux pluviales. Ces cavités sont parfois très-profondes, et indiquent peu d'homogénéïté dans les rochers où elles se trouvent, et dont elles marquent les points de moindre dureté.

Quand la pluie tombe avec abondance, ses effets ne se bornent pas à creuser lentement les blocs trachytiques, ou à entraîner les cendres et les roches ponceuses, elle détache de grosses masses dans les conglomérats, et augmente journellement, dans toutes les vallées, les attérissemens qui en exhaussent le sol. C'est surtout à la base du pic de Sancy, dans le ravin de la Craie, la vallée de la Cour, la gorge des Enfers, le ravin de Cuzeau et celui de Cacadogne, qu'on peut voir des exemples de ces dégradations contemporaines.

La plupart des phénomènes atmosphériques que nous venons de décrire arrivent pendant l'été ; l'hiver, qui dure au moins six mois, nous en présente d'une autre nature ; la neige remplace la pluie, et recouvre le sol des montagnes sur une épaisseur qui atteint quelquefois trois ou quatre pieds. Elle paraît très-rarement en gros flocons, comme dans les plaines ; il semble que chaque gouttelette se congèle séparément et descende régulièrement cristallisée. La forme des cristaux est variée, et ressemble plus à la neige des pôles, dont la cristallisation a été si bien décrite dans les relations des derniers voyageurs anglais, qu'à celle qui tombe habituellement sous notre latitude. Les étoiles sont très-petites ; mais on en voit de groupées. Il y en a quelquefois un grand nombre de réunies, et qui ont évidemment cristallisé ensemble ; car le centre où tout a été confondu forme une petite boule presque compacte, hérissée sur toute sa surface des pointemens qui ne sont que les extrémités des rayons de petites étoiles hexaïdes.

La petitesse des cristaux de neige et même des flocons leur permet de glisser avec une grande facilité sur les pentes fortement inclinées : aussi, pendant les grands froids, on voit les paillettes changer de place et descendre au pied des pics où elles s'accumulent. Le vent qui souffle parfois avec une grande violence en détache de bien plus grandes quantités, et nivelle le terrain ; les ravins disparaissent et se confondent avec les plateaux ; les ruisseaux s'écoulent sous de longues galeries recouvertes de neige ; la surface fondue par le soleil donne naissance à de l'eau qui s'infiltre aussitôt, qui se congèle ensuite, et qui augmente la solidité de ces grandes nappes de neige, dont l'étendue est quelquefois considérable, et dont l'épaisseur atteint souvent plus de trente pieds. Ce sont de véritables glaciers annuels, qui n'ont pas le temps d'acquérir la solidité de ceux des hautes montagnes, parce qu'ils fondent complétement chaque année. Il y a seulement quelques cavités très-circonscrites, où, d'une année à l'autre, la neige se conserve quelquefois. J'ai traversé, en juin 1829, plusieurs ponts glacés qui avaient encore assez de solidité pour porter le cheval sur lequel j'étais monté, et sous lesquels on entendait l'eau couler avec rapidité, jusqu'au point où elle s'échappait sous une arche de neige.

Les eaux que répandent les pluies, celles qui résultent de la fonte des neiges ou de l'absorption des nuages par les montagnes, coulent rarement à la surface du sol sous forme d'eaux sauvages. Des pelouses immenses et couvertes d'une végétation serrée s'opposent à leur cours, les divisent et les forcent de pénétrer dans le sol : celui-ci, composé partout de terre de bruyères, l'absorbe facilement et l'abandonne de même; en sorte qu'il existe au point de contact de la terre végétale et du rocher, une nappe d'eau presque continue ; elle pénètre dans les fissures du rocher, et disparaît d'autant plus facilement, qu'en général toutes les coulées de trachyte reposent sur des matières ponceuses qui l'absorbent avec une grande facilité. Il en résulte que les sources sont très-abondantes, ou plutôt il n'existe que des suintemens qui se réunissent et forment immédiatement des ruisseaux.

C'est ce que l'on remarque surtout à la base des points culminans. Les sommets étant de trachyte, et offrant une pente rapide, l'eau s'écoule le long de cette pente sans pénétrer par les fissures ; elle se rassemble à la base du pic, et sort du sol comme elle sortirait d'une éponge : si ce sol n'a pas de pente, elle s'y rassemble et forme un marais ; c'est ce qui arrive souvent, la plupart des pics s'élevant sur des plateaux, et offrant même assez fréquemment des dépressions à leur base. On trouve ces petits marais dans un grand nombre de points au mont Dore ; les plus remarquables sont ceux que l'on voit à la base du pic de Sancy, au pied du puy de Mareilh, à la Croix Morand, où domine la montagne du même nom ; à la base septentrionale du puy de Tribout, etc. L'eau de ces marais est froide, limpide, peu profonde ; ils nourrissent un grand nombre de plantes dont les débris se convertissent annuellement en tourbe. Le terrain tremble sous les pieds ; la surface est souvent ferrugineuse ; l'eau se rassemble en petits filets ; ceux-ci se réunissent, et l'on voit bientôt de petits cours d'eau extrêmement sinueux, dont une simple motte de gazon détourne le cours. Ils s'augmentent en se réunissant, et se creusent facilement un lit dans un terrain aussi peu cohérent. Tous les ans le ruisseau s'enfonce, ses deux bords supérieurs se rapprochent : les *sphagnum* et les arbrisseaux qui croissent sur ces deux rives en cachent entièrement les eaux.

Ces marais sont l'origine de la plupart des ruisseaux du mont Dore : celui du pic de Sancy est alimenté par les sources de la Dore, situées à 1680 mètres d'élévation, et la *Dore* sort du marais. Celui qui est à la base de Mareilh produit le ruisseau de la grande cascade, et donne naissance, à son autre extrémité, à un cours d'eau dont la direction est tout opposée.

La *Dogne* sort aussi d'un petit marais situé à la base de Cacadogne. La température des suintemens ou des sources qui alimentent ces marais, est assez constante pour chacune d'elles, et varie entre trois à six degrés centigrades pour la plupart d'entre elles. Les sources de la Dore, situées au-dessous de Sancy, ne m'ont jamais donné une température au-dessus de 3,4, dans les jours les plus chauds de l'été. Je serais tenté d'admettre la moyenne que j'ai obtenue, 3,2, comme la moyenne annuelle de température de la plaine située au-dessous du pic, et je crois que +3° centigrades représenterait assez exactement celle du sommet du pic.

Nous avons peu d'observations sur la marche des instrumens météorologiques au mont Dore. Cependant on doit à M. le docteur Bertrand plusieurs tableaux que l'on trouvera dans son ouvrage.

Il est à regretter qu'il n'ait pu suivre ses observations que du 1er juillet au 20 septembre, espace qui comprend la saison des eaux.

Il a déduit de ses recherches faites pendant les années 1820, 1821 et 1822, les moyennes suivantes :

Baromètre métrique à......... 0.675.73.
Thermomètre extérieur....... +17.27.
Hygromètre à cheveu.......... 71.66.
(1) Thermomètre *à minima*..... +10.50.

---

(1) Recherches sur les eaux du Mont-Dore, 2e édition, p. 34.

Les montagnes qui nous occupent, présentant de longs plateaux dominés par des pics et séparés par de profonds ravins, il en résulte que les ruisseaux doivent avoir un cours peu étendu. A peine sortis des marais, ils rencontrent le bord du plateau, et se précipitent dans la vallée; aussi les cascades sont fréquentes au Mont-Dore. Sans offrir des chutes remarquables, elles offrent de l'intérêt par la variété des accessoires, par la disposition des roches, l'ombrage des sapins; quelquefois même elles se distinguent par leur nudité et l'aspect sauvage des lieux qui les entourent. Les principales sont : la *Vernière*, *Quereilh*, la *Grande Cascade*, celle du *Serpent*.

Mais outre ces cascades, qui, dans le pays, jouissent de quelque célébrité, comme sites pittoresques, il en est une foule d'autres presque ignorées, situées au milieu des forêts de sapins, dans les lieux les plus escarpés, et que l'on rencontre au moment où l'on s'y attend le moins; aussi le paysage au Mont-Dore doit aux eaux et aux sapins presque toute sa beauté.

On conçoit que, dans un pays de montagnes, les eaux doivent être rarement stagnantes; aussi elles ne présentent ce caractère que dans certaines cavités, dont l'origine paraît très-différente; elles forment alors des lacs, dont l'étendue est en général peu considérable. La situation de ces lacs est extrêmement remarquable; tantôt ils s'étendent, comme de grandes marres d'eau limpide, au milieu des pelouses qui recouvrent les longs plateaux du mont Dore; tantôt ils remplacent d'anciens cratères, et se présentent comme de vastes coupes remplies jusqu'aux bords; ailleurs, ce sont des vallées barrées par une coulée de lave, obstruées par un éboulement, et dont l'eau mine lentement sa digue : partout des bords rians, de la verdure que l'eau entretient dans une fraîcheur presque continuelle, qui n'est interrompue que par la neige des hivers. Les principaux lacs sont : *Pavin*, *Chauvet*, *Godivelle*, *Moussiniere*, *Guéry*, *Chambon*, *Aydat*, pour lesquels nous renvoyons, comme pour les cascades, aux descriptions particulières de l'itinéraire pittoresque qui termine ce volume.

Il paraît cependant que les lacs ont été plus nombreux autrefois qu'aujourd'hui, et nous en trouvons la preuve sur plusieurs points du mont Dore. La présence d'une couche de lignite, visible au ravin des Égravats, doit y faire soupçonner le séjour de l'eau; car c'est au sein de ce liquide qu'a dû se déposer cette matière organique. Un lac devait alors occuper le cirque qui forme la partie supérieure de la vallée de la Dordogne. Un soulèvement, en exhaussant le sol, ou plutôt les nombreux débris qui ont dû s'y accumuler, ont bientôt atteint la digue, et ont permis à l'eau de s'écouler. Un autre lac existait plus bas dans la même vallée, au lieu où est situé maintenant l'établissement thermal de la Bourboule. Les tufs ponceux et les empreintes végétales que l'on y rencontre quelquefois attestent un dépôt qui se formait lentement dans un bassin d'eau dormante. On reconnaît facilement les anciennes limites de ce lac, et surtout le point qui donnait issue au liquide. Cette digue était granitique, et quand on est monté sur la grande roche des Fées, on voit très-bien les grosses masses primitives, autrefois réunies, entre lesquelles la Dordogne se presse en écumant.

Peut-être la vallée de la Cour a-t-elle été aussi entièrement fermée, et, dans ce cas, un lac arrondi ou légèrement ovale a dû s'élever jusqu'à la crête du beau filon trachytique qui en fermait l'entrée.

La vallée de Chaudefour a été autrefois un des plus beaux lacs du Mont-Dore; ses bords étaient escarpés et couverts de forêts; son aspect devait être extrêmement sauvage, ses eaux profondes, placées bien au-dessous des grands sommets, devaient nourrir de nombreux poissons; mais leur forte pression dut user promptement la digue de matières meubles dans lesquelles toute la vallée se trouve creusée.

Plusieurs autres lacs, dont la situation devient de plus en plus difficile à reconnaître, ont dû exister autrefois sur le groupe de montagnes dont nous nous occupons; mais il nous suffit, pour ce Mémoire, d'avoir fait remarquer les principaux changemens qui s'y sont opérés.

En résumé, le mont Dore, qui s'élève à la hauteur de 1,887 mètres, au centre de la France, se présente sous forme d'un vaste groupe, profondément sillonné par les cours d'eau qui en descendent. Le pic de Sancy le point culminant, en est le centre hydrographique, et chaque ruisseau s'en éloigne en divergeant. Il existe autour de ce centre une foule de petits bassins, dont chacun a ses petits affluens et son cours principal. Mais, en somme, ce groupe peut être partagé en deux grands bassins hydrographiques: l'un conduit ses eaux dans l'Allier et dans la Sioule, qui se réunissent ensuite au bassin de la Loire ; l'autre verse les siennes dans la Dordogne qui y prend sa source, et dont le bassin est aussi très-étendu. La ligne de partage est indiquée par les plus hautes sommités du mont Dore, qui devient ainsi un point fort important pour l'hydrographie de la France.

CHAPITRE VI.

DE LA VÉGÉTATION DU MONT DORE.

La division des eaux en une multitude de ruisseaux et de cascades, leur stagnation dans des marais élevés, la présence de beaux lacs situés à des hauteurs diverses, et les accidens sans nombre d'un terrain inégal, assurent à la Flore du mont Dore une richesse peu commune. D'un autre côté, le sol presque entièrement formé de débris volcaniques, et enrichi depuis des siècles par la décomposition annuelle du feuillage d'arbres verts, conserve une humidité qui communique aux plantes une grande vigueur. Il est bien peu d'endroits où l'on puisse suivre avec autant de plaisir le développement successif de tous les germes engourdis par un hiver prolongé, et se hâtant de jouir d'un été que la neige interrompt quelquefois.

Le mont Dore présente bien peu de plantes qui lui soient particulières, il n'en est même aucune qui n'ait encore été rencontrée que dans cette seule localité. La végétation est plutôt subalpine que véritablement alpine ; car on n'y voit aucune des plantes caractéristiques des terrains élevés. Quelques espèces pyrénéennes viennent se mêler aux plantes montagnardes qui forment le fond de la végétation. Celles du Midi que l'on rencontre assez communément dans les plaines, ne s'élèvent pas jusque sur les pentes des pics; mais on remarque au contraire une assez grande ressemblance entre la végétation némorale du nord de la France, et celle qui revêt les versans et les plateaux élevés du mont Dore. La hauteur compense la latitude, et cette compensation paraît exacte.

Le développement des fleurs commence dans les vallées aussitôt que les neiges sont fondues, en sorte qu'il éprouve beaucoup de variations. On voit, dans certaines années, des fleurs précoces s'épanouir en mars; mais il est rare qu'il en soit ainsi. Souvent c'est à la fin d'avril que les premières paraissent, et ce ne sont guère à cette époque que celles des *tussilages* qui précèdent l'apparition des feuilles. Celles-ci sortent presque toutes dans le mois de mai, et en quelques jours la vallée de la Dordogne se couvre d'une verdure nouvelle, qui contraste fortement avec celle des sapins, dont les nouvelles pousses ne sont pas encore développées. Toutes les plantes printanières durent pendant la plus grande partie du mois de juin. Juillet et août composent l'été du mont Dore. L'époque la plus brillante de cette belle saison arrive du 20 juillet au 10 du mois suivant. La végétation se soutient encore pendant la première quinzaine de septembre ; il est même quelques plantes qui se montrent pour la première fois ; mais la fréquence des gelées qui accompagnent presque toutes les matinées d'automne détruit les espèces tardives, dont la neige vient bientôt couvrir les débris.

Les plantes qui tour à tour cachent les roches volcaniques du mont Dore, sont dispersées dans des localités très-différentes, où l'on remarque des associations constantes entre certaines espèces. Aussi aucun site dans le centre de la France ne présente autant d'intérêt pour l'étude de la géographie botanique.

L'élévation est déjà assez grande pour qu'on puisse distinguer quelques zônes dans la distribution verticale des espèces ; mais ce sont surtout leurs associations qui méritent le plus d'attention.

Les forêts forment une zône, pour ainsi dire, intermédiaire, qui partage les prairies en deux classes, au moins pour la vallée de la Dordogne. Les unes sont au-dessous des forêts, et les autres les dominent. C'est ainsi que les pelouses du Capucin sont séparées par une forêt de sapins, de la longue prairie arrosée par les eaux de la Dordogne; mais on conçoit que l'ombrage des sapins et la nature du sol ont bien plus d'influence que l'élévation sur les plantes qui habitent cette zône.

Des circonstances accessoires modifient beaucoup les associations végétales que l'on rencontre dans ces différentes régions. Les sources, les marais, les escarpemens où manque la terre végétale, changent les espèces, éloignent les unes, et offrent aux autres des chances de vigueur dont elles savent profiter.

Avant d'étudier séparément les principales associations végétales que nous présente le mont Dore, nous allons jeter un coup d'œil rapide sur quelques règles générales que l'on peut étudier avec soin sur ce groupe de montagnes, et qui peuvent être appliquées ensuite à d'autres contrées. A cet effet, nous emprunterons à la géologie quelques-uns de ses principes les plus élémentaires, et nous essaierons de les appliquer à la science qui nous occupe.

On sait que les différentes couches qui forment l'écorce de la terre n'ont pas été déposées en même temps; on a remarqué aussi qu'elles étaient de nature différente ; mais les géologues ont reconnu que souvent plusieurs couches, dont la composition n'était pas la même, avaient été formées pendant une époque non interrompue, et ils ont donné à ce dépôt le nom général de *formation*. Les uns ont donné à ce terme une grande extension, ou l'ont même considéré comme synonyme de *terrain*; les autres l'ont restreint à des dépôts moins compliqués, mais formés pendant l'action des mêmes causes.

On distingue dans une formation des couches qui prédominent, soit par leur étendue, soit plutôt par leur puissance, et d'autres couches plus minces qui paraissent subordonnées aux premières, et qui ne sont pas essentielles; car, sur d'autres points du globe, la même formation peut exister, sans que ces couches subordonnées s'y retrouvent, où souvent elles sont remplacées par d'autres ; et quand une roche placée dans un terrain manque dans une autre localité dont le sol a été reconnu par d'autres caractères être évidemment du même âge, on dit que la roche qui la remplace lui est *parallèle* ou *équivalente*. Ainsi, dans des terrains tertiaires de même époque, le gypse ou pierre à plâtre du bassin de Paris, est remplacé en Auvergne par du calcaire marneux ; à Londres, par de l'argile, sans que pour cela aucun géologue place jamais ces formations de localités dans des classes différentes.

On pourrait, dans l'étude de la géographie botanique, remplacer le mot *formation* par celui d'*association*, et tandis que les formations minérales sont ordinairement placées les unes au-dessus des autres, les associations végétales sont situées sur une même surface, et leur ensemble couvre la terre d'un voile de verdure.

On y distingue des plantes caractéristiques et souvent dominantes, qui forment la base de ces associations, et au milieu desquelles certaines espèces apparaissent comme subordonnées, et peuvent être remplacées par d'autres, sans que l'harmonie de la végétation en soit altérée.

On voit non-seulement ces espèces subordonnées, mais encore celles qui prédominent dans ces groupes de végétaux, changer avec le climat, varier avec l'exposition, mais offrir toujours le même ensemble, la même harmonie entre les espèces, quelquefois très-nombreuses, qui constituent chaque association. En sorte que la végétation, quelles que soient les espèces qui la composent, offre toujours le même aspect dans des localités très-différentes, mais soumises aux mêmes circonstances. C'est ce qui arrive précisément aux formations minérales que l'on reconnaît facilement pour appartenir à la même époque, quoique souvent les roches qui les composent ne soient pas de même nature.

Le mont Dore va nous offrir quelques-unes de ces associations bien distinctes ; nous les verrons empiéter les unes sur les autres, mais s'arrêter cependant à certaines limites. Nous aurons soin d'indiquer les espèces caractéristiques et celles qui correspondent aux roches parallèles dans les formations, ou aux substances isomères dans les combinaisons.

Les associations suivantes, déterminées par les diverses stations, m'ont paru suffisantes pour donner une idée de la Flore du mont Dore, et pour éviter l'aridité d'une simple nomenclature :

Association des forêts hautes ;
———————— Des forêts basses ;
———————— Des prairies basses ;
———————— Des prairies hautes ;
———————— Des sources et des bords des eaux vives ;
———————— Des marais ;
———————— Des rochers et escarpemens.

Végétation des forêts hautes.

Le sapin est au mont Dore l'arbre qui s'élève le plus haut, et celui qui compose ces belles forêts qui couvrent encore tant de pentes rapides, et qui ombragent de profonds vallons. Ils forment une ceinture souvent interrompue, mais assez large, dont la limite supérieure ne dépasse pas la hauteur absolue de 1,500 mètres, et qui descend rarement au-dessous de 900 ; en sorte qu'on peut donner à cette zône une étendue de 600 mètres. C'est au nord principalement qu'ils atteignent les limites inférieures dont nous venons de parler ; car, au midi, ils sont loin d'y parvenir. Ces arbres ont une grande vigueur. Quand on pénètre dans le centre des forêts, dans les lieux riches en terre végétale, et souvent arrosés, on voit des sapins élancés et d'un diamètre remarquable, que l'on peut comparer à ceux de la Chartreuse de Grenoble. Ils excluent toute autre végétation arborescente, et le *hêtre* seulement lutte encore sur les limites inférieures des forêts, avec les jeunes sapins qui envahissent le sol ; il forme cependant une bande presque continue, que l'on distingue surtout au printemps, quand le vert tendre de ses feuilles tranche sur la teinte sombre des arbres verts ; mais il n'atteint jamais une grande élévation ; l'ombre des sapins, et la présence presque continuelle des troupeaux de chèvres s'opposent en même temps à son développement. La *viorne lantana*, le *sorbier des oiseleurs*, l'*alisier* et quelques *saules* parviennent, dans certaines localités, à se mêler aux buissons de hêtres ; mais ils ne les dépassent pas, et ne s'y trouvent que d'une manière accidentelle. Il faut pénétrer sous la voûte des branches entrelacées que présentent ces forêts, pour étudier leur végétation variée. C'est sans contredit un des plus beaux spectacles que l'on puisse voir au mont Dore. Quand on a franchi l'espèce de végétation douteuse que l'on trouve à l'entrée, on marche librement sur un sol ameubli par les dépouilles des arbres verts. Leurs branches inférieures, privées de lumière, se détruisent, tombent en morceaux, et rien ne contrarie la marche, si ce n'est quelques troncs pourris étendus sur la terre humide, et déjà recouverts d'une verdure riante et variée. Çà et là croissent de grandes espèces de *luzules* (*maxima, nivea*), la *renoncule de montagne*, et partout on voit les larges feuilles de la *cacalie petasite*, qui fleurit rarement, à moins qu'elle ne rencontre une surabondance d'humidité. L'*airelle myrtille* pénètre dans l'intérieur de la forêt jusqu'à ce que le soleil l'abandonne, et l'on voit alors des plantes délicates qui recherchent l'ombre et l'humidité du terrain, la *stellaire des bois*, des *épipactis*, le *mayanthème à deux feuilles*, et plus rarement le *muguet ordinaire* ; les grands *sonchus* à fleurs bleues se mêlent aux groupes élégans de l'*ancolie* et des *doronics* ; les belles feuilles de l'*impératoire* se confondent avec les larges touffes de la *renoncule à feuilles de platane* : l'*aconite* vient parfois se mêler à ces différens groupes, tandis que la *circée des Alpes* semble chercher la solitude sur un sol moins peuplé, qu'elle partage quelquefois avec l'*asperule odorante*. C'est à la fin de juin que se développe cette grande végétation des forêts; dans certains lieux, le *rumex à feuilles d'arum*, de nombreux *épilobes*, et surtout d'énormes bouquets de *fougères* forment de nouveaux groupes, et confondent leurs formes élégantes. Dans les parties supérieures de la zône arborescente, cette grande variété cesse avec l'élévation, et à mesure que les sapins s'éloignent, des plantes appartenant aux pelouses supérieures descendent pour peupler les vides formés par leur écartement.

L'inverse a lieu vers les limites inférieures;

de nombreuses espèces s'y succèdent sans interruption ; mais une des époques qui offrent les groupes les plus brillans est celle qui précède l'épanouissement de toutes les plantes que nous venons de passer en revue : c'est l'époque du printemps, c'est alors que le *tussilage à fleurs blanches* fleurit sur la pente des ravins ; alors paraît le *scilla lilio-hyacinthus*, qui remplace exactement, au mont Dore, le *scilla nutans*, qui habite en plaine les forêts du nord de la France, l'*anémone des bois*, la *fumeterre bulbeuse*, le *dentaria pinnata*, les *daphne mezereum* et *laureola*, qui croissent aussi dans les forêts inférieures du mont Dore, ainsi que l'*adoxa moscatellina*, si commun dans les haies de la Belgique, et qui vient ici se réfugier sous l'ombre des arbres verts. Nulle part on ne rencontre l'*erithronium* si commun à quelque distance du mont Dore ; et le *narcisse jaune*, qui, dans le nord de la France, couvre quelquefois le sol des forêts sur plusieurs lieues d'étendue, appartient ici à la région la plus élevée des montagnes.

L'automne et l'hiver présentent encore une végétation active sous les vieux sapins, tandis que leur feuillage est couvert de neige. De grands *lichens* barbus recueillent l'eau glacée qui s'écoule au moindre rayon du soleil ; ils végètent au milieu des glaces, et fructifient dans les brouillards qui s'élèvent au-dessus des forêts. D'autres lichens, parmi lesquels on distingue surtout la *pulmonaire*, étalent de larges rosettes sur l'écorce même des vieux troncs, et se confondent avec les tapis veloutés de ces mousses verdoyantes, dont le froid semble aviver l'éclat.

Si une pluie douce vient tout à coup dans les premiers jours du printemps, on voit revivre en peu d'instans ces larges touffes de *polytrics* à feuilles nombreuses, et çà et là, au milieu de leurs tiges serrées, s'élèvent quelques souches de bois mort couvertes des tubercules écarlates des lichens *pyxides*. Ailleurs le *lichen des rennes* (*cœnomice rangiferina et sylvatica*) redresse ses rameaux branchus, et surmonte les tiges rampantes de l'*hypnum splendens*.

On ne peut faire un pas dans ces forêts sans rencontrer partout ces végétaux encore peu connus, que les botanistes désignent sous le nom de *cryptogames*. Aussi, sous ce rapport, la Flore du mont Dore égale celle des parties les plus riches de l'Europe.

Végétation des forêts basses.

Cette zône est bien plus circonscrite que

la première ; elle dépasse rarement 1,000 à 1,100 mètres, et descend à peine au-dessous de 900 ; en sorte qu'on pourrait, à la rigueur, la considérer comme une lisière inférieure de la zône précédente. On peut lui rapporter quelques bouquets de hêtres qui sont isolés sur la pente des montagnes, des groupes de pins rouges, qui éteignent toute végétation sous leur feuillage, sans cependant être aussi serrés que les sapins.

Mais la masse principale de cette association forme des bois peu élevés, presque entièrement composés d'arbrisseaux toujours extrêmement rapprochés, au point qu'ils sont presque impénétrables dans certaines localités. Tels sont au mont Dore ceux qui couvrent la vallée de la Roche Sanadoire, ceux qui existent dans le fond de la vallée de Chaudefour, ceux de Randanne, et même la plupart de ceux que l'on voit dans la chaîne des monts Dômes, à la base des volcans modernes.

La végétation arborescente se compose de *noisetiers, saules, bouleaux, pommiers sauvages, houx, aubépine, hêtres, viorme lantana, viorme obier, rosiers des Alpes et à feuilles rouges, genêt à balais, nerprun, chevrefeuille xilosteon*, etc. Les *daphnes* y sont plus communs que dans la zône supérieure ; on y rencontre des *ronces*, et surtout le *framboisier*; le *sureau à grappes* y mêle de bonne heure ses fruits roses et acides. De grandes plantes vivaces font partie de ces différens groupes ; la *digitale pourprée*, le *lys martagon*, l'*actœa à épi*, la *valériane*, l'*eupatoire*, la *verge d'or* sont les plus communes. Le *tammus* commence à y paraître. La plante la plus remarquable est le *meconopsis cambrica*, qui abonde dans tous les lieux humides, le long des ruisseaux, où elle épanouit ses grandes fleurs jaunes, légèrement penchées sur son feuillage délicat; on y retrouve encore le *sonchus plumieri*, sans y voir l'*alpinum*, pour lequel une station plus élevée semble nécessaire. La *mellite à feuilles de mélisse* et quelques espèces de la plaine accompagnent souvent celle que nous venons de nommer.

Les espèces dont la stature est très-basse peuvent à peine s'y développer ; cependant on trouve le *pinguicula vulgaris* dans les parties basses, et le *pyrola minor* dans les lieux plus élevés, avec le *doronicum austriacum*, le *lichnis viscaria*, et quelquefois le *lichnis des bois*, qui, dans le nord de la France, est encore une espèce qui appartient à la plaine. La *pulmonaire* aux fleurs changeantes et le *primevère élevé* y précèdent l'épanouissement de la *lysimaque des bois* et de la *rose à feuilles de pimprenelle*. On y remarque, parmi les fougères, le *blechnum spicant*, et les fleurs précoces de l'*amelanchier*. Parfois la *pulsatille* y montre ses grandes fleurs penchées, et c'est elle qui donne le signal de la végétation.

Le *cacalia saracenica*, plante propre à l'Auvergne, fait partie de cette association, et s'y montre comme l'équivalente du *senecio saracenicus*, si commun dans les bois des Ardennes, de la Belgique et du Liorant.

Végétation des prairies basses.

Nous désignons sous le nom de prairies basses toutes celles qui sont situées au-dessous des forêts de sapins, et qui occupent par conséquent la même zône que les forêts basses, et qui même descendent audessous. Telles sont la grande vallée de la Dordogne, les prairies de la vallée de Chaudefour, les prés des environs de Laqueuille, ainsi que les pacages qui s'étendent sur le grand plateau des monts Dômes, dans tous les lieux arrosés; car l'absence de l'eau change entièrement l'aspect de leur végétation. On rencontre encore au-dessus des sapins quelques prairies qui semblent appartenir au groupe que nous allons décrire; telles sont celles de Rigolet Bas, et quelques autres situées au milieu des bois, derrière la roche Vandeix, et au-dessus des arbres qui ombragent la cascade de la Vernière et celle de Quéreilh.

Au mont Dore, comme sous toutes les zônes tempérées, les *graminées* font la base des prairies. Le port différent de leurs panicules, la diversité des teintes vertes, jaunes ou rougeâtres de leurs épis, la mobilité des *brizes* et de plusieurs autres espèces à pédoncules flexueux et déliés, cédant à la moindre impression du vent, donnent à ces beaux tapis de verdure une variété qui ne le cède en rien aux riches pâturages des plaines. Les eaux vives des montagnes, dirigées avec soin dans une foule de canaux, humectent continuellement leurs racines; leurs feuilles, d'un vert tendre, sont pressées les unes contre les autres, et semblent résister à l'invasion de toutes les plantes étrangères à leur famille. Celles-ci cependant sont nombreuses; les unes peuvent se joindre aux graminées, et augmenter la quantité du foin; mais d'autres y paraissent seulement pour décorer les vallées de leurs fleurs brillantes et multipliées.

Les espèces printanières sont assez com-

Cascade de la Vernière

munes dans ces prairies, et paraissent surtout dans les lieux les plus humides.

La *cardamine des prés* et les épis du *petasite* suivent les bords des canaux d'irrigation; on y rencontre aussi la *cardamine amère* plus souvent que la précédente. Les *orchys à larges feuilles*, et le *taché*, quelquefois le *morio*, paraissent peu de temps après avec les fleurs bleues des *myosotis*; mais ils sont moins communs que dans les prairies des environs de Clermont. Çà et là sortent de larges touffes de *renoncule à feuilles de platane*, qui se plaît également au milieu des graminées qu'elle domine, ou sous les sapins qui l'ombragent. Le *trèfle d'eau* n'est commun que dans les lieux les plus bas; il est souvent accompagné d'*equisetum sylvaticum* et de plusieurs *carex*.

A la fin de juin, deux plantes caractérisent ces prairies par leur beauté et leur abondance; ce sont le *trollius europeus* et le *narcisse des poëtes*, qui se refusent à la culture dans les jardins de la plaine, et qui se multiplient si facilement dans ceux du nord de la France.

La *bistorte* est commune partout, et contribue beaucoup, par la couleur rose de ses épis, à l'ornement de la vallée du mont Dore. Le *plantain lancéolé*, l'*alchimille vulgaire*, le *rumex des Alpes*, l'*achillée* aux feuilles découpées, le *chrysanthême* et plusieurs *trèfles*, parmi lesquels on distingue le *pratense* et l'*alpestre*, augmentent le nombre des plantes que nous venons de citer.

Dans les lieux secs, les associations sont différentes. On voit paraître au printemps plusieurs *carex*, souvent abrités par de larges touffes de l'*euphorbe d'hiver*; l'*orchis sambucina* à fleurs jaunes ou à fleurs rouges remplace les autres espèces d'orchis qui préfèrent les terrains humides.

Plus tard le *phyteuma spicata* et le *scabiosa arvensis* préludent à l'apparition des *polygala*, du *brunella grandiflora*, du *betonica officinalis*. On y rencontre çà et là le *leontodon hispidum*, le *centaurea montana* avec ses grandes fleurs bleues, le *campanula glomerata*. Plus tard encore paraissent de nombreuses variétés de l'*euphraise officinale*, le *serpollet* et le *pimpinella major*, dont les ombelles prennent parfois une teinte de rose. Quelques *épilobes* et souvent l'*eupatoire* croissent le long des ruisseaux qui traversent ces prairies, et dont les rives sont ombragées par les *aulnes* et le *saule pentandre*.

Végétation des prairies hautes.

Lorsque la zône des sapins existe sur le flanc des montagnes, presque toutes les pelouses qui les dominent peuvent être considérées comme appartenant à la région que nous allons décrire. Si ces arbres manquent, les prairies hautes n'existent pas moins, et, dans tous les cas, leur limite inférieure est à environ 1,300 m. d'élévation absolue. On voit qu'elle descend d'environ 200 mèt. dans la région des forêts hautes; mais chacune de ces associations végétales exclut l'autre presque entièrement.

De 1,300 mèt. jusqu'au sommet de Sancy, qui est de 1,889 m., on voit que cette végétation se développe sur une échelle verticale de 5 à 600 mètres.

Quoiqu'on atteigne, comme l'a très-bien observé Ramond, une hauteur suffisante pour être pourvue de plantes véritablement alpines, on n'en rencontre qu'un très-petit nombre, et parallèle par sa hauteur avec la zône des *Rhododendron* dans les Alpes, elle se trouve placée immédiatement au-dessous par sa végétation.

Cette zône offre, au mont Dore, une grande étendue; elle couvre d'immenses plateaux, et cache la nudité des larges nappes de basalte et de trachyte; elle revêt les pentes des pics ravinés qui sont rassemblés au centre de ce groupe, et qui s'élèvent comme des îles au milieu de l'atmosphère. On peut encore lui rapporter la pelouse émaillée du sommet du puy de Dôme; mais nulle part ailleurs, dans la chaîne des puys, on ne la retrouve bien caractérisée.

Cette grande association renferme la majeure partie des plantes intéressantes qui croissent au mont Dore; elles forment des gazons très-serrés, se mélangent dans des proportions très-différentes, et s'épanouissent successivement depuis le mois de mai jusqu'au milieu de septembre, époque à laquelle la neige vient quelquefois cacher leurs fleurs.

Les *graminées* forment ici, comme dans toutes les prairies, la base des gazons; mais ce ne sont point les plantes qui se développent les premières. On voit paraître auparavant sur toutes les pelouses quelques fleurs de *pulsatille* ou peut-être de l'*anémone des prés*, qu'il est difficile de ne pas confondre. L'*anémone des Alpes* est beaucoup plus commune, et dès qu'elle commence à paraître, de nombreuses espèces se succèdent avec rapidité; ce n'est cependant qu'à la fin de mai et dans le commencement de juin que l'on voit çà et là ces groupes d'*anémone* qui présentent un grand nombre de variétés. Les fleurs sont plus grandes que dans les Alpes. La variété soufrée occupe à elle seule des cantons tout entiers. Elle est surtout commune à la base de Sancy, et sur la crête qui domine la vallée de la Cour. L'*anémone baldensis* fleurit à la même époque, et se mélange à la précédente.

Çà et là paraissent les jolies touffes d'*androsace carnea*, dont les fleurs roses se groupent si agréablement près du bleu pur du *gentiana verna*. Le *cardamine bellidifolia*, le *thlaspi montana* et quelques autres *crucifères* élèvent leurs épis de fleurs blanches au milieu de cette végétation printannière, dont les nuages entretiennent la fraîcheur. Le *geum montanum* étale ses larges fleurs jaunes, à l'abri de quelque rocher, près duquel existent encore de vastes amas de neige. Le soleil et la pluie en diminuent tous les jours l'étendue, et l'on voit le *soldanella alpina* dérouler ses pétales frangés sous l'herbe jaunie de l'automne précédente. On le voit, pendant plus d'un mois, suivre sur les pentes du pic de Sancy les lisières inférieures de la fonte des neiges.

A la même époque on rencontre çà et là éparse sur la pelouse une jolie variété du *myosotis des prairies*, dont le bleu est plus pur, les fleurs plus grandes, la tige bien plus courte. Il est difficile de rencontrer une association plus gracieuse que celle de ce *myosotis* avec l'*androsace rosé* et la *gentiane bleue*, que nous avons cités tout à l'heure, quand ce groupe de plantes naines est situé près d'une large touffe d'*aménones à fleurs soufrées*.

Le *trollius europeus*, si commun dans les prairies basses, reparaît au-dessus des sapins, mais plus tard que dans les vallées; il s'élève jusqu'aux plus hautes sommités, où il est presque toujours associé au *narcisse jaune*, qui est ici l'équivalent du *narcisse des poëtes*, qui ne paraît jamais au-dessus de 1,000 mètres. A la fin de mai et dans la première quinzaine de juin, les *anémones* sont en partie garnies de leurs aigrettes soyeuses; leur feuillage s'est développé; mais on rencontre encore beaucoup de fleurs tardives, surtout dans les lieux élevés. La végétation devient très-active; le *trèfle des Alpes* montre partout ses couronnes purpurines, et fleurit en même temps que le *plantain des Alpes* qu'il accompagne souvent. Les jeunes pousses des graminées percent les feuilles jaunies dont elles étaient entourées.

Le *nardus stricta*, la plus commune des plantes de cette famille, couvre d'immenses plateaux, mais s'élève rarement au sommet des pics. L'*agrostis alpina* contribue à gazonner ces lieux élevés avec le *phleum alpinum*, l'*avena versicolor*, l'*aira montana*, le *sesleria cœrulea*, le *festuca aurea*, le *poa compressa* et plusieurs autres qui font aussi partie des prairies inférieures. Quelques carex se mêlent aux graminées, mais ils sont en petit nombre. De larges buissons de *genevrier* se chargent de feuilles nouvelles; quelques *pyroles* se cachent dans les lieux les plus rapprochés des forêts, tandis que l'*ajuga alpina*, le *pedicularis foliosa* et le *biscutella lœvigata* arrivent jusqu'au sommet de Sancy.

Le mois de juillet, auquel on peut joindre les huit derniers jours de juin, offre dans ces lieux élevés le plus beau tableau de la végétation qu'on puisse voir au mont Dore.

Il est bien peu d'espèces qui aient complétement disparu, bien peu qui ne soient pas encore épanouies. On voit les dernières fleurs des *vaccinium* et des *arbutus* souvent cachées sous le feuillage des *fougères*. Le *geum montanum* offre à la fois des fleurs et les aigrettes colorées qui succèdent à celles qui sont flétries. La *potentille dorée* émaille la verdure de ses fleurs nombreuses, dont la couleur jaune contraste si agréablement avec le bleu des *phyteuma* et le feuillage argenté de l'*alchimille des Alpes*. Le *juncus filiformis*, le *luzula spicata*, le *lycopodium selago*, le *botrychium luna-*

ria, l'*orchis albida*, le *cerastium alpinum*, composent, en se mêlant aux *graminées*, les plantes les moins élevées de cette région. On y remarque aussi une variété très-petite de l'*achilœa millefolium*, et toutes les variétés de couleur de plusieurs *pensées sauvages*.

Au-dessus des fleurs de ces plantes on distingue les découpures infinies du *meum*, et ses ombelles blanches et odorantes ; à côté foisonnent l'*arnica* et les ombelles rosées de l'*athamanta libanotis*. Le *martagon* s'élève aussi jusque dans cette région, où la *grande gentiane* est aussi commune, mais plus tardive que sur les pelouses inférieures, où sa floraison est déjà terminée.

Il serait trop long d'énumérer les espèces qui se hâtent de profiter de cet été du mont Dore. Toutes les pentes des sommités sont couvertes de grandes plantes et d'autres plus petites qu'il est difficile de rencontrer, tant est grande la vigueur des autres. C'est surtout en descendant de Sancy à Chaudefour ou à l'entrée de la vallée des Enfers, en allant du puy Ferrand à Vassivières et à Pavin, que l'on peut jouir de l'ensemble de cette végétation. Outre les espèces précédentes, on rencontre encore le *geranium pyrenaycum* et le *sanguineum*, quelques *pédiculaires* souvent cachées par les larges feuilles du *veratrum*, l'*epilobium montanum*, et, dans les lieux plus arides, le *sanguisorba officinalis*. Plusieurs *composées* descendent jusqu'aux pentes inférieures, et l'on trouve en les parcourant le *serratula tinctoria*, le *senecio doronicum*, le *centaurea montana*, le *pyrethrum halleri* et le *cnicus eresythales*. Aucun *genêt* n'arrive jusqu'à la partie supérieure; mais deux espèces, le *purgans* et le *tinctoria*, variété très-remarquable, à feuilles larges et luisantes, forment une ceinture interrompue autour des points saillans, sans dépasser la hauteur de 1,500 mètres.

Août présente encore quelques espèces tardives, qui ont manqué à la réunion générale. Le *dianthus monspeliensis* ne fleurit guère qu'à cette époque; le *gnaphalium supinum* est encore épanoui au sommet de Sancy; l'*hieracium grandiflorum* en orne les pentes avec le *jasione perennis*, l'*euphrasia minima* et le *campanula rhomboidalis*.

Quelques individus appartenant aux espèces précédentes, et ombragés par le grand développement de quelques autres, terminent la floraison précipitée dont les hautes pelouses du mont Dore nous ont rendus témoins.

Plusieurs *lichens* croissent à l'ombre du

gazon, jusqu'à ce qu'une couche de neige vienne les recouvrir. Le *lichen d'Islande* est un des plus communs ; il partage les lieux arides avec le *nivalis*, le *rangiferinus* et le *sylvaticus*, qui préfèrent cependant les rochers entassés et couverts de mousse à un sol recouvert d'une couche épaisse de terre végétale.

Végétation des sources.

Les sources sont très-fréquentes au mont Dore, et partout on s'aperçoit de leur présence par la végétation variée qui se développe autour d'elles. Les espèces varient un peu, selon la hauteur où l'eau s'échappe du sol ; cependant la présence de ce liquide tend à diminuer les différences produites par l'élévation. Rien n'est plus frais que cette végétation des sources. Les racines des plantes sont baignées par une eau pure, dont la température est constante, et reste la même pendant les chaleurs de l'été. On voit, au mois de mai, une grande quantité de jeunes feuilles qui s'étalent ou se déroulent avant celles des autres plantes. L'absence de la neige, constamment fondue par l'eau qui s'épanche, permet aux bourgeons et aux germes de tous ces végétaux un développement plus précoce, et la première verdure que l'on aperçoit au mont Dore orne les bords des fontaines.

Les *chrysosplenium* sont les espèces les plus printanières, et l'*oppositifolium* est bien plus commun que l'autre ; on le voit former de larges touffes qui pendent des rochers continuellement arrosés. Plusieurs *hypnum* et des *barthramia* offrent alors une verdure éclatante, et au milieu de ces mousses paraissent les rosettes étalées et les fleurs délicates du *saxifraga stellaris*. Le *monti fontana* et le *merhingia muscosa* forment à la surface ou sur le bord des eaux de jolis tapis de verdure, ombragés par la *saxifrage à feuilles rondes*, et l'*imperatoria ostrutium* qui vient se mêler à cette végétation, dès que l'eau commence à s'éloigner de sa source. Souvent il arrive que l'eau disparaît complétement sous le feuillage du *cardamine amara* ou du *cresson de fontaine*, qui cependant ne se mêle jamais à l'espèce précédente. Plus tard, de nouvelles plantes se développent encore. L'*impatiens noli tangere*, le *circea lutætiana* croissent partout où elles rencontrent une ombre protectrice. La *renoncule à feuilles de platane*, le *cacalia petasites* et quelquefois l'*ancolie* croisent au-dessus des eaux leur feuillage et leurs fleurs, tandis que la *fontinale* laisse flotter ses longs rameaux flexibles au gré du ruisseau que la source a formé, et qui vient arroser la végétation des vallées.

Végétation des marais.

On observe une différence bien marquée entre la végétation des sources et celle des marais. On trouve à la vérité quelques espèces qui végètent dans l'une et l'autre de ces stations; mais elles sont en assez petit nombre.

La plante des marais qui paraît la plus commune est le *caltha palustris*, qui abonde le long des filets d'eau, et sur les masses mouvantes des marais élevés. Il reste beaucoup plus petit que dans la plaine; ses fleurs ont plus d'éclat, et offrent un jaune doré très-intense. On le trouve dans les lieux les plus élevés, et jusqu'aux sources de la Dore, à la base de Sancy. Ses fleurs dorées semblent sortir de la neige qui, dans le mois de mai, couvre encore la majeure partie de ce plateau.

Le *pinguicula vulgaris* et le *viola palustris* croissent souvent sous les touffes serrées du *salix sericea* et de quelques autres espèces du même genre. Le *comarum palustre*, qui habite les lieux bas et humides de la Belgique et de l'Allemagne, ne se trouve au mont Dore qu'à une certaine élévation. Il en est de même du *geum rivale* qui se mêle rarement à l'espèce précédente, mais qui la remplace quelquefois. Le *phellandrium mutellina* et le *selinum pyrenay-*

cum viennent aussi s'associer à cette végétation. Les *sphagnum* y sont extrêmement communs; ils forment des touffes arrondies, qui s'élèvent comme des îles au-dessus de l'eau ou de la vase. Un grand nombre de plantes se développent sur ces monticules demi-flottans. On y voit le *saxifraga stellaris*, déjà si commun autour des sources, l'*eriophorum vaginatum*, ainsi que le *polystachion*, dont les épis laineux sont souvent fléchis par le vent. La *valériane dioïque* apparaît çà et là; mais on trouve rarement les *orchis* si communs dans les prés marécageux des environs de Clermont. Le *trifolium spadiceum* suit en général les filets d'eau qui s'échappent des marais, et lorsque la saison ne permet plus l'épanouissement du *caltha* et des *cardamines*, on voit paraître les fleurs étoilées du *svertia perennis*. Une autre plante lui succède et dure pendant long-temps, c'est le *parnassia palustris*, qui est peut-être la plante la plus tardive du mont Dore, et qui paraît en petits groupes sur ces *sphagnum* où croissaient auparavant le *drosera rotundifolia* et l'*equisetum sylvaticum*.

Végétation des escarpemens.

Nous terminerons par cette association végétale la liste bien incomplète des espèces qui se développent au mont Dore. Le groupe dont nous allons parler se compose d'espèces rustiques, qui ne croissent que dans les fissures des rochers, ou sur des terrains secs et dépourvus d'autres végétaux. Le vent, l'air et la pluie leur sont nécessaires, puisqu'ils puisent dans l'atmosphère la majeure partie de leur nourriture. En général, ces végétaux aiment le soleil, et profitent à la fois de la chaleur directe des rayons solaires, et de celle qui est réfléchie par les pentes escarpées ou les rochers abruptes sur lesquels ils sont fixés.

Partout où l'on rencontre ces plantes des rochers, elles donnent au paysage un aspect pittoresque, et l'on a souvent, au mont Dore, l'occasion de faire cette remarque. Après la végétation des sources, celle des rochers est la plus hâtive, et l'on voit quelquefois des lieux très-escarpés ornés de fleurs, pendant que leur partie supérieure supporte encore une couche de neige.

Le *potentilla verna* et le *genista pilosa* fleurissent de bonne heure quand l'exposition leur convient, et l'on voit bientôt le *saxifrage hypnoïde* et quelques crucifères mêler leurs fleurs blanches aux feuilles naissantes de plusieurs *mespilus*, parmi lesquels on distingue l'*amelanchier* et le *cotoneaster*. Quelques pieds d'*alisier* croissent aussi dans les fentes des basaltes, ainsi que le *sorbier des oiseleurs*, dont le feuillage et les fruits offrent tant d'élégance.

Le *genista purgans* couvre quelquefois des rochers tout entiers, comme on peut le voir au-dessus de la Bourboule et autour de la Roche-Vendeix.

Le *saxifraga cœspitosa* s'élève bien plus haut que l'*hypnoïde*. On y rencontre aussi le *cæsia*, l'*arenaria montana* et le *silene rupestris*, dont la délicatesse contraste avec les formes massives du *sedum telephium*.

Le *valeriana tripteris* est très-commun dans quelques localités; il remplace l'*officinalis* de la région des forêts basses, et le *dioica* des marais. Cette plante est quelquefois associée au *gallium saxatile* et au *lepidium alpinum*. Le *reseda sesamoides* ne se trouve que dans un petit nombre de localités toutes très-élevées, et sur des pentes dépouillées de gazons, plutôt que dans les fissures des rochers. Il est toujours facile de se le procurer, tandis qu'il n'en est pas de même du *dianthus cæsius*, qui forme sur les pierres de larges touffes, terminées par ses jolies fleurs odorantes, mais toujours placées dans les lieux les plus escarpés. Le *sempervivum arachnoideum* est une des espèces les plus élégantes que l'on rencontre au mont Dore; elle s'élève peu, et dépasse à peine la zône inférieure des forêts. On la trouve à la Roche-Sanadoire, où elle produit un effet admirable, quand ses fleurs roses se mêlent aux capitules bleus du *phyteuma hœmispherica*, et aux thyrses blancs du *saxifraga aizoides*. Les *mousses* et les *lichens* se plaisent aussi sur les rochers élevés, battus par les vents, et souvent enveloppés de brouillards épais. Le *cornicularia tristis* s'y rencontre couvert de fructification. Les *rizocarpon* s'étendent graduellement sur les blocs de trachyte, et y forment de larges taches, nettement limitées, dans lesquelles la couleur noire des scutelles tranche agréablement sur les teintes vertes et jaunes de leur croûte.

Plusieurs variétés de *gyrophora* fructifient aussi au sommet des pics escarpés. De nombreuses espèces de *lecidea* couvrent de vastes espaces, et cachent complétement la nature du rocher.

Ailleurs, ce sont des mousses dont les rameaux entrelacés couvrent de gros blocs amoncelés. Les *gymnostomum*, les *hypnum* et plusieurs *dicranum* végètent avec une rapidité extraordinaire, et s'étendent sur la base des rochers dont les sommets sont couverts de *veissia*, de *tortula*, d'*andrea*, de *parmelia* à larges rosettes,

et de *cœnomyce*, parmi lesquels on distingue
çà et là les tubercules écarlates du *baccillaris*
et du *cocciferus*.

CHAPITRE VII.

APERÇU SUR LES ANIMAUX QUI HABITENT LE GROUPE DES MONTS DORES.

En général, les contrées qui sont couvertes d'une forte végétation sont aussi celles où les animaux sont les plus nombreux, puisqu'ils trouvent à la fois une nourriture abondante et un abri facile ; cependant il y a quelques exceptions à cette règle, et le mont Dore paraît rentrer dans les cas exceptionnels. Son élévation et la longueur de son hiver sont deux causes qui doivent éloigner beaucoup d'espèces, et en second lieu, celles qui existent se cachent avec tant de facilité sous ses vastes forêts, qu'on les rencontre rarement. Aussi ses paysages sont tristes et sauvages : les plantes seules les embellissent, et quelquefois seulement les animaux viennent animer la scène.

Les quadrupèdes, qui, pour la plupart, parcourent facilement de grandes distances, et habitent indifféremment des lieux très-divers, sont, pour ainsi dire, les mêmes au mont Dore que dans le reste de l'Auvergne.

Les forêts servent de retraite à un grand nombre de *loups*, qui, pendant l'hiver, deviennent très-hardis, et s'approchent souvent des habitations. Les *renards* se multiplient beaucoup dans quelques localités; ils trouvent, sous les éboulemens considérables que l'on remarque au pied des rochers, des terriers sinueux, à issues nombreuses, qui les mettent à l'abri des poursuites. La *belette* est commune; elle offre plusieurs variétés d'un fauve plus ou moins foncé, et même une variété blanche, qu'il ne faut pas confondre avec l'*hermine*, très-rare au Mont-Dore.

Le *cerf* a paru quelquefois dans les forêts; mais il ne les habite pas, tandis que le *chevreuil* s'y montre de temps en temps, sans y être commun. Il est assez singulier qu'on n'y voie jamais le *sanglier* qui y trouverait certainement une nourriture abondante.

La *martre* et la *fouine*, moins souvent le *putois*, se trouvent aussi aux environs du village: la *fouine* dans les greniers des lieux habités, et la *martre* dans les vieux troncs des sapins.

On rencontre encore le *hérisson*, l'*écureuil* et surtout le *lièvre*, quoiqu'il en périsse souvent beaucoup pendant les hivers rigoureux.

Les petits quadrupèdes sont moins répandus que dans la plaine. Les espèces presque domestiques du genre *rat* ont suivi l'homme, comme partout ailleurs. On y voit aussi le *rat d'eau* et la *taupe*. Cette dernière habite même les pentes les plus élevées du pic de Sancy, ce qui prouverait qu'elle peut vivre long-temps sous terre, sans paraître à sa surface; car il n'est pas probable qu'elle puisse percer la neige qui s'y accumule pendant l'hiver. C'est probablement la petite espèce, qui ne se trouve jamais confondue avec l'ordinaire.

Les oiseaux, quoique se multipliant beaucoup, ne paraissent pas nombreux; on voit seulement çà et là quelques individus de chaque espèce; il semble que le froid s'oppose à ce qu'ils puissent trouver l'hiver une nourriture assez suffisante, ou peut-être, comme le suppose M. le docteur Bertrand, leurs poumons ne s'accommodent-ils pas de l'air de la vallée, dans lequel il se mêle continuellement une assez forte proportion d'acide carbonique.

Les oiseaux de proie sont les plus communs, ce qui ne laisse pas d'être une nouvelle cause de destruction pour les autres. On les aperçoit souvent planant au-dessus des cimes les plus élevées, puis descendant tout à coup dans les vallées.

L'*aigle royal* vient se reposer sur les pics

décharnés qui couronnent la vallée des Enfers, et dirige de là son vol rapide vers les Alpes ou les Pyrénées, dédaignant les plaines immenses qui séparent ces chaînes de montagnes. On aperçoit souvent le *milan* et la *buse* tournoyant dans les airs, l'œil fixé sur le *moteux* (saxicola ænanthe) ou sur le *traquet pâtre*, tous deux communs dans les prés des hautes montagnes, et leurs victimes les plus ordinaires. Le *faucon cresserelle* détruit aussi un grand nombre de ces oiseaux.

Le *grand duc*, quoique rare, habite les solitudes du Mont-Dore; on le trouve à Murat, près du lac Chambon; il se retire dans des trous de rochers, à la Dent du Marais; on le rencontre, quoique plus rarement, dans les grands bois de hêtres qui tapissent le cratère de Mont-Sineire. Le *corbeau noir* (corvus corax) se trouve partout, sans être commun nulle part; il descend assez souvent dans la vallée des Bains.

Le *geai* et la *pie-grièche rousse*, tous deux communs dans les bois de sapins ou dans les buissons de hêtres qui en forment la lisière, sont les deux oiseaux qui font le plus de bruit dans ces grandes forêts: leur cri, continuellement répété, est le seul qu'on entende; il se mêle à celui que produit le craquement des branches, ou le sifflement du vent à travers le feuillage des arbres verts.

Le chant du *merle noir* se fait aussi entendre au Mont-Dore, où cet animal se voit assez fréquemment ; mais on y trouve aussi plusieurs espèces du même genre, tels que le *merle litorne*, le *merle grive* et le *merle à plastron*, dont le chant est plus doux et plus mélodieux que celui du merle noir.

Si l'on se trouve, avant le lever du soleil et par un beau jour d'été, aux environs de la Roche-Sanadoire ou dans la vallée du Chambon, on a le plaisir d'entendre les sons variés du *merle des rochers*, dont le chant est alors le plus agréable de tous, et contraste singulièrement avec le cri rauque du *coracias* qui habite les mêmes lieux. Des individus très-jeunes de cette espèce de merle font présumer avec vraisemblance que ces oiseaux nichent dans les environs. Enfin, le *merle d'eau* (cinclus aquaticus. *Bechstein.*) est encore un habitant de ces montagnes, et certainement un des plus curieux et des moins rares ; il suit le cours des ruisseaux et fréquente les cascades ; on le voit placé sur les pierres qui font saillie au milieu des eaux, ou bien on l'aperçoit plongeant et marchant sur le sable, entouré d'une petite lame d'air adhérente à ses plumes qui lui donne une teinte argentée. A peine sorti, il étend ses ailes ; l'eau ruisselle pour se détacher en gouttelettes arrondies ; il s'envole et va chercher d'autres cours d'eau et d'autres cascades.

Outre les *geais*, les bois de sapins renferment encore un certain nombre de *pinsons* qui nichent à l'enfourchure des branches ; des *rouge-gorges* qui abritent leurs nichées sous les racines, et le *roitelet huppé*, le plus petit et le plus vif de tous les oiseaux du Mont-Dore ; on y rencontre aussi la *mésange charbonnière*.

Dans les vallées se trouvent des bandes de *chardonnerets* et de *linots rouges*, qui, nulle part, n'acquièrent autant d'éclat. Lorsqu'on les voit en face et d'un peu loin, il est difficile de ne pas les confondre avec le *bouvreuil* que l'on trouve, quoique plus rarement, dans les mêmes lieux. Le *pipi spiencelle* (anthus aquaticus. Bechst.) et le *bruant fou* ou *bruant des prés*, font partie des habitans des vallées. On y voit aussi quelquefois le *grimpereau de murailles*, si remarquable par sa couleur ardoisée et les taches arrondies d'un rose de carmin qui ornent ses ailes.

La *perdrix grise* est la seule que l'on rencontre aux environs.

Le *tetras*, ou *coq de bruyères*, a été observé quelquefois dans les bois de sapins. Le *pigeon ramier* habite aussi le Mont-Dore ; on le rencontre communément à la montagne de Feillet et à Cacadogne. Delarbre assure qu'il niche dans les cavités que présentent les rochers de ces montagnes, et qu'ils s'y rassemblent en grand nombre.

Quant aux oiseaux de passage, ils arrivent tard, et partent de bonne heure ; ils sont du reste aussi communs qu'ailleurs. Les *cailles* foisonnent dans certaines années ; la *bécassine* se rencontre fréquemment ; l'*hirondelle de rochers* et celle de *cheminées* sont moins communes que le *petit martinet* ou l'*hirondelle de fenêtres*, qui abonde autour des habitations, et qui choisit de préférence pour nicher les corniches de l'établissement thermal.

D'autres espèces doivent encore habiter le Mont-Dore. J'ai vu plusieurs fois, sur les lacs de Mont-Sineire, Pavin et Estivadou, plusieurs espèces de *canards sauvages*. Des *chevaliers*, des *hérons* et d'autres *échassiers* viennent sans doute pêcher sur leurs bords ; et des *mouettes*, des *grebes* et des *sternes* ou *hirondelles de mer* doivent de temps en temps raser la surface de leurs eaux tranquilles ; mais il faudrait habiter le Mont-Dore toute l'année pour recueillir des renseignemens exacts sur l'ornithologie de cette partie de l'Auvergne.

Je serais même bien loin d'avoir pu donner un tableau aussi complet, si je n'avais été aidé des observations que M. Baudet-Lafarge fils a recueillies sur l'ornithologie du Mont-Dore, et qu'il a eu la complaisance de me communiquer. Je le prie d'en recevoir ici mes remercîmens.

Il n'existe dans les ruisseaux du Mont-Dore qu'un petit nombre de poissons, et deux espèces seulement s'y trouvent en abondance : ce sont le *chabot*, petit poisson à grosse tête, qui se cache sous les pierres, et qui est extrêmement vif, et la *truite* à laquelle on fait une guerre continuelle. Les grosses sont rares ; mais les autres se trouvent partout, dans les moindres filets d'eau. Les *anguilles* remontent aussi jusque dans la Dordogne ; elles y sont même plus communes que l'*ombre chevalier*, qui reste souvent plusieurs années sans y paraître. Les lacs, quand ils ne sont pas trop élevés, renferment plusieurs autres espèces de poissons, que l'on retrouve dans tous les étangs de la plaine.

Les reptiles se multiplient beaucoup dans les années chaudes ; mais on n'a aucun exemple d'accident arrivé par leur morsure ; ce qui fait présumer que la vipère n'existe pas dans les localités où le froid est très-vif pendant l'hiver. En revanche, on rencontre quelquefois la *grande couleuvre*, et souvent celle *à collier* (coluber natrix), remarquable par le collier jaune qu'elle a au-dessous de la tête. Elle nage avec une grande facilité, et cherche toujours les endroits chauds et humides. On voit aussi l'*orvet*, la *grenouille temporaire* qui s'élève jusqu'au sommet du pic de Sancy, et plusieurs espèces de *lézards*, qui offrent chacune plusieurs variétés dues au sexe, à l'âge, et peut-être à l'hybridité.

La classe si nombreuse et si intéressante des insectes a été à peine étudiée dans cette belle localité : cependant un très-grand nombre d'espèces fréquentent ses sombres forêts et ses pelouses émaillées. De jolis papillons animent pendant les beaux jours les solitudes les plus retirées, les sommets les plus inaccessibles. Des *satyres* alpins habitent les clairières des grandes forêts d'arbres verts ; leurs ailes noires et veloutées tranchent sur les panicules fleuries de la reine des prés, et sur les grandes fleurs jaunes des doronics. Il n'est pas rare de voir quelques *arginnes* aux ailes nacrées se mêler aux satyres de ces lieux sauvages, et voltiger au-dessus des petits cours d'eau qui entretiennent la belle végétation de ces forêts. Le *vulcain* y paraît aussi ; il vient sucer le nectar de la scabieuse succise. Le *papillon citron* et le farouche *morio* paraissent au printemps sur la lisière des bois. Ils se posent sur le feuillage des sapins, tandis que de nombreuses larves de coléoptères rongent l'intérieur des vieux troncs et les stipes pourris des agarics et des bolets. On y trouve les *cychrus attenuatus* et *rostratus*, le *carabus vagans*, le *thymalus limbatus* ; on y rencontre aussi les *hylobius fatuus* et *abietis*, les *acanthocinus œdilis* et *atomarius*, et un grand nombre d'autres coléoptères moins caractéristiques que ceux que nous venons de nommer. Les grandes feuilles du cacalia sont quelquefois entièrement rongées par la *chrysomela cacaliæ*, espèce voisine mais distincte du *gloriosa*, et qui se fait remarquer par le vert éclatant de ses élytres.

Les fissures des basaltes et des trachytes, et les blocs qui sont disséminés sur le sol, servent de retraite à une foule de coléoptères de la tribu des carabiques. Je citerai comme appartenant plus spécialement au Mont-Dore, les *carabus vagans*, *auro-nitens*, *alpinus*, l'*amœnus*, que M. Baudet-Lafarge a trouvé au-dessus de la grande cascade, et le *festivus*, qui a été rencontré une fois par M. Chevrolat ; les *nebria rubripes, olivierii, gyllenhalii*, l'*amara montana* et le *crenata*, l'*agonum obscurum*, les *feronia pusilla* et *montana*, ainsi que le *bembidium stomoides*.

On trouve aussi au Mont-Dore plusieurs espèces de hannetons, dont la plus remarquable est l'*albida*.

Les fleurs qui ornent les grandes pelouses pendant tout l'été, attirent un grand nombre de *taupins*, de *chrysomèles*, de *leptures*, parmi lesquels on distingue le *rubro testacea* et le *cincta*, le *cistella fulvipes*. Les fleurs bleues des jasiones offrent souvent le *trichius fasciatus*. La vallée de la Dordogne présente seule une ample moisson à l'entomologiste.

L'*apollon* et plusieurs espèces de *satyres* et de *polyomates* voltigent, dans sa partie supérieure, sur les pentes verdoyantes du pic de Sancy, et sur les rochers surplombés du val d'Enfer. Les fleurs sont couvertes de *coliades*, de *pierides* et de *nymphales* ; des *anthicus*, des *mordella* et des *coccinelles* variées prennent leurs ébats sur les ombelles blanches des meum, et sur les corymbes des achillées. La *cantharide* vient certaines années attaquer les frênes, et présente quelquefois une variété particulière au Mont-Dore. Le *saperda violacea* et l'*oculata* se trouvent sur les haies. M. Baudet-Lafarge a remarqué le dernier de ces coléoptères sur le saule pentandre, si commun dans toutes les vallées.

Les rives mêmes de la Dordogne sont animées par le *cicindela sylvicola*, par de jolies *libellules* et de délicats *agrions*, dont les ailes de gaz réfléchissent les couleurs de l'iris. On y voit aussi des *éphémères* dans les jours les plus chauds de l'été, et plusieurs espèces de *phryganes*, généralement petites et tout à fait différentes de celles de la plaine. Leurs larves, cachées sous des fragmens d'écorce, adhèrent aux morceaux de rochers continuellement arrosés par les eaux vives des cascades et de la Dordogne.

On pourrait encore ajouter comme espèces caractéristiques des hautes montagnes de l'Auvergne, quoiqu'on les rencontre, pour la plupart, dans d'autres parties de la France, le *cassidium violaceum*, l'*anthribus latirostris*, le *rhagium cursor, luperus viridipennis, pachyta octomaculata* et le *chrysomela Lalandii*, espèce nouvelle découverte par M. Baudet-Lafarge.

Plusieurs groupes d'animaux n'ont encore été l'objet d'aucune étude; il y aurait de beaux travaux à faire, et de belles collections à recueillir, en s'occupant des *diptères*, des *hymé-*

noptères, et en général de toutes les branches de l'entomologie. Les *arachnides* et les *crustacés* sont entièrement inconnus aux naturalistes, et si j'ai pu citer ici quelques espèces parmi les *coléoptères*, je le dois à l'obligeance de M. Baudet-Lafarge père, qui a consacré aux sciences, et surtout à l'entomologie, une grande partie de son existence, et auquel j'adresse ici mes sincères remercîmens pour la bienveillance dont il veut bien m'honorer.

Il n'est peut-être pas une branche de l'histoire naturelle qui ait attiré davantage, dans ces derniers temps, les recherches des naturalistes, que l'étude des coquilles terrestres et fluviatiles. Le Mont-Dore, assez riche en espèces, offre sous ce rapport des variétés intéressantes, que l'on ne trouve pas ailleurs, et cependant toutes sont loin d'être connues.

Quelques localités seulement ont été explorées. Le genre *helix*, là comme ailleurs, est le plus nombreux en espèces. Une des plus rares est le *pomatia*, si commun dans la plaine, et si répandu aussi dans tout le nord de la France. Le *nemoralis* est rare, cependant j'en ai trouvé quelques individus, fort petits à la vérité, presque au sommet du pic de Sancy. L'*hortensis* est beaucoup plus commun; on en trouve de jaunes, de roses et de fasciés à bandes plus ou moins nombreuses. On en rencontre aussi de bruns, à bouche rose ou blanche ; mais tous sont petits, et quelques-uns même le sont tellement qu'on a peine à croire qu'ils appartiennent à la même espèce. L'*helix lapicida*, commun sur les rochers dans toute la vallée, se fait remarquer aussi par sa petite taille.

L'*hispida* est commun ; il en est de même du *limbata*, qui offre plusieurs variétés. Le *cornea* n'est pas aussi répandu. Tandis que la plupart des espèces sont plus petites qu'ailleurs, le *nitida*, au contraire, offre de très-grands individus. L'*helix arbustorum* présente ici de très-belles variétés, généralement grandes, brunes et transparentes, avec la bouche d'un beau blanc ; elles fréquentent les lieux très-ombragés : la Vernière, la Compissade, les environs de la Scierie, et les grandes plantes qui ombragent la cascade du Serpent.

La mousse humide des forêts et le tronc des vieux sapins nourrissent deux espèces de *vitrines*, l'*elongata* et le *pellucida*. On les trouve après les pluies avec le *clausilia dubia* et le *bidens* : la première préfère les bois de hêtre qui forment la lisière des forêts.

Enfin, les ruisseaux qui ont à peine été

pêchés, contiennent la *cyclade des lacs*, et peut-être celle des *fontaines*.

La *lymnée auriculaire* foisonne sur les bords du lac Chambon, et la *lymnea minuta* habite, malgré leur fraîcheur, les petits ruisseaux qui s'échappent du sol tourbeux de la Croix-Morand.

Quelque incomplète que soit cette liste de mollusques, elle l'aurait été bien davantage si je n'avais eu à ma disposition la belle collection de mon ami, M. Bouillet, dont le zèle pour l'histoire naturelle ne peut être égalé que par sa complaisance envers toutes les personnes qui se livrent à l'étude des sciences.

CHAPITRE VIII.

DE L'AGRICULTURE ET DE L'INDUSTRIE.

Toute l'industrie des habitans du Mont-Dore consiste à tirer le meilleur parti possible des deux genres de richesses agricoles qu'ils doivent entièrement à la nature, les *pâturages* et les *forêts*. Ce sera donc en nous occupant de ces objets, que nous parlerons de leurs produits. Il serait bien à désirer que l'on puisse introduire dans cette contrée des moyens d'occuper les montagnards pendant leurs longs hivers, car ils n'émigrent pas, et perdent chaque année six mois qu'ils pourraient employer utilement s'ils apprenaient quelque métier. Quoique peu lucrative, une industrie quelconque les mettrait bientôt dans l'aisance, tandis que la plupart d'entre eux sont dans la misère. Je ne parle pas ici des habitans du village des Bains. L'argent que les baigneurs et les curieux y laissent chaque année a fait de ce village une commune très-riche; mais les lieux voisins, dispersés sur le groupe du mont Dore, ne partagent pas cette faveur;

leurs habitans inactifs, perdant la moitié de l'année, semblent se réveiller au printemps, et luttent pendant six mois contre un climat sauvage qui leur enlève souvent toute chance de succès. Les cultures, comme on doit le penser, doivent être limitées par la grande élévation, la longueur des hivers et l'inconstance des saisons; aussi c'est dans le fond des vallées, et quelquefois sur leurs versans, que la pelouse a fait place à des champs qui ne donnent pas toujours un produit aussi certain.

Le seigle et le sarrasin sont les deux plantes les plus communes, et j'ai vu quelquefois, et surtout en 1834, des seigles aussi beaux que ceux de la Limagne. On les sème en septembre, et on les récolte dans le milieu d'août : ils n'achèvent complétement leur végétation que dans l'espace de onze mois.

Le sarrasin ne peut se semer qu'à la fin de mai, à cause des gelées tardives dont il n'est pas toujours exempt malgré cette précaution. Il pousse vite si l'année est chaude et humide. Quand il mûrit, c'est à la fin de septembre ou au commencement d'octobre.

Le lin, quoique peu cultivé, forme çà et là de petits carrés que l'on rencontre avec plaisir. On les distingue de loin à la couleur bleue qu'ils prennent à l'époque de leur floraison. J'en ai vu souvent autour de la Roche-Vendeix.

On rencontre aussi le chanvre, qui réussit assez bien.

L'avoine est l'objet de cultures plus étendues. On la sème en mai et avril quand on peut; mais il est rare qu'on puisse la récolter avant le mois d'octobre. On sème ordinairement une petite espèce connue sous le nom de *pied de mouche*, sans qu'on puisse bien justifier de cette préférence. Le grain est petit et la paille très-courte.

La pomme de terre est plantée au Mont-Dore, et paraît s'accommoder assez bien du climat. Tous les ans on augmente l'étendue du terrain qui lui est destiné. C'est une ressource immense pour les malheureux montagnards, dont on ne peut se figurer l'état de misère dans certaines années.

On voit, dans le mois d'avril, un grand nombre de femmes et d'enfans occupés à les planter. Ils la récoltent en octobre. Elle entre dans l'assolement triennal qui est à peu près le seul suivi dans ces montagnes. Au seigle succède l'avoine; celle-ci est remplacée par la pomme de terre et quelquefois par le lin. On abandonne ensuite le sol pendant une ou plusieurs années, selon sa nature, et surtout selon la quantité de fumier que l'on a à sa disposition, car les engrais manquent en général au Mont-Dore.

Les différentes cultures dont on vient de parler n'occupent qu'un très-petit espace, si on le compare à celui qui est couvert par les prairies arrosées : celles-ci tapissent le fond des vallées. Quelques portions sont closes par des haies de saule pentandre, dont on ne trouve jamais que les individus femelles. Ces prairies s'élèvent peu sur les pentes; elles restent généralement au-dessous de la ceinture d'arbres verts. On ne trouve au-dessus que des pacages couverts de nombreux troupeaux.

Les irrigations sont dirigées avec beaucoup d'art; je les ai souvent examinées avec intérêt du sommet des montagnes : on voit combien les pentes du terrain ont été ménagées. Plusieurs saignées sont faites à la Dordogne, et à des distances inégales, suivant l'inclinaison du sol; partout des embranchemens qui se vident peu à peu, et forment un réseau qui couvre toute la vallée. On en observe de moins belles dans la vallée de Chaudefour et dans tous les vallons qui sont à la base des pics.

On établit une grande différence entre l'eau de la Dordogne et celle de ses affluens. Viennent ensuite les eaux des sources; puis enfin celles de la Dogne et celles du ruisseau du lac de Guéri, qui sont les moins bonnes. On arrose le plus souvent possible ; d'abord tout l'hiver, excepté pendant les gelées. On cesse en mai. On recommence après la première coupe ; on laisse l'eau quinze jours pour favoriser le développement du regain.

Les prés bas se fauchent deux fois, rarement trois, et les plus élevés seulement une fois. On les abandonne ensuite aux bestiaux jusqu'aux premières neiges.

La fauchaison a lieu depuis le 25 juin jusqu'au 1er août. La récolte du regain se prolonge quelquefois jusqu'en septembre.

La quantité de foin donnée par un espace de mille toises de surface, est de deux à trois milliers à l'état sec.

On voit quelques jardins dans le village des Bains, et l'on en trouve aussi autour des habitations éparses aux environs. Le chou est la base de la partie potagère ; on peut y joindre l'oseille, le persil et le cerfeuil, et même les petits pois, qui fleurissent en juin, et fructifient en août. Les plate-bandes sont rarement ornées de fleurs. J'y ai vu cependant des lichnis, quelques rosiers, des tagetes, le haricot d'Espagne, des amaranthes et de jolis œillets. Les arbres fruitiers y sont représentés par le groseillier et le frambroisier ; le cerisier et le prunier y croissent aussi ; mais leurs fruits mûrissent rarement.

Tels sont les principaux végétaux qui se développent au Mont-Dore, sur une échelle verticale de quelques centaines de mètres. Toute cette culture est comprise dans une zône dont la limite inférieure est au-dessus de 850 mètres, et dont la supérieure n'excède pas 1300. Les vergers pourraient, avec quelque soin, donner des fruits jusqu'à 900 m. ; mais il n'en existe pas au Mont-Dore. A peine aperçoit-on quelques noyers, dont les fruits ne mûrissent jamais, et qui ne peuvent plus se développer au-dessus de 1000 m. A cette hauteur cessent également les cerisiers et les pruniers, et la culture du chanvre. Les pommes de terre cessent à peu près à cette élévation ; aussi ne dépassent-elles pas le village des Bains. On en voit plusieurs champs au-dessous ; on n'en retrouve plus au-dessus. Le lin végète encore à 1180 m. L'avoine le suit, quoique avec peine, et trouve ses limites à 1100. Le seigle parvient jusqu'à 1350, presque aussi haut que les sapins qui ne peuvent dépasser 1500 m. ; mais qui descendent jusqu'à la dernière limite de la zône que nous venons de décrire.

Le sapin a usé largement de sa faculté de pouvoir se développer sur une étendue de 500 mètres. Il forme, comme nous l'avons vu en parlant de la végétation du mont Dore, de vastes forêts, où il domine exclusivement; il a chassé tous les autres végétaux ligneux. Pendant long-temps ces forêts n'ont pas été exploitées. Les habitans des environs allaient y couper à volonté le bois nécessaire à leur chauffage et à leurs constructions. On rencontre à chaque pas des troncs qui ont été abattus à hauteur d'homme, et d'autres pourris ou brisés gisent sur un sol humide, qui hâte encore leur décomposition. Aujourd'hui ces bois sont aménagés avec plus de soin; on les exploite avec une sorte de régularité: plusieurs usines ont été établies; des arbres séculaires sont tombés, et le cri de la scie qui les déchire est venu troubler le silence de ces vieilles forêts. Quelques années encore, et ces troncs gigantesques, dont le temps seul marquait la chute, disparaîtront de ces lieux sauvages, dont ils ombrageaient la belle végétation.

Au reste, cette exploitation est encore dans l'enfance. On fait des poutres, des planches et des madriers; on ne fabrique ni boîtes ni ustensiles de ménage; on n'y voit pas, comme dans la Forêt-Noire, ce bois tendre se modeler sous le couteau d'un simple paysan, et former ces jouets d'enfans, si recherchés dans les villes, et qui rapportent des sommes considérables à certaines parties de l'Allemagne.

Les habitations s'élèvent rarement aussi haut que les forêts de sapins ; cependant le village de Diane, le plus élevé du mont Dore, atteint 1341 mètres d'élévation ; il est tout à fait dans la région des pelouses, qui s'étendent jusque sur les sommets les plus élevés ; ce sont elles qui font toute la richesse de ce groupe de montagnes. On y rencontre çà et là des sources très-froides qui arrosent les plantes et abreuvent les bestiaux. On y voit des cabanes isolées, des huttes grossières construites avec quelques branchages et recouvertes de gazon. La fumée sort par la porte, ou s'échappe par une ouverture ménagée dans le toit ; ce sont des *burons* qui remplacent les élégans chalets de la Suisse, sans en avoir l'aspect ni la propreté.

Ces pelouses immenses sont entièrement destinées à la nourriture du bétail : elles sont formées d'un grand nombre de plantes que nous avons énumérées en partie, en nous occupant des associations végétales, et notamment de celles des prairies hautes. Nous rappellerons seulement ici les plantes qui plaisent au bétail, celles qui lui nuisent, ou qui tout au moins lui sont inutiles.

Ces pacages varient beaucoup entre eux. On les divise en trois classes : les *montagnes à graisse*, destinées, comme leur nom l'indique, à l'engraissement des bestiaux, et les *montagnes à lait*, destinées à la fabrication des fromages. On fait une troisième classe des montagnes presque arides que l'on abandonne aux bêtes à laine; car toutes les préférences sont pour les vaches, les bœufs, les chevaux, et même les chèvres, auxquelles on sacrifie la belle ceinture de hêtres qui borde les forêts de sapins.

Il est très-difficile de distinguer, à la seule inspection, les prairies les plus convenables pour la graisse ou pour le lait. En général, les plus élevées et presque toutes celles qui sont très-rapprochées du mont Dore, sont des montagnes à lait.

Les plantes qui paraissent le plus contribuer à la bonté de ces herbages, sont un grand nombre de graminées, parmi lesquelles on distingue surtout l'*agrostis alpina* et *capillaris*, le *phleum alpinum*, l'*avena versicolor* et *flavescens*, le *poa alpina*, *sesleria cœrulea*, et l'*anthoxanthum odoratum* qui parfume le foin de ces montagnes.

Ce ne sont pas cependant ces graminées, si utiles aux bestiaux, qui sont les plus communes ; celles qui composent le fond du pacage sont des herbes dures et sèches, parmi lesquelles domine le *nardus stricta*, conservant autour de lui ses feuilles desséchées de l'année précédente, et allongeant continuellement ses tiges envahissantes ; il est accompagné du *festuca duriuscula*, de l'*aira montana*, et quelquefois du *flexuosa*. Les légumineuses ajoutent beaucoup à la bonté de ces prairies où foisonne les *trifolium alpinum* et *thalii*, le *lotus corniculatus* offrant un grand nombre de variétés, le *trifolium repens*, et même le *pratense*, et le *medium*, si l'on descend un peu. A ces espèces viennent se joindre en grande quantité le *polygonum bistorta*, très-recherché des vaches, les *scabiosa succisa* et *arvensis*, le *plantago lanceolata* et l'*alpina*, et une foule d'autres végétaux dont la liste serait trop longue. La plante la plus nuisible par son abondance dans les prairies hautes est l'*anemone alpina*, qui se reproduit sous toutes les dimensions, et qui s'oppose quelquefois entièrement au développement des graminées ; on peut lui associer la *grande gentiane* et le *veratrum album*, qui sont aussi répandus avec profusion. Au-dessous de 1200 mètres, certaines prairies sont couvertes de *genista sagittata*, qui s'étend comme un drap d'or sur toute leur surface. On y trouve aussi des genevriers qui s'étalent beaucoup et constituent une variété particulière.

C'est sur ces pelouses émaillées de mille couleurs, que l'on voit errer de nombreux troupeaux de bêtes à cornes, les unes destinées à l'engrais, les autres donnant chaque jour du lait que l'on convertit en fromage.

Tous ces animaux arrivent sur les montagnes du 12 au 20 mai ; ils y restent jusqu'à la Saint-Luc, qui arrive le 18 octobre ; c'est alors qu'ils descendent dans les villages où ils doivent passer l'hiver. Plusieurs foires ont lieu vers cette époque, et l'on y vend les bestiaux qui ont passé l'été sur les montagnes à graisse. On calcule que chaque animal consomme l'herbage de quatre cents mètres carrés ; mais on conçoit que cet espace doit s'étendre ou se restreindre selon la bonté du sol et la nature du pacage. Au reste, la valeur est augmentée d'un quart ou même d'un tiers, et un bœuf de deux cents francs en vaut, après son été, deux cent cinquante à trois cents. Les élèves que l'on fait paissent avec les animaux que l'on engraisse : on les désigne sous le nom de *bourrettes* ou de *bourrets*, selon leur sexe. Ils ne comptent que pour moitié tant qu'ils n'ont pas atteint deux ans.

Le *bâtier* est chargé de soigner ces troupeaux à l'engrais, qui appartiennent souvent à un grand nombre de personnes qui payent chacune un louis par tête au propriétaire du pacage. Ces pelouses sont les meilleures de toutes les propriétés d'Auvergne : elles ne craignent ni la grêle, ni la gelée, ni les mauvaises saisons; elles sont peu imposées, et rapportent souvent cinq pour cent.

D'autres arrangemens ont lieu pour les laitières. Le fermier ou propriétaire d'une montagne à lait paye au propriétaire de chaque vache une somme convenue, moyennant laquelle il peut disposer de son produit, et en faire tel usage que bon lui semble. Les veaux appartiennent au propriétaire de la mère, et s'ils les font élever, ils doivent leur nourriture. Il s'établit donc une balance qui laisse ordinairement le propriétaire de la vacherie débiteur envers les nombreux possesseurs de vaches.

Une vacherie est un espace plus ou moins grand, destiné à soixante ou quatre-vingts vaches, y compris les taureaux ou *tourillons*. On y voit aussi un ou plusieurs *burons* qui servent à la fabrication du fromage et au logement des pâtres. Les troupeaux sont composés d'animaux de toutes les couleurs, où dominent cependant ceux à fond blanc, marqués de taches brunes ou noires. En cela leur aspect est beaucoup plus agréable que ceux du Cantal, dont tous les animaux ont le poil rouge sans exception. Là on refuse absolument une bête qui a la moindre tache, ou dont la teinte n'est pas assez foncée.

Le personnel d'une vacherie bien montée consiste en un chef appelé *vacher*, auquel est dévolu un pouvoir sans bornes sur tout ce qui l'entoure. Un autre pâtre, appelé l'*adjuvant*, est le ministre de ses volontés ; il l'aide dans ses travaux, en partage la fatigue et profite de la longue expérience de son maître. Ils passent souvent ensemble de longues heures, couchés au soleil, les yeux fermés ou dirigés sur leurs troupeaux. Pendant ce temps, le troisième dans la hiérarchie, le *message* ou *gouri* reste avec les vaches et ne les quitte jamais. Elles obéissent à sa voix, changent de place à sa volonté, et se dirigent tantôt sur un côté de la montagne, tantôt sur l'autre, selon les instructions qu'il a reçues de son chef. Un quatrième fonctionnaire existe dans ce petit gouvernement, c'est toujours le plus jeune ; on le nomme dans quelques cantons *froumadzou*, et dans d'autres *vedelet;* ses fonctions ne sont point, comme l'indique son premier nom, de faire du fromage; il n'aspire pas à un honneur réservé au vacher lui-même; mais, comme on peut le deviner par sa seconde dénomination, il garde les veaux, leur présente le doigt en guise de tetine pour les faire boire, leur offre du sel à certaines heures du jour; il passe ses journées, sa vie entière avec ces animaux, qui le suivent, l'aiment et le chérissent. C'est l'être le plus heureux de la vacherie, c'est le moins sale; car les veaux le considèrent comme une masse de sel, et le lèchent continuellement. Si vous entrez dans un parc de veaux avec un habillement qui ne les effraie pas, ils vous prennent quelquefois pour le *froumadzou*, et vous suivent avec un empressement extraordinaire. Le message et le vacher ont le même empire sur les vaches; ils les appellent à certaines heures du jour; elles viennent se faire traire, et s'en retournent au signal donné. Elles se connaissent entre elles, se battent rarement, et se défendent toujours contre leur ennemi commun, le loup qui n'ose presque jamais les attaquer, mais visite assez souvent le parc aux veaux. Si une bourrasque arrive, si la neige survient tout à coup, elles se rapprochent, se placent dans la même direction, distinguent très-bien le côté d'où vient le vent, et attendent patiemment le retour du beau temps.

Ces animaux sont vifs, ont le poil luisant, et présentent toutes les marques d'une santé vigoureuse. L'espèce est petite, mais en général bien proportionnée. Ces vaches donnent peu de lait ; ce sont les employés du buron qui sont chargés de les traire, tandis que le *vedelet* doit amener successivement les veaux de plusieurs d'entre elles qui refusent de donner leur lait si leur petit n'est pas présent. Ce liquide une fois obtenu, on cherche à en tirer le meilleur parti possible ; et voici comment on s'y prend :

Nous avons parlé déjà des *burons*, espèce de niches moitié souterraines, moitié saillantes au-dessus du sol, construites de branchages et de gazon. Ce sont les ateliers à fromage, ou ce qu'on appelle dans les fermes du Nord, de la Belgique, de la Normandie, etc., *la laiterie*. L'hiver les dégrade, et chaque année on en construit de nouvelles à des distances plus ou moins grandes. Plusieurs plantes y suivent l'homme ; on y remarque la *grande ortie*, quelques *chenopodées*, le *pissenlit*, et surtout le *rumex alpinus*, qui couvre le terrain de ses larges feuilles.

L'intérieur de ces huttes pastorales est divisé en trois loges. La première est destinée à faire le feu, afin que la fumée trouve plus facilement la porte ; la seconde renferme les instrumens nécessaires aux fonctions de *vacher-fromager*, et la troisième sert de logement aux pâtres, qui couchent dans des espèces de boîtes ou tiroirs de sapin doublés en paille ou en bruyère. On y dépose aussi les fromages nommés fourmes, quand ils sont à peu près finis. Les grands chiens qui gardent les troupeaux y sont aussi admis de temps en temps, et il n'est pas rare que sept à huit porcs enfermés derrière cette chambre, dans une petite cabane qui lui est adossée, percent la cloison, et viennent compliquer cette singulière réunion composée de bêtes, gens et fromages, dont la propreté ne peut empêcher un mélange d'exhalaisons plus que désagréables.

On commence cependant à construire des burons en pierre de taille, couverts en feuillets de trachytes, à cloisons solides, où les réunions que nous venons de décrire ne peuvent plus s'opérer, et où des indices de propreté préludent à une innovation très-salutaire pour les *buronniers*, , les *propriétaires* et les *consommateurs*.

Dans tous les cas on opère de même ; on réunit le lait de toutes les vaches, on le coule à travers une étamine blanche ; mais cette opération est assez souvent supprimée. On ne l'écrême jamais, et l'on y ajoute de la présure qui doit le cailler promptement. S'il fait froid, le feu aide son action, et l'on a un caillé réuni en une masse assez volumineuse, dont la solidité n'est pas telle qu'on ne puisse la couper avec un sabre ou plutôt un poignard en bois que l'on appelle *mesadou;* alors on prend le *menole*, planche trouée et placée au bout d'un bâton, et le savoir-faire du vacher consiste à remuer son caillé avec cet instrument, pour en faire une sorte de pelotte qui tombe au fond du vase.

Cette pelotte est mise dans un vase de bois percé de plusieurs trous, et nommé *fescelle*. Le vacher ou l'adjuvant la presse avec les genoux pour en faire sortir une partie du petit lait, puis il la dépose dans un autre vase sur une couche de paille, et incline ce vase qu'il place, au besoin, devant le feu. De nouvelles masses s'ajoutent continuellement, et se mettent toujours au-dessous de celles qui existent. Le caillé doit rester quarante-huit heures dans cet état : c'est le temps nécessaire pour qu'il devienne *poussé*, c'est-à-dire, pour qu'il s'y établisse une sorte de fermentation qui fait lever la pâte, et lui donne des yeux. Ce n'est plus du caillé, ce n'est pas encore du fromage, c'est la *tomme*.

On la divise par fragmens que l'on pétrit dans la fescelle, et que l'on sale convenablement. On remplit ensuite la fescelle ; on place au-dessus une *feuille*, autre pièce de bois qui s'engage dans la première, puis la *guirlande* qui maintient la feuille et que l'on remplit encore ; enfin, une toile couvre le tout, puis une planche et des pierres compriment. Le petit lait s'écoule par les trous de la fescelle, qui, ainsi que la guirlande, rentre dans la feuille à mesure que la tomme diminue de volume. On retourne le tout au bout de vingt-quatre heures, et six à huit heures après la tomme s'appelle *fourme*. Ces fourmes pèsent au Cantal 100 à 140 livres, mais au Mont-Dore elles dépassent rarement 40 livres.

Aussitôt sorties du moule, on les porte dans la chambre à coucher ; on les retourne tous les jours, et on les humecte avec un linge que l'on trempe dans le petit lait que la pression en a fait sortir, et que l'on a préalablement salé.

Au bout de deux mois, on râcle la croûte

formée avec un couteau, pour en enlever la moisissure, et on la frotte avec une sorte d'ocre rouge que l'on désigne sous le nom de craie, et que l'on va chercher sous la cascade de la Dore, dans le *ravin de la Craie* qui lui doit son nom. Ainsi parée, la *fourme* s'exporte dans le Midi ou se consomme sur les lieux.

Le petit lait qui s'écoule pendant ces diverses manipulations, est recueilli avec soin, parce qu'il contient encore un peu de beurre. On y ajoute du lait en faible proportion, et on trouve le moyen de lui faire donner de la crême, avec laquelle on fait un beurre blanc peu solide, généralement rance et à peine lavé. On en consomme beaucoup à Clermont. On vient à bout de faire encore produire du caillé au lait de beurre, et on en fait le *gaperou* ou fromage de gape. Après avoir soutenu toutes ces opérations, le petit lait presque limpide est transformé en chair, au moyen de plusieurs porcs qui sont obligés de s'engraisser avec ce liquide. On en donne aussi une portion aux chiens et à d'autres porcs, mais en quantité suffisante pour qu'ils puissent grandir sans mourir de faim, et être vendus pour engrais à la fin de la saison.

Les pâtres ne sont pas beaucoup mieux nourris. Ils font une soupe salée où ils trempent un pain noir et mal fait. Ils font ensuite une assez forte consommation de tomme et de petit lait sous ses différens états. En joignant à ces alimens l'air pur de leurs montagnes, et rarement l'eau de leurs sources, ils acquièrent une santé que rien ne vient troubler, tant qu'ils restent soumis à ce régime. Leur estomac conserve malgré cela une forte élasticité et une grande puissance digestive, comme on peut s'en convaincre dans les environs de Besse. On voit à certaines fêtes ces pâtres si sobres, remplacer la tomme et le petit lait par un ou plusieurs gigots de mouton, accompagnés de cinq à six bouteilles de vin noir, sans que cela semble leur produire d'autre impression que le plaisir de changer de régime.

Telles sont les beautés et les richesses pastorales du Mont-Dore. On pense qu'une vache peut donner, terme moyen, 75 kilogrammes de fourme à 80 cent., et 12 à 15 kilogram. de beurre à 1 fr. 20 c., ou un revenu de 75 fr., dont il faut déduire la nourriture, les soins et les chances de perte. On fabrique aussi au village des Bains, un grand nombre de petits fromages que l'on confond souvent avec ceux du Mont-d'Or, près Lyon. On les vend, on les achète et on les mange comme fromages de chèvres ; mais il n'y en a guère qu'un quart qui mérite cette dénomination ; les autres sont faits avec du lait de vache, ce qui n'ôte rien à leur mérite. Tous les propriétaires qui possèdent trop peu de ces animaux pour composer une vacherie, et qui ont le temps de s'occuper de leurs produits, préfèrent ce genre de fromage comme plus lucratif.

SECONDE PARTIE.

DESCRIPTION PITTORESQUE DU MONT-DORE.

L'ÉTABLISSEMENT THERMAL.

Notre première sortie, après nous être installés dans un des hôtels du Mont-Dore, fut destinée à l'établissement thermal; il est bâti sur les sources mêmes, et bâti exprès pour elles. L'architecte, M. Ledru, a eu le bon esprit de penser d'abord à une distribution convenable, et aidé des conseils de M. le docteur Bertrand, il a su modifier ses plans de manière à obtenir tous les avantages possibles d'eaux thermales aussi abondantes et aussi salutaires. On se tromperait cependant si l'on croyait qu'il a obtenu ces grands avantages aux dépens de l'élégance du bâtiment. Parfaitement en rapport avec la sévérité des lieux, il est bâti avec un trachyte gris à grains fins, dont les carrières sont au Mont-Dore, sur le plateau qui fait face à l'établis-

Pl. I.

Vue du mont Dore.

sement. Le toit destiné à résister aux neiges de l'hiver et aux pierres qui se détachent de la montagne de l'Angle, est une lave semblable au reste du bâtiment, et peut être regardé comme un chef-d'œuvre d'exécution.

Les sources sont au nombre de huit, en comptant deux petites sources froides qui ont peu d'importance.

Voici leurs noms, leur température, et le le volume de leurs eaux par minute :

SOURCES DU MONT-DORE.

	Centigr.	
Fontaine de Ste-Marguerite...	froide.	
Source du Tambour.......	froide.	
Fontaine Caroline.........	45°...	43 litres.
Bains de César..........	45°...	41
Grand Bain............	41°...	38
Bain Ramond...........	42°...	13
Source Rigny...........	42°...	12
Fontaine de la Magdeleine....	45,5..	100
		247 litres.

(*Bertrand.*)

Toutes ces eaux sortent des fissures qui existent entre les prismes de trachyte qui composent le plateau de l'Angle. Elles sont recueillies dans de vastes réservoirs d'où elles vont ensuite se distribuer dans l'établissement.

Des bains romains avaient été construits

sur les lieux mêmes où existe le bâtiment actuel. Les eaux du Bain de César sourdent encore dans un petit pavillon qui date de cette époque. La source de la Magdeleine, qui est la plus abondante, répand aussi ses eaux dans un aquéduc romain, et de là se distribue à volonté dans les piscines ou sous le promenoir couvert qui forme la façade de l'établissement. Ce sont ces eaux que l'on boit habituellement et que l'on expédie de tous côtés. Leur consommation au dehors devient immense, et les eaux artificielles ne paraissent pas jouir des mêmes propriétés.

Nous ne décrirons pas l'établissement thermal, et nous ne nous occuperons pas davantage des eaux; nous engageons les personnes qui désirent connaître avec détail toute la distribution intérieure, la composition des eaux, leurs phénomènes, et surtout leurs propriétés médicinales, à se procurer l'ouvrage de M. le docteur Bertrand : nous ne pourrions ici que répéter ce qu'il a dit mieux que nous, et ce qu'il connaît parfaitement. Notre but n'est point de faire un livre qui puisse tenir lieu du sien, et nous serions trop heureux si nous pouvions décrire les accessoires avec autant de vérité qu'il a décrit la partie essentielle du Mont-Dore.

En sortant des bains, nous vîmes des tronçons de colonnes ornées de sculpture, des corniches et des chapiteaux qui paraissent provenir d'un ancien temple romain, et que l'on désigne sous le nom de *Ruines du Panthéon*. Nous vîmes de nouveaux hôtels construits depuis peu d'années, et nous remarquâmes surtout avec plaisir la propreté intérieure que nous n'avions encore trouvée dans aucune ville de l'Auvergne. Une des personnes qui m'accompagnaient ne reconnaissait plus le Mont-Dore; elle se rappelait avec étonnement l'état d'abandon dans lequel étaient les bains lors de son dernier voyage. Elle avait vu le Bain de St-Jean, aujourd'hui Grand-Bain, situé au milieu d'une salle basse et voûtée, dans une auge de pierre que des cloisons de planches divisaient en quatre compartimens; au-dessus s'élevait une maison qui n'appartenait pas au même propriétaire que le bain. La source de la Magdeleine, qui est aujourd'hui la fontaine principale, celle dont les eaux prises en boisson ont fait la réputation du Mont-Dore, alimentait une espèce de bourbier au milieu du village. Elle avait peine à croire que depuis 1817, ce lieu ait pu changer au point d'être actuellement un des plus agréables de toute l'Auvergne.

Arrivés dans ce village pour en parcourir les environs, et non pour y prendre les eaux, la vue de la vallée dans laquelle nous nous trouvions nous intéressait plus encore que la visite que nous venions de faire à l'établissement. Nous étions assis sur la petite place que la Dordogne entoure de ses eaux, et près de laquelle on vient de faire de nouvelles plantations; de là nos regards se portaient au loin sur les pics décharnés qui ferment ce beau cirque, et sur les belles prairies qui en tapissent les flancs.

Le village se trouve placé à peu près au milieu de la vallée, dans un des points où elle est le plus rétrécie. A sa partie supérieure, s'élève le pic de Sancy souvent couvert de nuages, les sommets déchirés du puy de l'Aiguillier au pied duquel se trouvent le Val d'Enfer, Cacadogne et Cuzeau qui s'arrondissent en demi-cercle, et forment les parois d'une vaste enceinte où tout annonce encore l'action du feu, la force des eaux et la puissance des siècles. A l'opposé, paraît le puy Gros, plateau élevé qui domine tous les environs, et qui semble avoir changé la direction de la vallée en déviant le cours de la rivière.

En face c'est le Capucin, avec son prisme

détaché, et sa belle forêt de sapins qui descend jusque sur la pelouse émaillée qu'arrosent les eaux pures de la Dordogne.

Une cascade paraît à gauche; ses eaux tombent dans un ravin, au fond duquel les éboulemens ont entraîné d'énormes fragmens de rochers. Un tapis de verdure couvre les pentes abruptes de toutes ces montagnes, à part quelques ravins dénudés qui montrent leur structure intérieure. Les ruisseaux sont bordés partout de saules à feuilles luisantes; ils indiquent le cours de la rivière et de ses affluens, tandis que des hêtres, des frênes et des sorbiers élégans forment des groupes épars auxquels l'alisier vient quelquefois mêler ses feuilles argentées.

Nous arrêtâmes notre plan en présence de ce beau tableau. Nous résolûmes de commencer dès le lendemain nos promenades, et de visiter d'abord la partie haute de la vallée, de suivre ensuite le cours de la Dordogne, puis de nous écarter successivement à droite et à gauche, afin de ne laisser échapper aucun des sites qui pouvaient nous offrir quelque intérêt.

PREMIÈRE PROMENADE.

LA GRANDE CASCADE. — LES ÉGRAVATS. — LE ROC DE CUZEAU.

Nous sortîmes du Mont-Dore de grand matin, et pour notre première excursion, l'ascension du pic nous tentait. Le temps était serein ; un léger brouillard, qui était immobile au fond de la vallée, nous cachait ses profondes déchirures et la belle verdure qui tapisse la base des montagnes. Nous suivîmes un petit chemin bordé de murailles, entre lesquelles coulait un ruisseau limpide, mais où quelques pierres rondes ou pointues permettaient de placer les pieds hors de l'eau. Bientôt après nous étions au bas de la grande cascade qui nous occupait depuis long-temps, et que nous voulions examiner avec soin.

LA GRANDE CASCADE.

Le ravin qui reçoit la cascade, la coupure du rocher d'où elle s'élance, les blocs entassés sous lesquels l'eau disparaît aussitôt qu'elle touche le sol, tout nous présentait l'image de la destruction et de l'action séculaire du torrent. Nous voulions cependant contempler de plus près cette énorme brèche, qui, depuis la veille, fixait notre attention, et nous profitâmes d'un petit sentier qui paraîtrait peu rassurant aux personnes qui ne sont pas bien familiarisées avec les mauvais pas des montagnes. Déjà nous vîmes en montant une foule de filets d'eau qui sortaient, comme autant de sources, des blocs de rochers qui cachaient leur véritable origine; ils formaient une infinité de cascades en miniature, et disparaissaient encore sous de grosses masses qui représentaient autant de ponts jetés par la nature sur le lit du torrent. L'eau s'écoule avec rapidité; elle ralentit enfin son cours, et, traversant une petite portion de la prairie qui occupe tout le fond de la vallée, elle vient se jeter dans la Dordogne qui la conduit dans l'Océan.

Le sentier bien tracé sur le bord du ravin s'effaçait peu à peu pendant que nous montions, et il disparut au milieu des blocs de pierre, dont le nombre augmentait à mesure que nous nous approchions de la chute. Enfin, nous arrivâmes au point où l'eau, frappant les rochers avec force, couvrait les environs d'une rosée abondante.

Nous nous aperçûmes bientôt d'un changement de température ; un vent léger, dû au mouvement des couches d'air violemment déplacées par la chute du liquide, nous couvrait de gouttelettes ; mais la fraîcheur et l'humidité du lieu étaient surtout sensibles pour les corps environnans. Des tapis de mousse s'étendaient sur les blocs amoncelés d'une roche noirâtre ; les interstices que laissaient ces masses étaient couverts du feuillage élégant de diverses saxifrages, de quelques graminées et de plusieurs autres plantes, parmi lesquelles nous distinguâmes la balsamine impatiente ; nous y vîmes jusqu'à l'ortie, dont la présence dans un lieu sauvage indique toujours la proximité de quelque habitation. Toute la végétation du ravin semble concentrée dans cette atmosphère humide : ailleurs, et sur l'une ou l'autre rive, on aperçoit à peine quelques buissons rabougris, deux ou trois arbres verts qui luttent contre la déclivité du sol, des lambeaux de pelouses dont les éboulemens diminuent tous les jours l'étendue, et les troncs pourris de quelques vieux sapins, qui augmentent encore la scène de dévastation que l'on a sous les yeux.

L'impulsion que reçoit l'eau au moment où elle se précipite, et la coupe bien perpendiculaire de la lave, produisent un écartement assez considérable entre la base du rocher, et le point où le ruisseau touche le sol, en sorte que nous parvînmes facilement sous la voûte liquide, qui pouvait, au besoin, nous abriter de la pluie.

Là nous vîmes que le mur vertical du rocher près duquel nous étions, est une de ces longues coulées de trachyte descendue du voisinage de Sancy; elle repose sur une couche de cendres grises, également d'origine volcanique, et au milieu desquelles nous trouvâmes beaucoup de cristaux de felspath, évidemment chauffés, mais ayant conservé leurs formes. Les blocs si nombreux qui gisent au pied du rocher sont de même nature, et s'en détachent surtout après les fortes gelées et pendant les pluies d'orage. Le bruit de leur chute se confond avec celui des eaux de la cascade.

Dans plusieurs endroits, le sol meuble sur lequel repose la coulée de trachyte a été miné par des infiltrations, et précisément derrière la chute d'eau on voit une grotte qui se prolonge un peu sous le rocher. La saxifrage à feuilles rondes formait de larges touffes à son entrée, et la voûte était couverte d'une petite mousse, qui, au lieu de rechercher la perpendicularité, qui semble si nécessaire aux autres végétaux, avait ses fructifications dirigées vers le sol humide de la grotte.

Bravant quelques instans l'humidité, nous nous assîmes sur un des blocs situés à l'entrée de cette excavation, d'où nous jouissions complétement du spectacle d'une chute d'eau de quatre-vingts pieds; nous vîmes alors que sa masse était plus considérable que nous ne l'avions jugée en la considérant du village. L'eau en était très-limpide, mais elle se trouble pendant les pluies, surtout si elles sont abondantes.

Le rocher qui manque si subitement sous le ruisseau de la cascade, offre une espèce de cirque qui fait un angle rentrant dans la vallée du Mont-Dore. On voit clairement que ce cirque et tout le ravin ont été creusés à la longue par la chute d'eau. Le géologue y trouve une coupe naturelle qui l'intéresse d'autant plus qu'il y voit une véritable alternance des trachytes en coulée, et de leurs conglomérats. Il distingue sur la rive droite et vers la base quelques filons volcaniques, qui méritent d'être étudiés avec attention; il examine ensuite la nature de cette énorme quantité de débris accumulés dans le précipice, et les suit jusque dans le fond de la vallée.

Nous éprouvâmes quelques difficultés à descendre sur ces blocs mouvans. Nous nous écartâmes un peu, et après avoir traversé quelques parcelles de prairies arrosées par les eaux de la cascade, nous atteignîmes le point d'où nous étions partis.

LE RAVIN DES ÉGRAVATS.

Redescendus au pied de la cascade, nous continuâmes à remonter le cours de la Dordogne, et nous ne nous arrêtâmes qu'à la base d'un grand éboulement connu sous le nom de *Ravin des Égravats* ; il est situé du même côté que la grande cascade. C'est un des bords de la nappe de trachyte qui descend du roc de Cuzeau qui a fléchi tout à coup, et qui s'est éboulé dans la vallée. Le terrain meuble sur lequel elle reposait a été entraîné ; le rocher s'est divisé dans sa chute, et a couvert de débris le chemin que nous traversions. Ce site nous parut beaucoup plus intéressant pour le géologue que pour le simple amateur des beautés de la nature. Nous l'avons cependant parcouru, et nous avons même atteint, au milieu des débris, la base de la nappe de lave que l'éboulement a mise à nu.

LE ROC DE CUZEAU.

Placés déjà à cette élévation, nous fûmes tentés de gagner tout à fait le plateau supérieur, et d'atteindre le roc de Cuzeau, énorme filon de trachyte, qui s'élève à une grande hauteur. Nous joignîmes le gazon qui touchait le ravin des Égravats; et comme déjà nous étions très-élevés, nous fûmes bientôt sur la pelouse uniforme, dont la pente devait nous conduire jusqu'au roc que nous voulions atteindre.

Cette pelouse était couverte des houppes soyeuses de l'anémone des Alpes, dont les fleurs blanches ou soufrées avaient disparu depuis long-temps. On y remarquait le beau bleuet de montagne, la grande gentiane et de nombreuses pensées. En approchant du sommet, le terrain était moins uni; nous trouvions de grosses masses de lave grise entassées les unes sur les autres, et séparées par des fentes profondes cachées par la mousse. Çà et là croissaient le narcisse jaune et quelques pieds non fleuris de l'hellébore blanc. Une fois arrivés au sommet du roc, nous fûmes bien dédommagés de la peine que nous avions prise pour nous y rendre. Il n'existe peut-être pas dans tous les environs du mont Dore un point de vue aussi remarquable que celui-là. On découvre d'un coup d'œil une grande enceinte, qui paraît escarpée de toute part : on croirait voir un immense cratère,

Pl. II.

Vue prise sur le Roc de Cuzeau.

dans lequel les eaux se seraient rassemblées, et auraient ouvert ensuite un des côtés qui serait devenu la vallée de la Dore, que la Dogne ne tarde pas à joindre.

On ne voit que déchirures et précipices, que ravins profonds et roches suspendues; on plonge dans l'abîme, dont l'œil mesure avec effroi la profondeur; vous êtes seul, isolé sur l'un des points qui font partie du tableau. L'aigle plane au-dessus de votre tête; le Mont-Dore est au loin sous vos pieds. Des filets d'eau découlent dans ce grand cirque, minant continuellement le terrain, et usant lentement les cendres volcaniques fortement comprimées, sur lesquelles ils coulent, et qu'ils dégradent toujours. Les courans de lave qui recouvrent ces couches ponceuses, et les masses qui s'y trouvent intercalées, tombent quand le point d'appui leur manque; elles glissent quelquefois en entier, ou culbutent pêle-mêle au fond de ce vaste cratère, dont le sol incliné n'est formé que de débris.

Nous rencontrâmes deux géologues discutant devant ce tableau l'origine du groupe des monts Dores.

L'un voyait dans ce grand cirque le principe d'une vallée de soulèvement; il soutenait avec chaleur qu'une force puissante, en soulevant les nappes de lave déjà refroidies, avait créé les fissures que les eaux avaient élargies ; il faisait remarquer le relèvement des couches vers un point central, la dislocation des masses, et le rétrécissement de la vallée à mesure qu'elle approchait du mont Dore.

L'autre, plus patient, lui rappelait l'action lente mais continue des eaux ; lui faisait observer la nature même du terrain, que la neige des hivers et les grandes pluies de l'été contribuaient à dégrader. Il lui montrait la convergence des petits ruisseaux qui, descendant des principaux ravins, élargissaient le cirque et réunissaient dans son centre les débris dont il était formé.

Un troisième eût sans doute émis une autre opinion. Notre présence interrompit cette savante discussion ; nous voulions voir et non discuter. Nous observâmes ensemble le papillon Apollon, qui voltigeait sur le rocher, et cherchait à déposer ses œufs sur les sedum qui devaient nourrir ses chenilles. L'heure du dîner nous rappelait tous au Mont-Dore, et nous résolûmes sérieusement d'aller le lendemain directement au pic de Sancy.

SECONDE PROMENADE.

LA CASCADE DU SERPENT. — LA CASCADE ET LE MARAIS DE LA DORE. — LE PIC DE SANCY.

Nous voilà donc en route une seconde fois pour visiter le point le plus haut du centre de la France ; il s'élevait en face de nous. Quelques nuages cachaient sa cime sans descendre sur sa base ravinée. Nous passâmes devant la grande cascade et le ravin des Egravats ; nous jetâmes un coup d'œil sur le roc de Cuzeau, et nous étions déjà dans le grand cirque que nous contemplions la veille de son sommet. A notre droite, était la gorge des Enfers et la vallée de la Cour pour lesquelles nous devions consacrer une autre journée. Nous passâmes près d'un buron ou chalet de l'Auvergne, et un compagnon de voyage que nous venions de rencontrer, y laissa son cheval pour nous suivre avec plus de facilité.

LA CASCADE DU SERPENT.

Nous entrâmes de suite dans le bois de sapins, qui est à la base du pic. Au lieu de suivre le chemin ordinaire, nous pénétrâmes dans l'intérieur du bois, afin de profiter de l'ombre pendant quelques instans. De grandes plantes herbacées aux fleurs roses et bleues étaient dispersées çà et là, et préludaient au spectacle imposant qui nous attendait un peu plus loin. Arrêtés par un ruisseau qui glissait sur un large tapis de mousse, nous fûmes forcés de remonter son cours, espérant le traverser dans un endroit moins rapide; mais nous n'avions aperçu qu'une petite portion de la cascade. Nous découvrîmes bientôt une belle lame d'eau qui descendait du sommet de la forêt en glissant sur la mousse, et qui ralentissait sa chute dans le lieu où nous étions. L'eau disparaissait sous les feuilles et les fleurs du cacalia et des grands sonchus, dont les belles fleurs bleues s'élevaient au-dessus des groupes de fougères et de renoncules à feuilles de platane. Beaucoup de jolies plantes croissaient à l'ombre des arbres, et couvraient les flancs du ravin. Un vieux sapin tombé de vieillesse, formait un pont naturel au-dessus de la cascade; ses branches couvertes de lichens barbus, offraient une rampe digne du pont pittoresque que nous avions sous les yeux; de larges plaques d'écorce se détachaient déjà du tronc. Huit ans auparavant, j'avais traversé la cascade du Serpent sur ce pont suspendu, et quand vous lirez ces lignes, le temps sans doute en aura dispersé les débris, et vous ne retrouverez plus même la place qu'ils occupaient; ses branches brisées et pourries seront couvertes des longs épis bleus de l'aconite, des groupes du rosier sans épines, et du groseillier des rochers.

J'ai vu quelquefois, dans les belles journées de l'automne, ces plantes si vigoureuses qui entourent la cascade du Serpent, abandonner à un vent léger les aigrettes soyeuses de leurs fruits, qui, mélangées aux graines cotonneuses de l'épilobe à épis, s'élevaient en tourbillonnant au-dessus des eaux, et flottaient dans les airs comme ces groupes d'éphémères qui naissent et périssent en peu d'instants. L'aconite ouvrait ses capsules, ainsi que l'ancolie, dont les grappes de fleurs étaient si brillantes deux mois auparavant; les graines tombaient de tous les végétaux, et l'eau, dans sa course rapide, les entraînait aussitôt. Au point de départ de la cascade, s'élevaient deux arbres qui confondaient leurs branches et mariaient leur feuillage. L'un était un alisier aux feuilles blanches satinées; l'autre un sorbier à feuilles légères et dentelées, entourant des grappes d'un rouge éclatant. Nous quittâmes avec regret un site où la nature nous avait paru si grande et si prodigue; nous avions cru voir, dans cette végétation majestueuse, une scène de ces forêts vierges du Nouveau-Monde que le voyageur admire en silence, et dont il s'éloigne ensuite pour jamais.

A peine étions-nous sortis de la forêt que nous retrouvâmes l'anémone sauvage, dont les fleurs ornent au printemps toutes les pelouses du pic; nous traversions des lieux où j'avais recueilli, la même année, la soldanelle des Alpes qui ouvrait ses fleurs à mesure que la neige laissait le sol découvert.

Nous passâmes au pied d'un escarpement où l'on distingue nettement la disposition du rocher en prismes irréguliers qui se divisent ensuite en feuillets, et après une heure de marche, nous étions très-rapprochés du pic de Sancy, dont nous n'étions plus séparés que par une prairie tourbeuse.

LA CASCADE ET LE MARAIS DE LA DORE, PRÈS SANCY.

Nous étions sur un petit plateau où la fonte des neiges alimente une espèce de marais. Plusieurs sources très-froides qui s'échappent du sol en plusieurs endroits, contribuent aussi à entretenir une humidité constante à cette grande élévation. Ces sources sont celles de la Dore, qui doivent plus loin recevoir celles de la Dogne, et aller ensemble conduire leurs eaux dans la Gironde. Les arbres ne croissent plus à cette hauteur, et l'on se trouve au milieu d'une espèce de désert, loin de toute habitation. Quelques saules nains représentent les végétaux arborescens, mais en revanche les plantes herbacées sont abondantes et remarquables par l'éclat de leurs fleurs.

La neige formait encore de larges plaques et de longs sillons; à mesure qu'elle fondait, l'herbe jaunie changeait de couleur, et la sodanelle des Alpes ouvrait ses fleurs découpées. Des filets d'eau froide gagnaient les parties basses du terrain, et nous entendions de petits ruisseaux couler sous la neige, y former de petites cascades, dont le bruit seul était sensible, puis ils sortaient ensuite sous une arcade glacée. On croyait voir de petites imitations des sources du Rhône et de l'Arveyron. Ces eaux réunies font de longs circuits sur le gazon, charriant des sables qu'elles amoncellent à chaque détour. Tantôt leur lit s'élargit et forme un petit bassin, d'autres fois il devient étroit et profond; l'eau coule dans un canal creusé dans la tourbe, et dont les bords rapprochés et couverts du feuillage de l'anémone, cachent presque entièrement le liquide qu'il conduit.

Après ces détours, on voit le ruisseau s'élargir, le sol s'abaisser graduellement, et l'eau couler sous les touffes verdoyantes du *geum montanum*, dont les aigrettes soyeuses et contournées avaient remplacé les belles fleurs jaunes. Le *veratrum* et de beaux populages croissaient aussi sur le bord de l'eau, avec la renoncule à feuilles de platane, et la gentiane jaune. La fontinale constamment agitée par le cours du ruisseau, balançait ses longs rameaux toujours lavés par l'eau la plus pure, et résistait au courant qui semblait continuellement l'entraîner. Le cacalia aux larges feuilles réfléchissait dans les eaux ses belles grappes de fleurs purpurines, tandis que la violette des marais paraissait çà et là à côté des narcisses jaunes.

C'est au milieu de toutes ces plantes que le sol manque tout à coup; l'eau s'élance et rejoint bientôt une surface qu'elle a polie, pour y glisser long-temps, et atteindre un cirque profond qu'il est impossible d'apercevoir. Elle tombe dans un bassin entouré de rochers escarpés, et s'en échappe en formant une petite cascade qu'on ne peut franchir qu'avec une échelle.

Nous avancions avec précaution sur le bord du précipice, et nous distinguions un bruit sourd produit par la chute du ruisseau. Le ravin tout entier paraît son ouvrage; il a mis à nu des couches colorées, des cendres ponceuses et une roche alunifère, dans laquelle on trouve des globules de soufre natif. Nous ne descendîmes pas dans ce ravin, dont l'accès est d'ailleurs difficile, et qui, à moins d'être géologue, n'offre rien qui puisse compenser la fatigue à laquelle on s'expose.

LE PIC DE SANCY.

Au delà du marais de la Dore, on ne trouve plus d'eau. On monte encore quelque temps, et l'on atteint la crête ou le col qui sépare Sancy du puy Ferrand. Il règne quelquefois dans cet endroit un vent si violent qu'il est impossible de passer outre; nous n'éprouvâmes pas cette difficulté, et nous gravîmes immédiatement le reste de la montagne. Il y avait un chemin tracé en zigzag, par lequel les chevaux même pouvaient en atteindre le sommet. Nous préférâmes cependant monter lentement sur la pelouse, afin d'observer, chemin faisant, les plantes qui croissaient au milieu de l'herbe, et qui étaient en assez grand nombre. Nous y découvrîmes des phyteuma à jolies fleurs bleues, qui végétaient sous les fleurs dorées des armica ; le trèfle des Alpes extrêmement vigoureux étalait partout ses couronnes de fleurs roses, et la biscutelle nous offrait ses fruits singuliers. A notre grand désagrément, le brouillard léger qui, depuis le matin, enveloppait le sommet du pic, augmentait à mesure que nous nous élevions, et il devint assez épais, quand nous fûmes sur le point culminant, pour nous dérober la vue de tous les environs et des immenses précipices qui nous entouraient. Placés sur une île au milieu de l'atmosphère, nous attendions avec impatience que le vent ou le soleil vinssent dissiper ou dissoudre le voile de vapeurs qui nous enveloppait. Nous étions assis près d'une pyramide quadrangulaire parfaitement orientée, sur laquelle était inscrite l'élévation de la montagne, et qui remplaçait la croix de fer qui avait été volée par les montagnards, et la croix de pierre que la foudre avait détruite en la brisant en éclats. Quoique légèrement vêtus, nous voulions rester, et comme la journée n'était pas encore avancée, nous pouvions conserver l'espoir d'un ciel pur et d'une vue étendue. En attendant nous examinions les objets qui nous entouraient.

La pyramide et toute la pointe du pic sur laquelle elle est construite, étaient couvertes de deux sortes d'insectes, la coccinelle à sept points, et un petit charançon noir qui paraissait engourdi et pouvait à peine se traîner. Une grande herbe couvrait partout la lave, et les plantes qui croissaient sur les pentes avaient quelques représentans au sommet. Nous y remarquâmes surtout une belle saxifrage et une touffe d'œillets qui cachaient la pointe la plus élevée du rocher. Il y avait environ trois quarts d'heure que nous étions arrivés, quand un coup de vent entr'ouvrit le nuage, et nous laissa voir tout d'un coup une profonde vallée dont le fond était occupé par des ruisseaux très-sinueux, et dans le lointain un lac arrondi que nous prîmes pour Pavin, et qui était le lac Chauvet, dont nous parlerons par la suite. Nous ne vîmes le lac que pendant quelques secondes, le nuage se rapprocha et tout disparut. Cependant nous avions vu la vallée éclairée par le soleil, et la surface brillante du lac nous indiquait aussi que cet astre déjà élevé sur l'horizon, échauffait tous les lieux d'alentour, et ne tarderait pas de dissoudre la masse de vapeur que l'attraction du pic retenait sur sa cime. A plusieurs reprises, le voile se déchira comme la première fois et en des points différens. La vapeur grossissait les objets, augmentait la profondeur des vallées, et nous procurait une foule d'illusions que nous n'eussions pas éprouvées en arrivant au pic par un ciel pur, comme celui que nous avions eu la veille sur le roc de Cuzeau. Enfin, cette alternative de brouillard et d'éclaircies partielles cessa lentement ; le voile devint si léger qu'il était translucide, et que nous distinguions à travers toutes les montagnes voisines ; il devint presque transparent et disparut.

Nous pûmes alors contempler à notre aise le vaste paysage que nous dominions de toutes parts ; car nous passâmes sur le pic une partie de la journée, et il était onze heures quand il se découvrit.

Nous avions grand besoin de la chaleur du soleil ; nos habits étaient mouillés et presque saturés de vapeurs d'eau. Malgré plusieurs allées et venues pour herboriser sur les pentes du pic, nous n'avions pu nous réchauffer. Ce fut au point qu'un de nos compagnons de voyage nous abandonna, et ne vint nous rejoindre qu'après avoir rencontré le soleil à une petite distance du sommet ; il nous annonça notre prochaine émersion et l'attendit avec patience.

Il serait impossible de rappeler les objets sans nombre que l'on distingue ou du moins que l'on aperçoit du sommet de Sancy. On voit parfaitement le groupe du Cantal ; il offre une ligne sinueuse qui occupe un très-grand espace, mais ces montagnes sont trop éloignées pour qu'on puisse bien reconnaître leurs formes. Nous aperçûmes aussi, dans la direction de la ville de Besse, plusieurs montagnes des Alpes, qu'il était cependant difficile de ne pas confondre avec des nuages blancs qui étaient à l'horizon ; je les avais vues quelquefois bien plus distinctement. Quant aux Pyrénées, il eût été inutile de les chercher ; elles sont de dix lieues trop éloignées pour qu'on puisse apercevoir leurs cimes. De toutes parts, une vapeur bleuâtre semblait réunir le ciel à un paysage lointain où tout paraissait confondu. L'Auvergne entière se déroulait sous nos pieds. Les monts Dômes, assez régulièrement alignés, venaient aboutir au mont Dore. La Limagne et ses nombreux plateaux de lave paraissaient comme un lac immense au milieu duquel s'élevaient des îles nombreuses et de dimensions variées. Corent et Gravenoire avaient conservé leur teinte rouge, malgré l'éloignement, mais la verdure de la plaine se distinguait à peine de la teinte bleuâtre et vaporeuse de l'atmosphère. Placés sur le centre et le point culminant du mont Dore, nous voyions avec intérêt cette masse énorme sillonnée dans tous les sens par de nombreux cours d'eau. Nos yeux suivaient leurs détours, devinaient leurs chutes, et les cherchaient encore dans ces vallées profondes et ombragées qui toutes venaient se terminer à nos pieds. Nous dominions des pelouses immenses animées par de nombreux troupeaux, et nous apercevions bien loin cette zône de sapins que nous avions dépassée le matin. Rien ne pouvait plus échapper à nos regards; nous contemplions l'ensemble du tableau dont nous voulions ensuite étudier les détails. Les montagnes les plus hautes étaient au-dessous du pic; leurs sommets déchirés, leurs larges plateaux, leurs coulées de laves et leurs débris, tout s'offrait à nos yeux. Le marais de la Dore présentait de ce point la forme d'un cratère; des lacs encaissés dans des vallées profondes, ou occupant de larges dépressions au milieu des pelouses, étincelaient à la lumière du soleil, et répandaient dans l'atmosphère des vapeurs invisibles, que le froid des nuits devait bientôt condenser. Les burons, les hameaux, les villes et les villages dispersés sur la pelouse ou situés dans les vallées, animaient ce grand tableau ; un silence absolu régnait loin de ces habitations des hommes ; le papillon machaon et le vulcain voltigeaient autour de nous, et s'approchaient sans méfiance. Personne en France n'était au-dessus de nous. Nous restâmes long-temps sur le sommet du pic ; une foule de réflexions venaient nous y assaillir, et le calme qui règne dans ces hautes régions nous semblait à la fois si agréable et si étrange, que les heures s'écoulaient avec une rapidité extraordinaire.

Enfin, il fallut descendre pour ne pas être surpris par la nuit. Les provisions dont nous avions eu soin de nous munir étaient complétement épuisées, et nous apercevions avec plaisir, au fond de la vallée, le village des Bains, au-dessus duquel s'élevaient de longues colonnes de fumée, dont la perpendicularité annonçait un temps calme et bien favorable à notre excursion du lendemain. Nous descendîmes de Sancy en suivant la crête opposée au chemin par lequel nous étions arrivés sur son sommet. Nous longeâmes le bord de la vallée des Enfers, précipice immense, dont l'œil mesure avec effroi la profondeur; et suivant une pente très-rapide mais gazonnée, nous nous retrouvâmes près de la cascade de la Dore. Au lieu d'aller reprendre le chemin ordinaire, nous préférâmes descendre directement à gauche de la cascade, sur les flancs mêmes du pic, au milieu d'une herbe très-haute et entremêlée d'une grande quantité de *geranium sylvaticum*. Nous vîmes en passant la mine d'alun que sa position rend *inexploitable* et presque inabordable, et continuant à descendre quelquefois plus vite que nous ne le voulions, nous nous retrouvâmes dans la vallée du Mont-Dore, près du bois de sapins où la cascade du Serpent vient mêler ses eaux à celles de la Dordogne.

TROISIÈME PROMENADE.

LE CAPUCIN. — LE VALLON DE LA COUR. — LA GORGE OU LE VAL DES ENFERS.

Nous prenions plaisir à nos promenades au Mont-Dore; cependant celle de la veille nous avait un peu fatigués, et nous ne pûmes partir qu'après le déjeûner. Nous fûmes témoins, pour la première fois, d'un départ pour la campagne. La petite place qui est située devant l'établissement était couverte de chevaux : nous en comptâmes soixante, qui, en un quart d'heure, furent tous loués au prix de quatre francs pour la journée. Il y en avait de toute couleur et de toute grandeur. S'il était difficile de trouver deux montures semblables, il l'était bien plus encore de voir deux selles et deux brides qui pussent aller ensemble ; mais enfin les chevaux étaient nécessaires, et l'on se contentait de ce que l'on trouvait. Il y avait aussi quelques litières que des gens prudens avaient commandées la veille, et un grand nombre de porteurs munis de deux longs bâtons soutenant un fauteuil comme une chaise à porteur. Les dames préfèrent souvent ce moyen de transport, et nous fûmes témoins de la location de quatre hommes au prix total de vingt francs pour une course au pic de Sancy. D'autres firent leur marché pour la cascade de la Vernière et la Bourboule, en passant par le salon de Mirabeau : le prix fut de douze francs pour deux porteurs. Nous vîmes avec étonnement un homme bien constitué, capable d'aller à cheval, et même à pied, partir de cette manière pour le Capucin, où nous avions aussi le projet de nous rendre.

Les chevaux, les litières et les porteurs étaient déjà partis, que plusieurs personnes cherchaient encore à se faire transporter, et offraient en vain des primes assez fortes au-dessus des prix du jour. Nous avons calculé que la promenade seule avait dû laisser, pour cette journée seulement, plus de cinq cents francs au Mont-Dore. Le temps était si beau qu'il était en effet bien difficile de résister à la tentation d'une partie de campagne, et ce jour même il y avait un déjeûner organisé dans le bois de Murol, et une grande promenade autour du lac Chambon. Plusieurs chevaux, munis de larges paniers, formaient l'arrière-garde ; ils portaient les provisions, et n'étaient pas les moins chargés. Nous perdîmes bientôt de vue le groupe nombreux de malades des deux sexes qui allaient déjeûner pour la seconde fois sous les frais ombrages de Murol. Nous apprîmes le soir que toute la société avait été enchantée des sites qu'elle avait parcourus, du déjeûner et du beau jour que l'on avait choisi. Un seul incident était survenu ; mais il n'avait eu aucune suite fâcheuse : un des coursiers dont nous avons parlé avait été sanglé après avoir bu à jeûn une forte dose des eaux limpides de la Dordogne. L'exercice ayant favorisé la transpiration, ses flancs reprirent peu à peu leur état naturel, et la selle tourna tout à coup, entraînant avec elle une des dames les plus aimables de la société. Sa chute fut une leçon ; les cavaliers qui avaient tous mis pied à terre, sanglèrent de nouveau leurs montures et celles de leurs jolies voisines, qui furent ainsi préservées de tout accident. Ce départ, que nous n'avions pas encore vu parce que nous avions quitté le village trop matin, nous intéressa beaucoup ; il se renouvelait tous les jours de beau temps.

Il était onze heures quand nous songeâmes à partir nous-mêmes, et comme nous n'attendions ni chevaux, ni litières, ni porteurs, notre résolution reçut immédiatement son exécution.

LE CAPUCIN.

La montagne du Capucin, qui paraissait à deux pas de nous, fut le but de notre promenade. En sortant du Mont-Dore, nous traversâmes cette petite place ovale située près de la Dordogne, et nous passâmes le ruisseau sur un joli pont de fil de fer, qui fut long-temps le seul qui existât dans le département du Puy-de-Dôme. Une avenue, nouvellement plantée, commence de l'autre côté du pont, et conduit à une portion de cirque d'où l'on jouit d'une fort belle vue. C'est là que commence une route assez large, tracée depuis peu pour l'agrément des promeneurs. Sa pente, adoucie par de nombreux zigzags, n'a rien de pénible ; on la monte en se promenant, et en admirant la vallée, le village et la grande cascade, dont les eaux vont à travers les prés joindre celles de la rivière.

La route traverse d'abord des prairies ; mais ensuite elle est tracée au milieu des buissons de hêtres. Quelques filets d'eau la traversent et la dégradent sur plusieurs points. Partout où le sol est à découvert, on voit des produits volcaniques, et surtout des couches d'un trass blanc très-fin, qui noircit par son exposition à l'air. Après une demi-heure de marche, le Capucin que nous croyions atteindre avait disparu. Nous étions sur un vaste plateau de lave ancienne, dont quelques masses paraissaient çà et là au-dessus du sol; une forêt de sapins le couvrait en entier, et notre chemin se continuait en faisant de nombreux détours. Nous marchions à l'ombre sur un terrain plat, et la terre était couverte d'airelles, dont les fruits noirs commençaient à mûrir. Nous désirions beaucoup voir de près la masse de rocher qui, du Mont-Dore, paraît détachée de la montagne, et ressemble réellement à un moine affublé de sa tunique, et la tête couverte de son capuchon. Nous pûmes bientôt contenter notre curiosité, car nous aperçûmes la montagne au-dessus des sapins, mais beaucoup plus loin du village que nous ne l'avions supposé. A mesure que nous approchions, nous trouvions le sol couvert de gros quartiers de roches détachés de ses flancs. Les sapins, manquant de terre végétale, n'étaient plus aussi élancés, et la grande gentiane, profitant des clairières, s'élevait sur les pentes de la montagne. Nous vîmes de très-près le *prisme Capucin*, qui est une espèce d'obélisque qu'une secousse violente ou peut-être l'action du temps a séparé de la masse principale; mais.

à cette distance, toute illusion est détruite : c'est un amas confus de masses écroulées, au milieu desquelles quelques-unes sont encore sur pied. Rien ne rappelle plus la forme qui a fait donner ce nom bizarre à l'objet que nous visitions.

La forêt cesse à la base de la montagne; on aperçoit seulement quelques troncs morts et écorcés qui s'élèvent sur ses flancs. Des escarpemens règnent de plusieurs côtés, et rendent cette énorme masse inabordable sur plusieurs points. Nous fûmes obligés, pour parvenir au sommet, de sortir tout à fait du bois, et de passer derrière la montagne; notre tâche fut alors très-facile. Une pelouse uniforme cache le rocher, et l'on rencontre tout en haut une petite plate-forme oblongue, où l'on peut se reposer et jouir du coup d'œil du Mont-Dore. On distingue très-bien ce qui se passe dans le village, et rien n'est plus singulier que de voir un grand nombre de personnes qui s'agitent, qui vont et viennent en tout sens, tandis que, placés dans une région élevée, on se croit étranger au monde d'ici-bas, et l'on contemple avec une sorte d'indifférence la demeure des hommes que l'on rejoint quelques instans plus tard.

Il serait imprudent de vouloir descendre dans les sapins qui sont au-dessous du Capucin, pour gagner directement la vallée du Mont-Dore. Je fis une fois cet essai, et je rencontrai des endroits si difficiles que je crus l'expérience suffisante, sans affirmer cependant qu'on ne puisse être plus heureux que moi, et choisir un chemin ou plutôt un passage moins difficile. Nous descendîmes sur la pelouse que nous venions de traverser en montant, et nous nous trouvâmes au milieu d'un pacage, ou, pour parler plus exactement, d'une vacherie dont nous visitâmes les burons. Nous fûmes très-bien reçus par les pâtres ou vachers qui, dans cette localité, sont habitués à ces sortes de visites, et ont appris par cœur la manière de faire le fromage, qu'ils répètent, pendant toute la saison des bains, avec les mêmes syllabes ; mais on sera, je pense, assez instruit par ce que nous en avons dit en parlant de l'agriculture de ces montagnes, pour qu'on nous permette de supprimer ici notre intéressante conversation avec le chef de cet établissement.

J'avais été une autre fois voir une scierie qui n'est pas très-éloignée du Capucin, et qui se trouve placée dans un site très-pittoresque. Nous n'eûmes pas le temps d'aller la visiter, et d'ailleurs nous comptions en voir plusieurs dans quelques jours, en parcourant les environs de la Roche-Vendeix.

Le Capucin était beaucoup plus loin du Mont-Dore, que nos compagnons de voyage ne l'avaient supposé ; mais comme nous n'étions restés que quelques instans au sommet, nous avions encore le temps de voir d'autres sites, et il nous restait, pour compléter l'examen de la partie supérieure de la vallée, à visiter le Val d'Enfer et le Vallon de la Cour. Nous n'étions pas très-loin de cette dernière localité, il suffisait de suivre la crête des montagnes, à partir du Capucin.

LE VALLON DE LA COUR.

Une pelouse tout' émaillée de fleurs cachait les produits volcaniques sur lesquels nous marchions. Plusieurs fois nous approchâmes du bord de la vallée pour voir ce beau cirque que nous avons décrit du sommet de Cuzeau. Il s'offrait à nous avec des contours différens, et des déchirures que nous ne pouvions apercevoir de cette première station. Une montagne s'élevait devant nous, toute couverte d'une belle végétation, comme celle que nous foulions aux pieds; c'était le puy du Clierguc. Nous passâmes par-dessus, et nous fûmes bientôt sur le bord même de la vallée de la Cour. On peut, en suivant cette crête, passer au puy de Chabano, longer la gorge des Enfers, et atteindre ensuite le flanc du pic de Sancy, au sommet duquel on peut arriver par cette voie. J'ai fait une fois ce petit voyage, qui est très-pittoresque. On a presque toujours de profonds précipices au-dessous de soi, et, quoiqu'il n'y ait aucun danger à courir quand on a l'habitude des montagnes, on est satisfait d'atteindre le sommet du pic, pour redescendre par la route ordinaire.

Nous n'avions pas le projet de faire cette ascension, et nous longeâmes seulement le bord de la vallée de la Cour, pour y descendre plus commodément. La pelouse était couverte d'une très-grande quantité d'anémones des Alpes, qui atteignaient jusqu'à deux pieds de hauteur, et qui étaient toutes couvertes d'aigrettes soyeuses; je les avais vues en fleur au printemps; elles avaient toutes les fleurs d'un jaune plus ou moins foncé. Nous étions sur une couche de lave trachytique, coupée à pic du côté de la Cour, et sillonnée du côté opposé par plusieurs petits courans de lave de même nature, mais plus modernes, qui allaient s'épancher dans une plaine élevée, voisine du vaste plateau de Bozat. La vallée où nous voulions descendre ressemble tout à fait à un cratère très-grand et légèrement ovale. Ses bords se terminent, d'un côté, par une arrête aiguë qui la sépare de la Gorge des Enfers, et de l'autre, par l'escarpement dont nous venons de parler. Un large filon de trachyte fermait l'entrée de cette enceinte, et interrompait toute communication avec la vallée de la Dordogne, avant que le ruisseau qui s'en échappe n'ait usé sa digue, et ouvert un *portail*. Ce filon est composé de prismes trachytiques, ordinairement couchés, quelquefois obliques, ou même verticaux, dont les pointes divergentes forment des faisceaux volumineux. Des portions très-considérables de ce filon gisent à côté, culbutées par une cause qui nous est inconnue, et que l'on peut attribuer avec vraisemblance à des secousses de tremblemens de terre. A l'opposé de ce portail, et dans le fond de la vallée, on voit aussi de nombreux filons, mais ils sont verticaux, dénudés dans toute leur partie supérieure, et souvent brisés en mille fragmens. Ils se lient avec ceux de la Gorge des Enfers. Le gazon couvre ce beau cirque, dont le plus grand diamètre est d'environ 1,200 mètres, et le plus petit de 600. Le ruisseau du Cliergue y prend naissance; on y voit plusieurs sources très-froides, peu abondantes, mais qui se réunissent bientôt sur un sol tourbeux, qu'elles creusent profondément. Les embranchemens se joignent, et le ruisseau traverse le large filon qui fermait autrefois l'entrée de la vallée, et qui dut pendant long-temps en faire un lac ovale et profond. Nous descendîmes près du puy de Chabano, et nous traversâmes le vallon de la Cour dans toute sa longueur. Le sol tremblait sous nos pieds, de petites sources naissaient à chaque pas, entourées de mousse d'un vert éclatant, au milieu desquelles s'élevaient déjà quelques fleurs régulières de la parnassie des marais. Nous sortîmes, comme le ruisseau, par le *portail de la Cour*.

LE VAL OU LA GORGE DES ENFERS.

L'heure était un peu avancée, et de grandes ombres étaient déjà descendues dans la vallée de la Cour; elles en occupaient près de la moitié, et nous annonçaient l'approche du crépuscule. Nous voulions cependant voir la Gorge des Enfers, qui était si rapprochée du lieu que nous quittions. Aussitôt sortis de la Cour, nous tournâmes à droite, et nous remontâmes un ruisseau qui sortait d'une vallée profonde. L'aspect seul de son lit indiquait un site sauvage et des ravins déchirés par les eaux. Des pierres de toute nature et de toute couleur étaient accumulées à l'entrée de cette gorge : on eût dit la morène d'un glacier, sous laquelle l'eau cherchait à se frayer un passage. Nous étions alors à l'entrée du Val d'Enfer; il diffère totalement de la Vallée de la Cour. On voit d'abord des pentes gazonnées, que percent quelques rochers. A mesure qu'on avance, le gazon disparaît sur les versans; de larges déchirures sont à découvert, et à droite un rocher surplombé s'avance en menaçant. Partout on aperçoit les traces de la structure volcanique de ces montagnes : des masses scoriacées adhèrent à des matières fondues; d'énormes filons traversent ces assises incohérentes, et les dominent sous forme de pics élancés et d'obélisques irréguliers. Quand on arrive au fond de cette gorge, on ne voit plus que des débris, des ravins, des éboulemens ; la vallée se rétrécit, le gazon disparaît ; à peine si quelques plantes chétives végètent encore près des plaques de neige salies par la terre que les pluies entraînent à sa surface. C'est là que le ruisseau prend naissance sous une arcade glacée, et commence à charrier les débris arrachés à ce sol incendié. Le cri de l'oiseau de proie, le bruit des éboulemens et le murmure des eaux ajoutent encore à l'horreur de cette solitude. Nous trouvâmes dans le fond une source minérale très-ferrugineuse, qui avait fondu la neige autour d'elle, et tous les rochers d'alentour étaient tapissés de fer hématite orné des couleurs de l'arc-en-ciel.

Il n'y avait pas moyen de sortir par la partie supérieure du Val d'Enfer ; il fallait revenir sur nos pas, et suivre le cours du ruisseau qui nous ramenait sur les bords de la Dordogne, près d'un bois de sapins qui occupe la base du pic de Sancy. Tout le fond de la vallée était dans l'ombre ; mais le soleil dorait encore le sommet des montagnes. Un vent assez fort s'était élevé, et semblait augmenter d'intensité pendant que nous retournions au village.

QUATRIÈME PROMENADE.

LE SALON DE MIRABEAU. — LES PRAIRIES DE RIGOLET. — LA CASCADE DE LA VERNIÈRE. — MURAT-LE-QUAIRE.

Depuis deux jours nous étions retenus au Mont-Dore par la pluie. A peine avions-nous pu faire deux ou trois promenades très-courtes dans la vallée pour y recueillir quelques objets d'histoire naturelle. Le Capucin qui, la veille, s'élançait dans une atmosphère d'un bleu d'azur, était caché par un brouillard épais. De temps en temps il se découvrait; de petits nuages blancs s'élevaient comme des vapeurs au-dessus de la forêt qui entoure sa base, et nous attendions le beau temps; puis tout d'un coup le vent d'ouest ramenait ces gros nuages gris qui couvraient toute la vallée, et des zônes de pluie ondulaient au-dessus des lieux mêmes où les vapeurs s'élevaient auparavant. Ne pouvant mieux faire, nous contemplions ces effets de pluie, de brouillard et de lumière, qui sont si variés dans la vallée des Bains.

Enfin, décidés à braver le mauvais temps, et munis de manteaux de toile cirée, nous partîmes le troisième jour de grand matin, pour aller à Murat, village éloigné d'une forte lieue du Mont-Dore.

Une pluie douce humectait encore la vallée, et donnait à la végétation un éclat remarquable ; elle cessa lorsque nous fûmes au village de Quereilh. Ce fut un peu plus loin que nous quittâmes la route, près d'un pont de pierre sous lequel passe le ruisseau qui descend du lac de Guéry, et dont les eaux doublaient le volume de celles de la Dordogne. Nous côtoyâmes quelque temps la rive gauche de cette rivière, par un chemin montueux, couvert de gros blocs de trachyte, en partie couverts de mousse, et entremêlés de buissons qui paraissaient taillés comme des charmilles, jusqu'à quatre à cinq pieds au-dessus du sol ; nous y rencontrâmes plusieurs troupeaux de chèvres qui, dressées sur les pieds de derrière, donnaient à ces buissons les formes que nous avions remarquées.

LE SALON DE MIRABEAU.

On s'éloigne peu à peu de la Dordogne, et de jeunes sapins commencent à se mêler aux autres arbres. Nous observâmes quelques groupes de houx, puis de grands sapins; et sans abandonner notre chemin, nous arrivâmes dans une espèce d'enceinte de verdure que l'on connaît sous le nom de Salon de Mirabeau. C'est un espace peu étendu, à peu près circulaire, et entouré de sapins de tous les âges. Les uns ont leurs branches couvertes de lichens qui pendent comme des barbes; d'autres les ont lisses et cachées sous une jeune écorce. Une bordure de hêtres moins élevés que les arbres verts forment une ceinture autour du salon; elle est interrompue sur quelques points par des groupes de sapins qui avancent dans le cirque, et détruisent la régularité de ses contours. Nous y vîmes aussi plusieurs pieds d'aupébine qui s'élevaient au milieu de la pelouse. Nous fûmes frappés de la beauté de tous ces arbres. Leurs rameaux s'étendaient dans l'intérieur du cirque, et n'étant pas gênés dans leur croissance, commençaient au pied même des troncs, et couvraient jusqu'à la surface du sol. Un groupe de sapins occupait le milieu du salon, dont la surface très-inégale était couverte de mousses et de gazon, au milieu desquels croissaient les touffes délicates de l'*oxalis acetosella*, avec lequel on prépare en Suisse le sel d'oseille.

Ce qui contribue surtout à embellir ce

site, est un grand escarpement couronné de hêtres et de sapins qui semblent terminer la longue colonnade dont se compose le rocher : celui-ci est volcanique, d'un noir bleuâtre, et parsemé de cristaux de felspath qui empêchent de le confondre avec le basalte.

Les prismes que l'on aperçoit à droite, présentent tous une courbure très-marquée, et chaque colonne, tronquée à son extrémité, offre une section polyédrique qui contribue à augmenter la singularité du coup d'œil. Beaucoup de débris sont amoncelés au pied de cet escarpement, et plusieurs même ont roulé jusqu'au milieu du cirque où la mousse les cache depuis long-temps.

LES PRAIRIES DE RIGOLET.

Nous sortîmes du salon par un chemin qui monte encore à travers la forêt, et nous nous trouvâmes sur le bord d'un pré voisin de Rigolet. Le chemin conduit à ce hameau, mais nous l'abandonnâmes pour suivre un petit sentier qui longe le pré, et le sépare des sapins qui ombragent à la fois ce sentier et le bord de la prairie. Nous aurions pu aller à Rigolet-Bas, et de là à Rigolet-Haut, traverser le plateau de l'Arbre-Rond, et revenir au Mont-Dore par les bois du Capucin ; nous préférâmes continuer notre promenade vers le bas de la vallée. Notre petit sentier nous conduisit dans une belle prairie où nous passâmes quelque temps à herboriser et à faire la chasse aux papillons. Cette localité m'était connue depuis long-temps; je l'avais parcourue au printemps, et c'est à cette époque qu'elle offre le plus d'intérêt; j'y trouvai alors, comme dans toutes les prairies qui entourent Rigolet, une grande quantité de narcisses des poëtes, dont l'odeur suave se répandait au loin; des trollius dont les grosses fleurs jaunes globuleuses se développaient près des ombelles blanches du *meum*. J'y recueillis aussi les longs épis purpurins de l'orchis mâle, de l'orchis à large feuille, et sur le bord des ruisseaux, au milieu de larges touffes de mousse, sortaient les fleurs si délicates et si élégantes du trèfle d'eau, les rosaces de la saxifrage étoilée, et les grappes violettes de la cardamine des prés que j'y ai rencontrées quelquefois à fleurs doubles. A cette époque, les hêtres étaient couverts de feuilles nouvelles, et chaque branche de sapins offrait un jeune bourgeon, dont le vert tendre se distinguait au loin sur les feuilles foncées de l'année précédente.

La scène avait changé : des renoncules, des scabieuses et des phyteuma remplaçaient cette belle végétation printannière, et des polyomates aux ailes de feu et d'azur voltigeaient sur les fleurs, au lieu de ces arginnes aux taches argentées qui paraissent chaque année aux premiers rayons du soleil.

Ces prairies ne sont en quelque sorte que de grandes lacunes au milieu de la forêt, où notre sentier nous fit bientôt rentrer. Nous descendîmes sous les sapins par une pente extrêmement rapide qui nous amena sur le bord d'un petit ruisseau, dont l'eau glissait presque sans bruit sur des rochers couverts de mousses, et se rendait dans la Dordogne. Nous arrivâmes, après quelques détours, dans les prés qui bordent cette rivière, et nous prîmes le chemin de la cascade de la Vernière.

LA CASCADE DE LA VERNIÈRE.

Nous étions très-près de cette jolie cascade; elle est cachée dans les bois qui couvrent le flanc de la vallée, sur la rive gauche de la Dordogne. Après avoir traversé les prés, nous suivîmes un chemin montueux, ombragé de chaque côté par une rangée de vieux hêtres, dont les branches venaient se confondre au-dessus de nos têtes. Nous descendîmes ensuite par un petit sentier tracé au milieu des genêts, et près duquel paraissaient çà et là les fleurs de la mauve des bois, et les longs épis du bouillon blanc. Les prés, qui n'étaient pas encore fauchés, nous offraient quelques plantes remarquables, parmi lesquelles on distinguait surtout les belles grappes blanches du *veratrum*, que l'on recueille et que l'on expédie dans le commerce sous le nom d'ellébore blanc. Ces prés occupaient le fond d'un petit vallon qui vient s'ouvrir dans la vallée de la Dordogne. Des bouquets de hêtres croissaient sur chacun des versans, et allaient se réunir à de vieux sapins qui s'élèvent ensuite en amphithéâtre, et qui cachent la cascade que nous voulions visiter.

La fraîcheur du lieu, la pureté du ciel qui venait de se découvrir, et l'odeur balsamique répandue autour de nous, nous mettaient dans une disposition toute particulière pour admirer les beautés de la nature. Tout était sombre autour de nous, tout était humide et couvert de rosée; les fleurs des prés, à demi-penchées, attendaient les premiers rayons du soleil pour se relever et jouir de sa lumière. Nous étions au bas du sentier, nous avions traversé sur quelques pierres les eaux qui venaient de la Vernière, et nous entrions sous

Pl. III.

des voûtes de verdure qui nous dérobaient la chute de ce ruisseau. Le sentier, d'abord ombragé par de vieux hêtres, fait quelques détours; mais on entend déjà le bruit de la cascade; on voit même à la dérobée une petite partie de l'eau écumeuse qui s'en échappe, puis tout d'un coup, un détour un peu brusque vous place sur le bord d'un cirque embelli par la chute du ruisseau, et l'amphithéâtre d'arbres verts qui augmente encore la teinte sombre de ces lieux.

La cascade n'a pas plus de vingt pieds. Ses eaux sont séparées en deux parties par un rocher proéminent et couvert de mousse. La portion la plus considérable tombe à gauche, et les feuilles de plusieurs plantes qui croissaient au bord de son bassin, éprouvaient un balancement continuel produit par l'air que la chute d'eau déplaçait. L'autre portion du ruisseau coule d'abord dans une petite rigole, où le rocher lui fait éprouver une foule de petits soubresauts; puis elle glisse comme un ruban d'argent, n'offrant plus que des ondulations dues aux mousses qu'elle arrose. Ce n'est qu'en arrivant au bas qu'une petite saillie de lave la fait dévier de sa chute perpendiculaire. La cascade est resserrée entre deux murs de rocher qui s'élèvent presque verticalement ; mais ils sont couverts de végétaux de toute espèce et de longues mousses d'un beau vert. Un sorbier étendait ses rameaux au-dessus des eaux, et un sureau penchait ses grappes de fruit rouge jusqu'à la surface du liquide.

Plusieurs filets d'eau sortant des parois de ces rochers venaient se réunir dans l'espèce de bassin qui reçoit celles de la cascade. Ils entretiennent la fraîcheur de plusieurs touffes de fougères qui se développent en abondance dans cette atmosphère humide. Un de ces filets dépose de l'oxide de fer, et colore en orangé le rocher sur lequel il s'écoule.

Au-dessus de la cascade, s'élève un magnifique amphithéâtre de sapins de tout âge, qui cachent entièrement le sol pierreux qui leur prête son appui.

Nous désirions beaucoup atteindre ces sapins, et voir s'il n'existait pas d'autres cascades au-dessus de celle que nous venions d'admirer. Ce fut avec peine que nous parvînmes à notre but. Nous fûmes obligés de monter à gauche, en nous accrochant aux branches, de nous élever bien au-dessus du ruisseau, et de descendre ensuite avec précaution en nous retenant aux arbres. Nous vîmes alors de nouvelles cascades, et nous remarquâmes avec surprise l'ensemble d'une petite chute que nous avions aperçue dès notre arrivée à la Vernière, mais à laquelle nous ne supposions pas un si grand développement. Elle est sur la rive gauche du ruisseau; nous la suivîmes des yeux au milieu des sapins jusqu'à la hauteur d'environ deux cents pieds; ses eaux glissent avec rapidité sur de longs tapis de mousse, interrompus çà et là par la saillie de quelques rochers. Malheureusement cette jolie chute n'existe pas toujours; car le ruisseau qui lui donne naissance, est souvent détourné pour l'irrigation des prairies de Rigolet, et c'est seulement lorsqu'on cesse d'arroser que l'on jouit de la cascade.

Nous ne pûmes remonter le lit du ruisseau de la Vernière, la disposition étagée du terrain nous en empêcha; nous montâmes à travers les arbres, regardant de loin ce que nous ne pouvions voir de plus près. Enfin, les inégalités du terrain cessèrent, nous traversâmes ce petit cours d'eau au-dessus de toutes ses cataractes, et nous nous retrouvâmes dans les prairies de Rigolet, au-dessus de celles que nous avions traversées le matin. Nous étions alors au-dessous du rocher de l'Aigle, qui domine le ravin de l'Eau salée, site sauvage qui se trouvait sur notre itinéraire. Il était trop tard pour le visiter avec soin, il nous convenait mieux de traverser la vallée du Mont-Dore, et d'aller à Murat, chef-lieu de commune, que nous apercevions en face de nous, mais qui était encore éloigné.

MURAT-LE-QUAIRE.

Après deux petites heures de marche, nous étions à Murat; et placés sur la masse de basalte qui supportait son château fort, nous ne nous lassions pas d'admirer les belles forêts de sapins dont nous avions traversé le matin une petite portion, et le cours de la Dordogne, tantôt resserré entre des montagnes de granite, tantôt libre au milieu de pelouses magnifiques, offrant çà et là des restes de forêts de hêtres. Nous avions sous les pieds les petits hameaux des Escures, Quaire, la Bourboule, Prenioux, et plusieurs habitations dispersées. Saint-Sauves paraissait plus loin : plusieurs montagnes granitiques et boisées nous séparaient de ce village.

Murat ne nous avait rien offert de remarquable que cette vue, mais il avait donné matière à nos réflexions. Nous voyions de loin tout le bas de la vallée offrant des déchirures.

très-blanches, et Murat lui-même était bâti sur un terrain semblable, qu'il était facile de reconnaître pour un tuf ponceux provenant des immenses éruptions pulvérulentes du mont Dore à l'époque de son incandescence. On voyait aussi que ces matières avaient été remaniées par les eaux, et leurs couches régulières et à grain fin prouvaient que ces dépôts avaient eu lieu au fond d'un lac, dont la digue devait se trouver au-dessous de Murat.

Le désir de voir cette digue, et d'examiner avec soin ces tufs ponceux qui furent déposés au fond des eaux ; le plaisir de parcourir encore des forêts de sapins, et de voir les eaux thermales que nous dérobait le rocher de granite de la Bourboule, nous déterminèrent à descendre dans ce hameau dépendant de Murat-le-Quaire.

CINQUIÈME PROMENADE.

LA BOURBOULE-LES-EAUX. — LES BOIS DE CHAROUDE. — LA ROCHE DES FÉES. — LA GROTTE DE LA BONNE FEMME.

LA BOURBOULE-LES-EAUX.

La Bourboule est un hameau composé seulement de quelques maisons, où viennent s'entasser tous les ans des gens atteints de rhumatismes ou de maladies cutanées, attirés par des eaux thermales peu abondantes, mais très-chaudes et efficaces.

Elles sortent de tufs ponceux qui sont adossés au granite, et alimentent un petit établissement thermal qui n'est composé que de huit baignoires. Un rocher de granite s'élève au-dessus de cet établissement, et se couvre chaque année des fleurs nombreuses du genêt purgatif, des belles guirlandes de la digitale, et de touffes d'œillets d'espèces différentes. Il est très-escarpé, et donne à la Bourboule, pendant les chaleurs de l'été, une ombre qui commence bien avant que les autres points de la vallée n'y soient plongés. La Dordogne passe près de la Bourboule; on en détourne de petits ruisseaux qui servent à arroser quelques toiles placées sur la pelouse qui borde la rivière.

Les orages qui sont assez fréquens, la font souvent grossir; elle amène alors les cailloux de toute espèce qu'elle arrache aux ravins du mont Dore. Dans quelques endroits, son lit est resserré entre des rochers de granite; dans d'autres, elle s'étend beaucoup, et la vallée prend aussi de l'extension.

Nous n'avions à voir que les sources, et cette visite ne nous retint pas long-temps.

Elles sont au nombre de six : la principale ou le *Grand-Bain*, est celle qui fournit toute l'eau à l'établissement thermal. Son produit est de 20 litres par minute. Un peu plus bas, et toujours dans le même sol, est le petit bain, désigné sous le nom de *Bagnassou*, qui est recueilli dans une fosse carrée, d'où l'eau s'échappe pour se perdre. La quantité d'eau peut être évaluée à 10 litres par minute. Ces deux sources, quoique de température différente, sont de même nature, et se distinguent de toutes les autres par leur composition chimique.

La troisième est celle que l'on désigne sous

le nom de *Fontaine des Fièvres*; elle coule par un tuyau dans un bassin creusé dans le tuf, et elle est enfermée dans un petit bâtiment. Son produit est d'environ 10 litres par minute. La quatrième et la cinquième sources, dites de *la Rotonde*, à cause du petit bâtiment qui les abrite en partie, sont les plus élevées, et sortent immédiatement du granite. Ces deux filets d'eau sont peu abondans, et de température différente. Enfin, la sixième, que l'on désigne sous le nom de *Source du Jardin*, est une des moins élevées. Elle donne environ 5 litres par minute, et se perd dès sa sortie.

Outre ces sources, on observe encore çà et là plusieurs filets qui se perdent aussi, et qui tous sont de même nature que l'eau des Fièvres.

On voit, par cet exposé, que le volume de l'eau serait assez considérable si des conduits la recevaient et l'amenaient dans un seul bassin : on pourrait espérer de réunir 50 litres par minute.

L'établissement thermal forme un petit bâtiment, dont la façade est au sud-est. La source du Grand-Bain sort dans un coin, et distribue séparément son eau dans huit baignoires. Dans celle qui est la plus voisine de la source, l'eau est tellement chaude qu'on ne peut la supporter. Au moyen d'une pompe et de con-

La Bourboule-les-Bains

duits qui se trouvent placés sur les baignoires, cette eau est élevée, et sert pour les douches. On a trouvé, en creusant les fondemens de cet établissement, une ancienne fosse, dont l'origine date de l'ère romaine, et qui fait penser que ces eaux furent usitées autrefois en même temps que celles du Mont-Dore. D'anciens titres prouvent aussi que, dès 1460, il y avait un hospice établi à ces sources, et qu'il payait des droits au seigneur de Murat.

La température de ces différentes sources n'est pas toujours la même, excepté cependant celle du Grand-Bain et du Bagnassou. Les autres varient un peu selon les saisons, ce qui paraît dû au plus ou moins d'épaisseur des dépôts ponceux qu'elles traversent après leur sortie du granite. La plus chaude ou le Grand-Bain donne 52 degrés centigrades, et la plus froide, qui est une de celles qui sont enfermées dans la rotonde, en donne seulement 12.

D'après les expériences faites sur 5,000 gr. d'eau du Grand-Bain, 1,000 grammes contiennent en poids :

Acide carbonique libre............1,9092 ou 0^l,96
Azote...........................0,0755 ou 0 ,06

Évaporés à siccité, les 1,000 grammes donnent un résidu sec de 5,9965

Qui contient :

Hydrochlorate de soude............. 3,9662
Carbonate de soude................ 1,3776
Sulfate de soude................... 0,2556
Carbonate de magnésie............. 0,1889
Carbonate de chaux................ 0,0112
Silice............................ 0,0667
Alumine.......................... 0,0435
Carbonate de fer.
Matière organique soluble, unie à une petite portion de soude.
Matière animale insoluble.
Hydrosulfate de soude.
Perte............................. 0,0868
                                   ―――――
                                   5,9965

D'après les expériences faites sur 4,000 gr. d'eau de la Source des Fièvres, 1,000 grammes contiennent en poids :

Acide carbonique libre............ 2,8230 ou 1¹,47

Évaporés à siccité, les 1,000 grammes donnent un produit net de..... 5,7632

Qui contient :

Hydrochlorate de soude............. 2,7914
Sulfate de soude.................. 1,7766
Carbonate de soude................ 0,9582
Carbonate de magnésie............. 0,0416
Carbonate de chaux................ 0,0139
Silice............................ 0,1121
Alumine.......................... 0,0278
Carbonate de fer des traces.
Hydrosulfate de soude des traces.
Perte............................. 0,0416
                                   ―――――
                                   5,7632

On voit par ces analyses que les eaux de la Bourboule présentent une composition assez remarquable : elles ont les plus grands rapports avec celles de Saint-Nectaire; elles ont moins d'analogie avec celles du Mont-Dore; elles se rapprochent, du reste, de la plupart des eaux minérales de l'Auvergne, par la grande proportion d'hydrochlorate et de carbonate de soude qu'elles contiennent, et en diffèrent par l'élévation de leur température (au moins celle du Grand-Bain), la proportion des matières salines que laisse leur évaporation, et la matière animale savonneuse qui s'y trouve mélangée.

Si l'on s'en rapportait aux habitans du pays, les eaux de la Bourboule, comme toutes les eaux minérales, seraient une panacée à laquelle aucune maladie ne résisterait. Il s'en faut de beaucoup qu'il en soit ainsi; mais on conçoit que des eaux dont la température est très-élevée, qui contiennent en même temps une forte proportion de sels, et une matière grasse savonneuse assez abondante, doivent avoir une action bien marquée sur l'économie animale. En effet, M. le docteur Mercier, ex-inspecteur de ces eaux, a remarqué qu'en général, l'usage extérieur des eaux du Grand-Bain et du Bagnassou, imprimait une activité extraordinaire à la circulation, agissait en stimulant le système capillaire de la surface, et, par suite, tous les autres systèmes, et produisait un mode d'excitation qui a tous les caractères d'une révulsion d'autant plus énergique qu'elle peut s'exercer sur toute la périphérie du corps. Aussi ces eaux sont employées avec succès dans les rhumatismes fibreux ou musculaires, dans les vieux ulcères, les engorgemens articulaires indolens, dans les tumeurs scrophuleuses, et même dans certaines paralysies, indépendantes de prédispositions apoplectiques. Leur action sur les maladies cutanées est beaucoup plus grande qu'on ne pourrait le supposer, si l'on n'attribuait cette action qu'à la petite quantité d'hydrosulfate qu'elles renferment. L'eau de la Fontaine des Fièvres est laxative, et doit en partie cette propriété au sulfate de soude qu'elle contient.

La source tempérée de la Rotonde a la réputation de guérir la chlorose. Cette réputation est confirmée par les observations de M. le docteur Mercier; mais l'analyse n'y indique qu'une très-petite quantité de carbonate de fer.

Après l'examen des sources, nous montâmes à Murat, et suivîmes la grande route jusqu'à St-Sauves, que nous avions aperçu la veille. C'est un village bâti sur un petit plateau de grès rouge, et qui ne nous offrit rien de remarquable. Nous fûmes, à la vérité, bien dédommagés de notre course en revenant à la Bourboule par le fond de la vallée.

BOIS DE CHAROUDE.

Des pelouses d'un vert magnifique, interrompues çà et là par des bois ou des bouquets de hêtres, sont traversées par la Dordogne qui roule ses eaux limpides sous des voûtes de verdure, ou à l'ombre des escarpemens granitiques qui s'élèvent sur ses bords.

Il est difficile de décrire ce paysage : c'est l'ensemble qu'il faut voir, surtout pendant ces journées chaudes de l'été, lorsque le soleil brille de tout son éclat. Une vive lumière vous éblouit en traversant des prés unis et couverts d'une foule de fleurs d'une grande fraîcheur, et vous entrez tout à coup sous un immense portique où les troncs lisses des hêtres s'élèvent comme de nombreuses colonnes à plus de cinquante pieds de hauteur, avant de donner naissance à ces longs rameaux qui s'inclinent les uns sur les autres, et croisent leur feuillage. Ils forment un abri où des milliers de feuilles superposées s'opposent au passage des rayons solaires, et produisent un effet de lumière qu'il est impossible de décrire. On éprouve une sensation singulière, quand on échappe au soleil brûlant de la plaine pour entrer sous ce portique, où une lueur pâle et vacillante pénètre par l'écartement momentané que le vent produit sur les feuilles.

Les hêtres disposés en amphithéâtre donnent à cette petite forêt un aspect des plus majestueux. Le sol est nu, privé d'arbustes et de taillis; des feuilles mortes recouvrent une terre noire et riche en terreau; peu de végétaux s'y développent, excepté quelques prenanthes pourprées, dont les grappes élégantes et les fleurs mobiles ne sont jamais agitées par les vents. Quelques satyres traversent d'un vol léger un espace où ils ne trouvent aucune fleur pour se reposer, et vont chercher leur nourriture dans des sites plus rians et moins majestueux. Les oiseaux préfèrent les lieux élevés d'alentour, en sorte que rien ne trouble le silence qui contribue encore à augmenter le caractère de grandeur qui vous frappe dans cette localité. Tous les massifs de hêtres qui se trouvent aux environs, ne présentent pas la même disposition, mais tous sont d'une grande fraîcheur et d'un aspect très-agréable. Les points les plus élevés sont occupés par des bouquets de chênes qui semblent refuser de se mêler à la végétation des hêtres. C'est après avoir traversé ainsi plusieurs prairies et ces beaux berceaux de verdure que nous arrivâmes à la roche des Fées.

ROCHE DES FÉES.

Un grand nom sert souvent à quelque chose. S'il n'est pas toujours un titre à la célébrité, il attire l'attention, et celui qui le porte est au moins remarqué. Le titre de Roche des Fées a sauvé de l'oubli un rocher de granite situé à une petite distance de la Bourboule. Nous y arrivâmes en suivant d'abord les rives de la Dordogne; et nous élevant ensuite à travers quelques prairies et des buissons de genêts, nous nous trouvâmes bientôt sur une butte de granite au moins aussi haute que le rocher qui domine les bains de la Bourboule, mais encore située bien au-dessous de Murat.

La surface de ce rocher est plate et légèrement inclinée du côté opposé à la Dordogne. Sa plus grande largeur est d'environ quarante pieds; elle présente quelques cavités arrondies et peu profondes, dont une est plus grande que les autres. Plusieurs filons traversent cette grande masse pierreuse. Les uns en quarz font saillie au-dessus, parce que plus durs que le granite, ce dernier s'est décomposé, tandis qu'ils ont résisté. D'autres, formés d'une roche moins dure que celle qui la renferme, ont été détruits à leur surface, et loin de former des affleuremens, donnent naissance à des lignes en creux qui s'entrecroisent et divisent la surface du rocher en polyèdres inégaux et très-irréguliers. Cette surface est presque nue ; on y voit seulement de petites touffes de mousses qui verdissent chaque fois qu'il pleut, quelques orpins exposés à toute l'ardeur du soleil, et de petits bouquets de jasione ondulée, dont les fleurs bleues ne parviennent à s'épanouir que dans les années humides et pluvieuses. Mais si le dessus du rocher paraît aride, il n'en est pas de même de ses côtés et de tous les lieux environnans ; des champs de seigle s'élèvent jusqu'à sa base, des buissons de genêt à balais et de belles touffes de genêt purgatif couvrent de leurs corolles jaunes toutes les pentes de granite, et s'associent à divers œillets, dont les fleurs roses ou pourprées contrastent agréablement avec le vert bleuâtre de leurs feuilles. Nous examinions ces détails, quand on nous fit remarquer de nouveau ces cavités dont nous avons déjà parlé, et dont on attribue l'origine à des fées. Nous dirons le fait tel qu'il nous a été rapporté, sans y rien changer. « Des fées (on ne dit pas leur nombre) habitaient autrefois la Bourboule, et avaient pris ce pays sous leur protection. Au dire des habitans, elles étaient bonnes, aimables, et avaient rendu de grands services. D'abord elles avaient, par leur puissance, coupé le rocher de granite sur lequel nous étions, afin de donner issue aux eaux que cette digue retenait captives, et qui formaient un lac de la Bourboule. Par ce moyen, la vallée devint cultivable ; on y établit de belles prairies, et les eaux thermales qui se perdaient dans le lac devinrent visibles et furent recueillies. Elles apprirent aux habitans leurs propriétés, et l'on assure même qu'elles y prirent des bains. Outre ces bienfaits, elles protégeaient les environs contre les incursions d'Aimerigot, qui habitait à cette époque la Roche-Vendeix, dont nous parlerons bientôt, et qui étendait partout ses ravages.

« Aimerigot, gêné par la présence de ces bonnes fées, avait tenté plusieurs fois de les déloger, afin d'exercer ses brigandages sans contrainte; mais les fées avaient jusque-là déjoué ses projets. Un jour cependant, en mémoire d'un événement heureux que l'on n'a pu nous indiquer, les fées, retirées sur leur roche, chantaient en buvant de la bière, et mangeaient une omelette. Aimerigot qui les aperçut de Vendeix, vint en diligence et les surprit. Il s'empara du local qui était divisé en deux parties. L'une antérieure formait salon. On y voit encore une espèce de canapé ou de banc taillé dans le rocher, ainsi que la base de la cloison qui séparait le salon de la cuisine (et qui est formée par la saillie d'un filon de quarz). Les fées, qui étaient alors dans leur cuisine, n'eurent que le temps de s'échapper par des procédés qui leur étaient connus, et abandonnèrent définitivement le pays. Elles voulurent pourtant y laisser un souvenir de leur séjour; la poêle et les verres dont elles se servaient ont laissé, par leur volonté, des empreintes sur le roc; elles sont dispersées à sa surface. Ce sont ces cavités dont nous avons parlé, et qui sont pleines d'eau après les pluies. Il y a quatre ou cinq de ces empreintes, ce qui peut faire supposer que ces dames étaient en nombre égal; cependant, en examinant avec soin la surface de granite, on n'y trouve que deux empreintes de pieds extrêmement petits, nombre qui n'est pas en rapport avec celui des verres, à moins d'admettre que, par coquetterie, ces dames n'aient chargé celle qui avait les plus jolis pieds, d'en laisser l'empreinte aux recherches de la postérité. »

Après avoir écouté avec attention cette véridique histoire, nous nous sommes demandé pourquoi les fées avaient préféré cet asile sauvage et escarpé à tant de sites pittoresques que présentent les environs de Murat. Nous avons cru que le beau point de vue dont on jouit sur cette roche, avait pu être la cause de cette prédilection. On découvre, en effet, un paysage des plus frais et des plus étendus. On a autour de soi les bois de Charoude, et leurs beaux groupes de hêtres, sous lesquels la Dordogne roule ses eaux pures. Sa vallée s'élargit, un gazon d'un beau vert en occupe toutes les parties, et çà et là s'élèvent des montagnes primitives, dont les flancs déchirés attestent l'action séculaire du temps et la puissance des eaux. Des arbres et des buissons couvrent les débris à mesure qu'ils s'accumulent, et cachent, sous leur végétation vigoureuse, les ruines dont notre planète se couvre tous les jours. Au loin, paraît sur un petit plateau le village de St-Sauves, dont les toits couverts de micaschistes étincelaient aux derniers rayons du soleil, tandis qu'un rideau de sapins s'élevait devant nous, et se cachait lentement sous des nuages orageux, dont l'approche nous fit quitter le séjour des fées plus tôt que nous ne l'aurions voulu.

LA GROTTE DE LA BONNE FEMME.

Nous venions d'arriver à la Bourboule, quand on nous engagea à visiter la grotte de la Bonne Femme, espèce de maison creusée dans le roc, et que nous avions aperçue en arrivant. Nous y fûmes bientôt décidés, lorsqu'on nous dit qu'une partie de sa fortune consistait dans les visites que lui faisaient les étrangers, et dans les modiques offrandes qu'ils laissaient dans son habitation. Nous trouvâmes la bonne femme assise devant sa porte, et occupée à tricoter; elle s'empressa de nous montrer sa propriété. C'est une chambre assez grande, entièrement creusée dans le tuf ponceux blanchâtre, qui est adossé au rocher de granite qui domine la Bourboule. La roche est assez tendre, mais le granite la soutient, et forme une sorte de rempart qui protége la masure. Au-dessus de la porte, étaient des touffes de genêts dont les fleurs étaient passées ; mais la digitale fleurissait encore, et inclinait des fleurs purpurines sur quelques massifs d'œillets sauvages et de campanules.

Une porte, deux fenêtres et une cheminée étaient les seules ouvertures de la maison, encore les fenêtres étaient-elles si petites, que nous les crûmes exemptes de tout impôt.

La chambre n'est pas très-haute, comme on peut le penser ; on apercevait au plafond les traces de la pioche qui l'avait creusée, sous une couche mince de suie noire et luisante, qui formait une sorte de vernis sur toutes les parois. Nous fûmes étonnés de voir partout les traces de la fumée, quand nous vîmes une grande cheminée qui occupait l'un des côtés de l'appartement. Cette grotte avait coûté trente-deux journées de travail, et revenait à 80 fr. à sa propriétaire.

L'ameublement était simple, mais assez propre. Deux lits fortement encaissés garnissaient un des côtés. L'un servait de couchette à la vieille femme, l'autre à une nièce qui demeurait avec elle, ou qui du moins venait y passer la nuit. Une image représentant la douleur des damnés, les pleurs du purgatoire et les flammes de l'enfer, était collée entre les deux couchettes. Au devant, deux longues caisses fermées par un couvercle à charnière, servaient à la fois de bancs et de buffet; elles renfermaient la vaisselle et les provisions. Une petite cage de bois, accrochée dans la cheminée, contenait des fromages qui paraissaient d'autant plus blancs, qu'ils étaient placés sur des parois plus enfumées.

Un petit coin de l'appartement qui s'étendait derrière les lits, était rempli par un foin odorant, recueilli et séché avec soin, destiné pour l'hiver aux chèvres qui fournissaient le fromage.

Rien ne troublait cette solitude. Les souris mêmes ne pouvaient percer les épaisses murailles de la grotte. Un chien du voisinage avait seul trouvé le moyen de s'introduire par une des petites fenêtres, et ne le faisait jamais que pour commettre un larcin. Ce fut la seule plainte que nous entendîmes. Nous vîmes un peu plus haut une grotte à peu près semblable à la première, c'était, nous dit-elle, l'habitation de sa mère, morte déjà depuis long-temps. L'espace qui les séparait était garni d'une herbe abondante mêlée de beaucoup de serpolet; elle était recueillie et conservée avec soin pour nourrir son troupeau pendant l'hiver. Ces animaux étaient logés dans la grotte de la mère; trois chèvres occupaient la moitié de la première chambre, l'autre partie était convertie en bûcher; une seconde chambre était au fond de la première; quelques bandes de byssus d'un vert éclatant annonçaient une humidité constante. Et en effet, cette chambre était la fontaine et le lavoir. Une cavité creusée dans le rocher, recevait l'eau qui distillait continuellement du plafond. Elle était fraîche et limpide, étant filtrée à travers les couches puissantes d'une roche poreuse. Le trop-plein, suivant une petite rigole, se déversait dans une cavité creusée à côté de la première, et celle-ci servait de terrine pour laver les légumes, pour faire boire les chèvres, et pour rincer le linge. Enfin, cette fontaine lui permettait d'accorder quelques faveurs; c'était la meilleure eau du village, et ses amis seuls avaient droit d'y puiser.

SIXIEME PROMENADE.

LE RAVIN DE L'EAU SALÉE. — LA ROCHE-VENDEIX. — LES FORÊTS DE SAPINS DU PLATEAU DE BOZAT, ET LES MOULINS A SCIE.

Si l'on veut avoir quelque idée de ces antiques forêts que l'homme a été forcé de respecter, il faut se presser de les chercher en France, car bientôt elles n'existeront plus. Ce n'est que dans les lieux dépourvus de communications, et sur des pentes dont la déclivité empêche toute tentative de route, que l'on peut espérer de rencontrer ces sites sauvages, si communs encore hors de notre vieille Europe, mais que la civilisation détruit avec une promptitude effrayante.

Les environs de Murat offrent quelques-uns de ces sites. Les plus beaux et les plus accessibles, sont le *ravin de l'Eau salée* et *le plateau de Bozat, avec les moulins à scie*.

Nous partîmes de la Bourboule pour faire cette promenade, et nous avions le projet de visiter, en passant, la Roche-Vendeix, qui est placée entre les deux sites que nous venons d'indiquer.

LE RAVIN DE L'EAU SALÉE.

Le ravin de l'Eau salée doit son nom à une petite source minérale qui sort d'un tuf ponceux comme ceux de la Bourboule. Il est situé près du hameau de Fenêstre, sur la pente escarpée d'une montagne qu'on appelle le Rocher de l'Aigle. Une forêt de vieux sapins couronne le sommet de cette montagne, tandis que la partie moyenne est parsemée de hêtres et la base couverte de prairies.

Après avoir traversé la Dordogne et quelques prés tourbeux, nous arrivâmes par un chemin creux, près du hameau de Fenêstre. Au-dessous, et un peu avant de l'atteindre, existe une magnifique bande de hêtres sous lesquels passe un petit sentier constamment ombragé.

Après nous être promenés sous ces restes des anciennes forêts qui couvraient autrefois toutes les pentes qui aboutissaient au lac de la Bourboule, nous montâmes lentement la montagne de l'Aigle, laissant successivement derrière nous des champs de seigle, de pommes de terre, et des buissons de hêtres, dont les chèvres viennent continuellement brouter les sommités et arrêter la croissance. Enfin, nous atteignîmes au sommet de beaux sapins, croissant avec vigueur sur un sol qui s'exhausse tous les ans par le terreau qu'y déposent les feuilles nombreuses de ces vieux arbres verts.

Pressés les uns contre les autres, leurs branches se confondent ; des lichens barbus couvrent tous les rameaux, se détachent et jonchent un sol que l'homme vient rarement fouler ; des branches énormes, privées d'air et de lumière, se dessèchent, tombent en débris, ou restent long-temps fixées sur le tronc, dont les branches supérieures sont dans toute leur jeunesse. Ailleurs, des sapins tout entiers se décomposent lentement ; leur cime couronnée se détruit peu à peu ; le tronc, privé d'écorce, ne présente plus que la base des grosses branches, conservées par la résine, dont ces parties sont encore empreintes. D'autres gisent étendus sur un sol constamment humecté. Toutes les fibres sont imbibées, et retiennent l'eau comme des éponges ; le moindre choc détruit ces masses inanimées que les siècles ont respectées si long-temps, et qui dominaient autrefois les arbres qui s'élèvent rapidement autour d'eux comme pour remplir les vides qu'ils ont laissés. Souvent ces vieux troncs humides sont autant de jardins, où la végétation déploie tout son luxe. Le geranium robertin aux tiges rouges, aux fleurs roses, aux feuilles découpées, se développe en groupes vigoureux sur les tapis de mousse qui les couvrent en entier; la fraise mûrit son fruit parfumé, près de la tige transparente de l'impatiente, dont les fruits élastiques éclatent à chaque instant. De jeunes sapins croissent humblement sous ces plantes, et dans quelques siècles, ils donneront asile à des groupes semblables qui activeront la décomposition de leur tissu. Tout, dans ce lieu sauvage, nous présentait la fraîcheur de la vie, près des ruines et de la destruction. Là, nous voyions cette marche continuelle du temps qui, ne pouvant détruire la matière, la change et la transforme à son gré; nous en fûmes témoins quand nous atteignîmes au sommet de la montagne le bord du ravin de l'Eau salée, précipice effrayant qu'on ne regarde qu'en tremblant, et inaccessible à l'homme comme à la plupart des animaux.

Tout est réuni dans ce lieu pour présenter l'image de la plus affreuse destruction. L'action érosive des eaux a commencé le ravin; un terrain blanc, ponceux, pulvérulent, a été entraîné par les pluies; une cavité s'est continuellement agrandie, et la nappe de lave qui la couvrait manquant de point d'appui, a fléchi sur quelques points, entraînant dans sa chute les arbres séculaires qu'elle soutenait. Ces arbres, arrêtés par les troncs vigoureux qui croissaient au-dessous, ont confondu leurs branches promptement desséchées avec les cimes verdoyantes de sapins pleins de vigueur. Souvent la foudre est venue compliquer ce tableau de désordre, et nous vîmes plusieurs arbres qu'elle avait abattus, et dont elle avait amoncelé les débris.

De grandes plantes vivaces croissent sur toutes ces ruines, et semblent vouloir les cacher; il se forme des digues que le moindre orage vient renverser, et chaque année le ravin augmente, les sapins périssent, les débris s'accumulent, et, comme nous, notre globe vieillit.

Nous songions à peine, assis sur la montagne de l'Aigle, à détourner les yeux du précipice qui produisait sur nous une si vive impression, et pourtant nous avions sous nos pieds de pauvres hameaux et de riches prairies, de jolis ruisseaux et d'immenses forêts moins sauvages peut-être que celle où nous étions assis, mais dignes de toute notre attention. Nous n'étions séparés de la Roche-Ven-

Le ravin de l'eau salée, la roche Vendeix et le plateau de Bozat.

deix que par de longues pelouses inclinées ; sa cime était au-dessous de nous, et nous partîmes pour l'atteindre.

LA ROCHE-VENDEIX.

De la montagne de l'Aigle, nous dominions la Roche-Vendeix, montagne basaltique très-remarquable par les prismes nombreux et inclinés qui la composent, digne d'être visitée pour le magnifique panorama dont on jouit à son sommet, et célèbre dans l'histoire comme une des principales retraites d'Aimerigot Marcel et des brigands qui l'accompagnaient.

Nous descendîmes donc avec précaution la montagne de l'Aigle, et après une bonne demi-heure, nous atteignîmes la base de Vendeix. Cette roche est couverte de beaux arbres, et située au point de jonction de deux ruisseaux. Sa base est profondément ravinée ; l'eau coule avec bruit, tombe de chute en chute, et a creusé un lit profond, dont les bords escarpés étaient couverts d'une belle végétation. Après avoir remonté quelque temps le cours de l'un de ces ruisseaux, nous arrivâmes près d'un petit moulin de la construction la plus simple. Son trop-plein formait une jolie cascade sur les ro-

Pl. V.

chers volcaniques que l'eau avait mis à découvert.

C'est au-dessus de ce moulin que nous montâmes la Roche-Vendeix, et bientôt après nous étions presque au sommet. Nous nous dirigeâmes, en suivant la base de l'escarpement, sur le versant qui n'était pas couvert de forêts, et où nous vîmes des pelouses, quelques champs de seigle, et des parcelles de lin, dont les tiges flexibles et les jolies fleurs bleues ondulaient sous un vent léger.

Nous étions au-dessus du hameau de Vendeix, et près d'une petite grotte creusée sous le rocher, mais qui nous parut n'avoir jamais eu une grande profondeur. De ce point la partie supérieure de la roche nous paraissait à pic; de gros prismes informes, serrés les uns contre les autres, s'élevaient comme une muraille qu'il était impossible de franchir. Cependant un peu sur la droite, nous vîmes des masses de basalte à demi-décomposées, qui formaient des espèces de degrés ou des gradins grossiers, et un peu plus haut, nous reconnûmes que ces degrés étaient un peu moins effacés. Une rampe, ménagée dans le rocher, nous parut évidemment formée de main d'homme. Nous nous y arrêtâmes un instant, et appuyés sur elle, nous regardions le précipice qui était au-dessous de nous, et les montagnes qui nous environnaient. Enfin, nous atteignîmes le sommet au point même où la tradition place l'ancienne forteresse de Vendeix. Ce sommet offre deux buttes de basalte, dont l'une est un peu plus élevée que l'autre ; elles sont séparées par une petite plate-forme bien unie, comme celle qui termine l'un des deux monticules, et à laquelle on parvient sans peine au moyen d'un petit sentier tournant, taillé dans le roc même. On ne peut disconvenir, en voyant ces restes du travail des hommes, que le haut de Vendeix n'ait été autrefois un lieu fortifié qui dominait les environs ; peut-être même a-t-on aidé la nature en isolant complétement le sommet de la montagne, qui n'est accessible que par la petite rampe dont nous avons parlé, et qu'il était très-facile de défendre sur ce point.

Toute la partie située au-dessus des escarpemens de la roche, forme une surface assez étendue, mais fortement inclinée du côté de la Dordogne. Nous la trouvâmes couverte d'une pelouse épaisse et d'une grande fraîcheur. Nous pûmes la parcourir en tous sens, en prenant toutefois quelques précautions pour approcher des bords. Très-près du sommet, nous remarquâmes une petite cavité, où nous vîmes encore quelques pierres taillées, restes de bâtimens. Au bas de la pelouse, nous en trouvâmes une autre plus grande, carrée, qui indiquait, dans cet endroit, une autre construction; mais nulle part nous n'avons remarqué la moindre trace de mortier; nous en cherchâmes inutilement aussi sur les flancs de la montagne. L'histoire cependant rapporte qu'un château fort existait au sommet de Vendeix, et les documens que l'on a sur cet objet sont trop nombreux et trop précis pour qu'on puisse les révoquer en doute. On trouve dans Froissard des détails curieux sur ce sujet.

Aimerigot Marcel, surnommé *Roi des pillards*, était chef d'une de ces *compagnies* qui infestaient la France, vers la fin du quatorzième siècle. Fort de la faiblesse du gouvernement, et retranché dans le fort d'Aleuse, il étendait ses brigandages dans toute l'Auvergne, le Limousin et le Rouergue. En 1390, une trêve venait d'être conclue entre la France et l'Angleterre; Aimerigot y consentit moyennant une somme assez considérable qui lui fut offerte par les trois provinces qu'il avait si souvent ravagées. Il livra Aleuse, et promit de seconder le comte d'Armagnac dans son expédition contre Galeas-Viscomti, qui occupait alors la seigneurie de Milan. Aimerigot ne tint aucun compte de ses promesses; il en avait pourtant juré l'observation sous peine de vie. Habitué au crime, il ne put oublier sa vie passée, et resta en Auvergne. Dès qu'il crut l'occasion favorable, il rassembla ses anciens compagnons, et leur rappela les avantages du métier qu'ils exerçaient avec tant de succès. Ils n'hésitèrent pas, et la Roche-Vendeix, sans garnison depuis la trève, devint le but de leurs désirs. Ils n'eurent aucune peine à s'en emparer. Ils y appelèrent de nouveaux compagnons d'armes, et la garnison, grossie de tous les malfaiteurs des environs, s'occupa de fortifier encore le château qui pouvait alors faire une longue résistance. *Quand ils virent*, dit Froissard, *qu'il estoit assez fort pour tenir contre siege et assauts, et que tous les compagnons furent montés et pourveus, ils commencerent à courrir sur le pais et à prendre prisonniers et rançonner et pourveoir leur fort de chairs, de farines, de cire, de vin, de sel, de fer, d'acier, et de toutes les choses qui leur pouvoient servir. Rien n'estoit qui ne leur veneist à point s'il n'estoit trop chaud ou trop pesant; le pais de là environ et les bonnes gens (qui cuidoient être en paix et en repos parmi la tresve qui estoit donnée entre les rois et les royaumes) se commencerent à esbahir; car ces robeurs et pillards les presnoient en leurs maisons et partout où ils les pouvoient trouver aux champs et aux labourages, et se nommoient les auantureux.*

Les habitans n'eurent d'autres ressources que d'implorer la protection du roi, qui leur envoya le vicomte de Meaux, Robert de Béthune, pour réprimer ses ravages, et le forcer de tenir sa promesse. Il arriva à la fin d'août 1390, avec une armée composée de quatre cents lances et de cent vingt arbalétriers. Aimerigot ne pouvait résister à cette force, et il le sentit. Il sortit secrètement pour aller demander des secours aux Anglais, et laissa le commandement de Vendeix à Guiot d'Ussel, son oncle, auquel il recommanda expressément de ne point se rendre quoi qu'il pût arriver; mais après six semaines de siége, Guiot d'Ussel fut attiré et pris dans une embuscade, et obligé de livrer le fort aux troupes royales. Aimerigot apprit ce désastre, et se rappelant sa promesse relativement à la trève, il ne savait où se réfugier. *J'ay courroucé*, disait-il, *trop grandement le roy de France, le duc de Berry et les barons d'Au-*

uergne, et tous les gens du pais, car ie leur ay fait la guerre la treue durant (1). »

Il se rappela cependant qu'il avait dans la Haute-Auvergne un cousin germain, Jean de Tournemine, qui habitait le château de Tournemine, situé sur le bord de la Doire. Il s'y rendit.

« *Il s'auisat qu'il auoit en Auuergne vn sien cousin germain, escuyer et gentilhomme, lequel on nommoit Iean de Tournemine ; et qu'il iroit devers luy, et lui monstreroit toutes ses besongnes et prendrait conseil de luy. Si comme il deuisa il fit.* »

Mais *l'escuyer et gentilhomme* avait encouru la disgrâce du duc de Berry, qui gouvernait pendant la longue maladie de Charles VI, et il trouvait une bonne occasion de rentrer en grâce. Il fit arrêter Aimerigot qui venait chez lui en toute confiance, et après lui avoir mis les fers aux pieds, et l'avoir enfermé sous bonne garde dans une grosse tour, il dépêcha un courrier au duc de Berry, lui offrant de lui livrer le roi des pillards, s'il voulait lui rendre ses bonnes grâces. « *Quand les let-*

―――――

(1) Froissard ; Commentaires de ses chroniques, imprimés à Paris en 1574. Liv. 4, p. 69.

tres furent escriptes et scellées, il prit un de ses varlets, le plus loyal et auquel le plus il se fioit, et lui dit: Va-t-en en France deuers monseigneur de Berry, et luy baille ces lettres, et me recommande bien à luy, et ne retourne point que tu n'ayes response. Le varlet prit les lettres et monta sur un cheual, bon et appert, si se despartit du chastel, et exploita tant par ses iournées, qu'il vint à Paris ; le duc de Berry s'y tenoit pour le temps. Il vint deuers luy, et lui bailla les lettres de son maistre Tournemine. Le duc prit les lettres et les leut, et quand il les eut leuës, il commença à sousrir, et à dire ainsi à ses cheualiers qui estaient près de luy, Voulez-vous ouïr des nouuelles ? Aimerigot Marcel est attrapé. Son cousin germain Tournemine (comme il m'escrit), le tient en prison. Les cheualiers qui ouirent ces nouuelles, répondirent : Monseigneur, ce sont bonnes nouuelles pour le pais d'Auuergne et de Limosin ; car en Aimerigot ils ont eu long-temps un mauuais voisin. »

On accorda au seigneur de Tournemine ce qu'il demandait, en échange du service qu'il venait de rendre.

« Encore fut ordonné et accordé qu'à Tournemine, pour le bel et bon seruice qu'il faisait à la couronne de France, tous maltalents et in-

conueniens estoient pardonnez : et de ce on fit lettres patentes et ouuertes, les quelles le varlet rapporta en Auuergne à son maistre, qui se contenta moult bien et se fia sur ces lettres. »

On ne fut pas long-temps embarrassé d'Aimerigot, on fut bientôt d'accord sur son supplice. Le sénéchal d'Auvergne fut chargé de le conduire à Paris sous bonne escorte. Il fut presqu'aussitôt livré au prévôt du châtelet et exécuté. « *Bien et vérité*, continue toujours Froissard, *qu'il offroit pour sa rançon soixante mille francs, mais nul n'y vouloit entendre ; on lui respondit que le roy estoit riche assez, et que de son argent il n'en auoit que faire. Depuis qu'Aimerigot Marcel fut rendu au préuost du chastelet on n'en fist pas longuement garde. Il fut iugé à mourir honteusement comme vn traistre à la couronne de France. Si fut mené vn iour en vne charrette sur une place qu'on dit aux halles : et là tourné au pilori, plusieurs fois depuis on lisit tous ses forfaits, pour les quels il receuait la mort. Il fut là exécuté. On luy trencha la teste : et puis fut écartelé, et chacun des quartiers mis et leué sur vne attache, aux quatre souueraines portes de Paris* (1). »

---

(1) Froissard, Localité citée , p. 70, 71.

Ces lieux qui furent si long-temps le séjour du crime et le refuge de tous les vices, ces lieux qui furent témoins de combats sanglans et souvent renouvelés, se présentent aujourd'hui sous un tout autre aspect. Ces pointes de rochers, autrefois couvertes de soldats, n'offrent plus de traces de sang, mais la teinte rouge de ces jolies joubarbes, dont les feuilles réunies en rosaces semblent voilées du réseau de l'araignée. Des saxifrages aux feuilles en rosettes, aux fleurs blanches en pyramide, croissent en gazon serré dans les interstices du rocher, où les fleurs dorées du sedum semblent leur disputer les premiers rayons du soleil.

Ailleurs, s'étend cette jolie pelouse que nous trouvâmes émaillée de mille couleurs ; elle était alors dans tout son éclat. On voyait partout les épis purpurins de la benoite, et les fleurs roses du serpolet, bien remarquable par l'odeur variée et pénétrante de ses feuilles et la grandeur extraordinaire de ses fleurs. Des œillets étalaient leurs corolles carminées, près des jolies grappes bleues des campanules, près des touffes serrées de la violette tricolore. Diverses espèces de scabieuse s'élevaient au-dessus de ces végétaux, offrant toutes les teintes de violet. Près d'elles croissaient la jasione ondulée, dont les corolles réunies en boules, sont d'un bleu si pur, et l'achillée qui couvrait de ses feuilles à mille découpures les fleurs éphémères de l'hélianthème, épanouïes le matin, et déjà flétries le soir. A ces brillantes associations se mêlaient des renoncules dorées, les grappes délicates du caille-lait jaune, de belles plantes de millepertuis, et des groupes de brillans chrysanthèmes, dont le disque jaune et les rayons d'un blanc mat, variaient encore les couleurs si pures que nous ne nous lassions pas d'admirer.

Qu'on se figure au-dessus de ce parterre, où chaque teinte était représentée, des milliers de tiges soutenant les panicules mobiles de la brise tremblante et de la canche flexueuse, toutes agitées par un vent léger, toutes entremêlées du feuillage de l'orobe et du vert tendre des graminées; qu'on s'imagine un instant que de nombreux papillons viennent jouir sur cette pelouse du peu de jours que leur donne la nature, et l'on aura une faible idée du tableau que nous avions le bonheur de rencontrer. Jamais nous n'avions remarqué avec plus de plaisir le contraste des couleurs de ces fleurs et de ces papillons. Là, c'étaient des satyres de montagnes aux ailes noires et veloutées, qui se reposaient sur les fleurs rouges de la bétoine. Là, c'était une argynne qui étalait ses ailes fauves tachées de noir sur les disques violets de la scabieuse. Ailleurs, le machaon passait d'un vol rapide, et déployait ses ailes jaunes et noires sur les corymbes rosés de l'achillée, tandis que l'adonis et le vulcain, planant d'un vol léger, semblaient mépriser les fleurs les plus élégantes, et sentir leur supériorité. Nous fûmes long-temps sans pouvoir détacher nos yeux de cette petite pelouse, qui, vue de la Bourboule, ne paraît qu'un plan fortement incliné et soutenu sur des prismes basaltiques. Il fallut pourtant se résoudre à regarder tout autour de soi. Partout des montagnes s'élevaient en amphithéâtre bien au-dessus du point qui nous servait de base. De beaux sapins nous offraient leur verdure et leurs formes monotones. Le terrain, souvent raviné, présentait l'image de grands bouleversemens, et quelques géologues, en voyant le grand cirque auquel la Roche-Vendeix servait de centre, se seraient crus placés sur le piton central d'un cratère de soulèvement.

Nous étions rapprochés de ces belles forêts que nous apercevions de Murat-le-Quaire. Nous avions sous nos pieds quelques moulins à scie en construction, et nous croyions déjà voir détruire ces arbres majestueux qui pouvaient encore nous offrir quelques tableaux de cette végétation primitive qui disparaît tous les jours.

Ces réflexions nous conduisirent au hameau de Vendeix, et de là nous entrâmes bientôt sous les vieux sapins qui couvrent un des versans du plateau de Bozat.

LES FORÊTS DE SAPINS DU PLATEAU DE BOZAT ET LES MOULINS A SCIE.

Celui qui entre pour la première fois dans une forêt de vieux sapins, ne peut se défendre d'un saisissement particulier, en voyant ces arbres de tout âge s'élever en amphithéâtre jusqu'à la pelouse ou aux rochers qui terminent les montagnes. Les environs du Mont-Dore, et surtout ceux de Murat, ne le cèdent à aucune forêt pour la stature et la beauté des sapins qui s'y rencontrent. Nous arrivâmes sur un des versans du plateau de Bozat, et en peu de temps nous avions dépassé les hêtres qui forment partout la lisière de ces forêts. Aucun chemin n'était tracé devant nous; le sol était nu, et des sapins magnifiques l'ombrageaient : les uns, jeunes encore, cherchaient à s'élever au-dessus des autres, pour jouir de la lumière qu'ils ne pouvaient atteindre, et confondaient souvent leur cime avec les rameaux inférieurs d'arbres plus âgés et plus vigoureux. D'autres avaient le tronc droit, très-haut et garni de branches sur toute sa longueur; les supérieures vertes, cachées sous les feuilles, abaissaient leurs extrémités sous le poids des cônes dont le soleil ouvrait les écailles, et dont le vent dispersait les graines : les inférieures desséchées se brisaient au moindre vent, et jonchaient le sol de leurs débris. De vieux sapins, quoique morts, étaient restés sur pied; leurs feuilles étaient jaunies; leur tronc, privé d'écorce, s'apercevait au loin, et leurs racines tortueuses, ne pouvant pénétrer le sol pierreux sur lequel ils croissaient, formaient à sa surface un réseau que de larges touffes de mousse couvraient en entier. Tous ces arbres étaient garnis de lichens filamenteux sous forme de longue chevelure. Nous en mesurâmes qui avaient plus de trois pieds de longueur. Un peu plus loin nous rencontrâmes trois ou quatre vieux troncs presque entièrement décomposés, qui étaient tombés du même côté, et avaient formé, sur un léger filet d'eau, une digue assez forte pour former un marais. Une herbe fine et d'un beau vert s'étendait aux environs; l'eau baignait ses racines. Quelques épis bleus, appartenant à la bugle commune, s'élevaient au-dessus de l'eau, et çà et là paraissaient des groupes fleuris de la spirée ulmaire, dont les belles grappes blanches contrastaient avec les ailes veloutées des papillons qui voltigeaient autour d'elles. Sur le bord de ce marais, les grands arbres avaient disparu. Nous y remarquâmes en abondance le sureau à grappes, couvert de ses fruits rouges, qui produisent partout un si bel effet; il était répandu avec profusion; il formait, avec le chèvrefeuille à fruits bleus, un taillis assez étendu, sous lequel croissaient la pyrole déjà fructifiée, l'airelle myrtille, et surtout le framboisier, dont les feuilles bicolores offraient au gré du vent la teinte argentée, ou le vert glauque qui couvre chacune de leurs surfaces.

Quand nous eûmes traversé ce taillis, nous retrouvâmes les sapins, mais si serrés les uns contre les autres, que l'on pouvait à peine y passer. Le terrain était fortement incliné; la pente très-escarpée; de larges tapis de mousse couvraient partout le sol. Le pied mal assuré glissait en les entraînant, et les branches des arbres situées à toutes les hauteurs étaient les seuls points d'appui qui pouvaient nous préserver de chutes successives : souvent même elles se brisaient, et nos efforts se réunissaient pour en atteindre d'autres, auxquelles un choc trop rapide faisait éprouver le même sort.

La cime des hauts sapins que nous voyions sous nos pieds nous faisait supposer avec raison que nous étions encore loin du fond de la vallée ; cependant nous entendions le bruit des eaux, et quelque temps après nous pûmes apercevoir un ruisseau qui coulait rapidement, et se cachait souvent sous des blocs de rochers et les larges feuilles de grandes plantes herbacées. La pente devint alors tellement abrupte, et le terrain si mouvant, qu'il fallut chercher long-temps un point où nous puissions descendre sans accident. Nous profitâmes d'un glacis qui était couvert de diverses espèces de fougères, dont les frondes atteignaient jusqu'à trois ou quatre pieds, et simulaient un peu ces zones de fougères arborescentes qui croissent sur les montagnes des tropiques, et donnent un air si étranger à leur végétation. Leurs feuilles assez tenaces, et leurs racines solidement fixées nous aidèrent singulièrement à descendre. Après avoir traversé légèrement quelques fondrières, après avoir escaladé de grandes masses de trachyte tombées des plateaux supérieurs, nous étions sur le bord du ruisseau, dans la partie la plus profonde du ravin.

Tout dans cet endroit paraissait l'ouvrage des eaux ; elles avaient entraîné le terrain meuble et ponceux sur lequel reposent, au Mont-Dore, toutes les larges nappes de trachyte. Leur lit s'approfondissait tous les ans, et chaque année, les parties dénudées se couvraient de nombreuses associations végétales, empressées de se fixer sur un sol vierge et humecté.

Nous suivîmes quelque temps le cours de l'eau sans éprouver de grands obstacles. C'étaient les feuilles du cacalia, les touffes de fougères qu'il fallait écarter pour voir si elles ne cachaient pas quelque trou trop profond; c'étaient des masses de rochers couverts de longues mousses glissantes, et sur lesquelles il fallait conserver l'équilibre ; ailleurs, des troncs ou des branches de sapins formaient au-dessus de l'eau des ponts naturels qu'il fallait traverser avec méfiance, quelquefois même avec danger. Nous choisissions de préférence ceux qui étaient les plus rapprochés les uns des autres ; car si l'un cédait, l'autre nous servait de support ou d'appui. Nous trouvions plaisir à parcourir ce profond ravin, et à admirer tout le luxe que la nature déployait dans ces lieux sauvages. Nous pensions que personne, avant nous, n'avait foulé ce sol bouleversé, car nous croyions que la curiosité seule pouvait pousser quelqu'un à entreprendre une course dans ces lieux, quand tout d'un coup nous aperçûmes un homme assis sur le bord d'un rocher, et les yeux fixés sur l'eau ; c'était un pêcheur qui avait tendu ses filets, et qui attendait avec patience les truites agiles qui remontaient le torrent.

Nous fûmes arrêtés un peu plus loin par une forte digue, qui, sans retenir les eaux, formait un barrage que nous ne pouvions traverser ; elle était formée par dix ou douze sapins tombés les uns sur les autres, dont toutes les branches étaient brisées, et les troncs même endommagés. Une énorme masse de rocher, détachée du plateau supérieur, semblait les avoir entraînés dans sa chute ; car on apercevait encore la trace qu'elle avait suivie en descendant, et les ravages qu'elle avait faits. Nous avions déjà rencontré plusieurs de ces digues, mais moins considérables, et situées dans des lieux plus accessibles. Il fallut sortir du ravin, et nous éprouvâmes presque autant de difficultés que pour y descendre. Nous montâmes du côté opposé, choisissant avec précaution la place où nous devions poser les pieds. La chaleur était devenue étouffante ; les papillons paraissaient plus nombreux ; de jolies chrysomèles d'un vert doré couraient sur les feuilles des cacalies; le picvert faisait entendre son cri aigu, et diverses espèces de mouches qui nous suivaient en bourdonnant, cherchaient à atteindre nos mains et notre visage. A ces signes nous présagions l'orage ; nous concevions l'imprudence qu'il y aurait de s'exposer à la fureur du torrent près duquel nous étions, et à la masse d'eau qu'il devait contenir après une pluie abondante. La frayeur doubla nos forces, et nous fûmes bientôt hors de danger, assis bien au-dessus du ruisseau, dont nous entendions encore le bruit.

Des nuages voilaient le soleil qui ne paraissait plus que par moment. Un sifflement particulier se faisait entendre; nous en cherchâmes quelque temps la cause, et nous vîmes enfin que, pendant le calme qui régnait autour de nous, un vent assez violent régnait sur les hauteurs, et sifflait à travers les branches des vieux arbres qui croissaient sur leurs versans les plus élevés. Peu à peu les nuages s'amoncelèrent, le vent augmenta, le bruit devint plus intense, et couvrit celui du ruisseau. Un éclair parut, et fut bientôt suivi d'un coup de tonnerre qui gronda long-temps, mais qui paraissait encore éloigné de nous. Nous n'avions plus aucun doute sur l'issue de la scène qui se préparait ; nous cherchions un abri, non sous les sapins que le vent ébranlait, mais près d'un rocher qui, sans nous abriter de l'orage, pouvait au moins nous protéger contre ses terribles effets. Le silence le plus absolu succéda au premier coup de tonnerre : les oiseaux se turent ; les papillons ne voltigèrent plus ; les insectes se cachèrent sous les feuilles des plantes, et celles-ci, qui semblaient prévoir l'orage, étalaient leur feuillage, et courbaient leurs fleurs, comme pour les préserver du danger, et exposer à une pluie électrique les organes foliacés destinés à leur porter la vie.

Nous entendîmes de nouveau le sifflement du vent, mais bien plus fort et bien plus rapproché. Les longues barbes grises arrachées aux sapins tourbillonnaient sur nos têtes, et s'accrochaient à de nouvelles branches, ou s'élevaient à perte de vue. Des fragmens de bois sec tombaient à nos pieds, tandis que d'autres, privés d'une écorce desséchée que le vent emportait, restaient fixés aux troncs vieillis, que la tempête menaçait, sans pouvoir les ébranler. Les éclairs et le tonnerre recommençaient ; les nuages avaient pris une couleur noire ; ils cachaient les sommets des pics élevés, et paraissaient, malgré le vent, s'accumuler sur nos têtes. Il était trois heures, et le silence des êtres vivans, joint à l'obscurité qui régnait dans la forêt, nous offrait un spectacle majestueux et imposant. Nous allions assister à une de ces grandes scènes de destruction qui se renouvellent si souvent dans les contrées chaudes de notre globe, mais que nous, Européens, nous avons bien rarement occasion d'observer dans nos climats. Nous sentions intérieurement un sentiment de crainte qu'il est difficile de définir, et pourtant nous étions impatiens de voir l'ouragan dans toute sa furie.

Nos désirs furent bientôt réalisés : le coup de tonnerre suivait immédiatement l'éclair ; nous étions très-rapprochés de l'orage ; le vent augmentait et mugissait à travers les sapins ; il déchirait leurs branches ; mais les troncs morts résistaient et n'offraient pas assez de surface pour être emportés. Il n'en était pas de même des grands arbres feuillés qui se trouvaient dans la direction de l'ouragan; plusieurs furent abattus sous nos yeux, et le craquement de leurs branches qui se brisaient sur le sol ou sur les arbres voisins, se confondait avec le roulement prolongé du tonnerre, dont les échos augmentaient encore l'horreur. Ce moment était le plus terrible ; les arbres quelquefois brisés étaient plus souvent abattus avec leurs racines et toute la terre qui leur était adhérente. La pluie commençait à tomber en gouttes larges et nombreuses ; le vent la réunissait en zones que nous voyions onduler sur le rideau de sapins qui s'élevait en face de nous. Quelquefois même ces larges gouttes réunies par des courans dont la direction était différente, se transformaient en lames d'eau qui tombaient à la fois, et se brisaient sur la cime des arbres verts. Tout était alors réuni pour rendre la scène plus terrible : le tonnerre, les éclairs, la pluie, l'ouragan, la chute des arbres et le craquement de leurs branches ; les échos qui triplaient ces sons divers et finissaient de les confondre, augmentaient notre effroi et notre curiosité. Immobiles, après avoir saisi un jeune sapin, protégé comme nous par le rocher, nous contemplions en silence ce bouleversement de l'atmosphère.

Un quart d'heure était à peine écoulé que déjà le vent avait cessé. Le tonnerre continuait toujours avec intensité, et la pluie semblait augmenter encore. Enfin, tous ces phénomènes cessèrent peu à peu. Les éclairs ne brillaient plus que de loin en loin, une pluie fine, qui paraissait se redissoudre en partie dans l'air, succédait à la pluie d'orage qui venait d'inonder la forêt, et des nuages blancs vaporeux s'élevaient, comme des fumées, des sapins sous lesquels ils se formaient. Un point blanc paraissait d'abord, s'étendait irrégulièrement, et formait un voile transparent et mobile, qui perdait peu à peu sa translucidité, et se transformait en un beau nuage pelotonné, errant quelque temps au-dessus des arbres, puis s'en détachant définitivement pour se dissoudre de nouveau ou se réunir dans les couches supérieures de l'atmosphère. Pendant que nous regardions avec plaisir la formation de ces vapeurs qui indiquaient la fin de l'orage, le bruit des eaux augmentait dans le ravin qui était au-dessous de nous. Le ruisseau s'était transformé en un torrent impétueux, qui roulait avec bruit de gros quartiers de rochers, et des arbres entiers qui s'arrêtaient quelquefois pour descendre ensuite avec plus de rapidité. Des torrens latéraux arrivaient de toute part, emmenant avec eux un grand nombre de branches et des touffes élégantes de fougères et de cacalies qui, une heure auparavant, ornaient les pentes escarpées du précipice, et auxquelles nous nous étions accrochés pour y descendre. Leurs tiges brisées, leurs feuilles déchirées paraissaient par momens au-dessus de l'eau, et disparaissaient bientôt sous les branches des sapins, et quelquefois sous leurs troncs tout entiers. Des lambeaux de terrain, couverts d'arbrisseaux, glissaient de temps en temps, et étaient entraînés par les eaux ; des pentes abruptes étaient mises à nu, et rien ne pouvait s'opposer à la marche du torrent ; il continuait sa course dans des lieux que souvent il avait ravagés sans témoins, mais où il était facile de reconnaître la trace de ses dévastations précédentes. En voyant ces débris de forêts ainsi entraînés par le cours du torrent, nous nous reportions involontairement à ces deltas qui se forment à l'embouchure des rivières, et à ces immenses dépôts de végétaux ligneux, que les grands fleuves d'Amérique déposent à leur entrée dans l'Océan. Nous avions sous les yeux un exemple de ces beaux phénomènes que la nature déploie dans le Nouveau-Monde, sur une plus grande échelle.

Le soleil venait de reparaître un instant, et deux corbeaux de rocher, perchés sur un prisme de trachyte, avaient salué sa présence de leurs cris rauques et discordans. Les végétaux inclinés se relevaient plus frais et d'un vert plus pur qu'auparavant, et de larges gouttes distillaient de tous les rameaux des sapins. Une odeur balsamique était répandue dans l'air; les mousses et les lichens qui couvraient les vieux troncs, avaient étalé leurs feuilles en rosace ou en guirlande; les barbes grises étaient devenues vertes; l'humidité avait pénétré partout; d'énormes champignons se développaient sous les feuilles mortes qu'on croyait leur voir soulever, tant la végétation était active; on eût dit que la nature voulait réparer en quelques jours le mal qu'elle venait de faire en deux heures. Nous nous étions remis en marche depuis un moment, mouillés comme on peut le penser, et nous examinions avec plaisir ces plantes délicates que l'orage n'avait pas endommagées : des *oxalis* qui étaient abrités dans le creux d'un vieux sapin; des impatientes, dont la pluie avait frappé les fruits, et les avait fait éclater; des doronics et de beaux épilobes, dont les corolles entr'ouvertes recueillaient les rayons brûlans du soleil, et les vapeurs de la forêt.

Nous cherchions alors à nous rapprocher des moulins à scie, qui sont au nombre de quatre, situés les uns au-dessous des autres sur un même ruisseau, et nous descendîmes près de celui qui était le plus élevé. Ces moulins occupent des sites très-pittoresques et contribuent eux-mêmes à varier le paysage. Le bruit des scies interrompt le silence monotone de ces bois déserts, et la présence de l'homme et de l'industrie anime des lieux qui furent si long-temps ignorés.

L'orage avait épargné ces moulins. Ce fut avec une sorte de regret que nous vîmes sur pied des usines destinées à détruire les beaux sites que nous venions de parcourir. Nous traversâmes, pour rejoindre notre gîte, des lieux très-intéressans, mais inférieurs en beauté à ceux que nous avions admirés. La nuit approchait; nous n'étions pas complétement secs, et de nouvelles nuées qui s'accumulaient encore décidèrent de notre retour.

Pl. VI.

La Forêt et les scieries de Bozat.

SEPTIÈME PROMENADE.

LE PESSIS. — GENESTOUX. — LA CASCADE DE QUEREILH.

Les trois jours que nous passâmes à la Bourboule et dans ses environs, furent bien remplis, comme on a pu s'en convaincre en lisant les promenades précédentes. Nous avions vu en dernier lieu les sites les plus sauvages du Mont-Dore. Nous avions besoin d'un peu de repos avant de recommencer de grandes courses, et pour nous délasser, nous voulions retourner par la grande route au village des Bains. Un trajet d'une lieue comme celui que nous avions à faire nous convenait mieux qu'un repos absolu.

LE PESSIS.

Nous connaissions déjà Murat, il était inutile d'y retourner. Nous montâmes à Quaire, et de là au Pessis, hameau bâti sur un plateau de basalte bien inférieur à celui qui domine Murat. Nous y vîmes des prismes qui formaient une petite colonnade.

On nous indiqua au-dessus du hameau un

ravin creusé dans les tufs ponceux, et où l'on trouvait des cristaux d'idocrase. Nous y recueillîmes en effet de petites masses demi-transparentes d'un vert bouteille, qui étaient non de l'idocrase, mais du perlite bien caractérisé. La grande route que nous rejoignîmes un instant après est belle et bien entretenue; elle est taillée dans un sol entièrement volcanique. On y rencontre des conglomérats très-curieux, quelquefois traversés par de petits filons de trachyte à prismes couchés et assez réguliers. Des murs de soutenement sont établis sur le bord des précipices, et terminés par des parapets qui rendent la route très-sûre en lui donnant une certaine élégance. Nous quittâmes un instant notre chemin pour voir le ravin de l'Usclade. C'est un vallon très-étroit qui vient aboutir dans la vallée de la Dordogne, et qui prend naissance au-dessous de la banne d'Ordenche. Il est boisé des deux côtés, se rétrécit à mesure qu'il s'élève, et se perd au milieu des broussailles. Il présente de très-jolis points de vue, mais toujours très-resserrés. Le hameau de l'Usclade est situé sur un de ses bords.

Près de ce ravin, le sol présente plusieurs écorchures où l'on voit paraître des filons de basalte et des masses d'un trachyte rouge,

Vue prise sur la route du Mont-Dore à Murat.

fortement coloré par l'oxide de fer. A peu de distance, se trouvent aussi des obsidiennes noires et vertes, qui forment des amas et de petites bandes dans les conglomérats.

GENESTOUX.

Nous laissâmes à notre droite, sur la route, le hameau de Genestoux, qui est dans une position très-pittoresque, sur un monticule à la base d'un bois de sapin, avec une belle échappée du côté de Murat. Un peu plus loin, nous nous arrêtâmes pour dessiner un fort joli point de vue. C'est l'escarpement qui domine le salon de Mirabeau. Plusieurs rideaux d'arbres verts descendent jusque sur les bords de la Dordogne, dont les eaux s'écoulent sous un pont rustique, au milieu des prairies; de l'autre côté, la route fait un coude dans un endroit rapide où un mur la soutient, et dans le lointain, on aperçoit le clocher de Murat-le Quaire, et les terrains cultivés qui sont au-dessous. Quelque temps après, nous passâmes le ruisseau de Guéry, sur un pont de pierre, et nous arrivâmes à Quereilh, hameau très-rapproché du mont Dore, et où l'on voit une source très-froide qui alimente un bac de bois, et se répand ensuite sur la route qu'elle traverse.

Pl. VII.

LA CASCADE DE QUEREILH.

Nous étions si près de la cascade de Quereilh, que nous ne pûmes résister au désir d'aller la visiter en passant, et nous montâmes aussitôt le chemin qui y conduit ; nous passâmes à Prentigarde, petit hameau, où l'on voit une source tout à fait semblable à celle de Quereilh; et quand on arrive près d'un pont de bois, sous lequel passe la petite rivière de la Chaneau, on abandonne le chemin que l'on suivait, pour en prendre un autre à droite qui mène en quelques instans à la cascade. Nous avions vu déjà presque toutes les chutes d'eau du Mont-Dore, et nous fûmes agréablement surpris de trouver un paysage différent de ceux que nous connaissions.

Une couche de basalte est venue se faire jour à travers les grandes nappes de trachyte qui couvrent les plateaux du Mont-Dore ; elle présente sa tranche qui peut avoir cinquante pieds de hauteur, et paraît reposer sur une masse de tufs ponceux qui s'étend dans tous les environs, et que l'eau a mis souvent à découvert. Le rocher offre des prismes inclinés, continuellement humectés par l'eau d'un ruisseau qui s'élance du sommet, et se divise en une rosée légère qui

La Cascade de Quereilh.

donne une teinte plus sombre encore au noir basalte dont il est formé. On aperçoit au sommet l'eau qui se précipite dans des canaux étroits et inclinés, et qui arrive tout à coup frapper un faisceau de prismes basaltiques, qui la divise en deux parties très-inégales. Une petite portion coule sur le rocher, formant une infinité de petites gerbes, tandis que la masse presque entière du ruisseau s'élance du côté opposé, blanchie par le choc qu'elle a éprouvé, et tombe en écume bouillonnante dans un bassin d'eau limpide que l'on voit à la base de l'escarpement.

Un mélange de hêtres et d'arbres verts couronne les prismes dont nous avons parlé, et le ruisseau coule d'abord sous ces arbres avant de former sa chute. Les fissures du rocher sont aussi tapissées de verdure, et nous vîmes de jolis buissons de genêts qui décoraient encore toutes les corniches, et approchaient jusqu'aux bords des eaux. Ce qui contribue le plus à rendre ce site agréable est un petit bois de vieux sapins, à travers lequel on descend pour y arriver. Une pelouse d'un vert pur couvrait alors le sol protégé par leur ombrage, et de vieux troncs mutilés offraient encore quelques branches vigoureuses qui cherchaient à braver les

Pl. VIII.

outrages du temps. Nous descendîmes jusqu'au ruisseau qui s'échappe du bassin de la cascade, et va joindre la petite rivière de Chaneau. Nous pûmes de cet endroit contempler à notre aise ce charmant paysage. L'eau sort avec bruit, ayant souvent à franchir de gros prismes basaltiques tombés du sommet, et dont elle a corrodé les angles. Elle fuit sous les larges feuilles de tussilages petasites, et sous les rameaux feuillés qui s'étendent au-dessus de sa surface. L'air, sans cesse renouvelé par la chute d'eau, nous apportait l'odeur balsamique des sapins, et une fraîcheur dont la sensation était très-agréable par une température aussi chaude.

Nous ne voulûmes pas cependant y rester trop long-temps exposés, et nous remontâmes jusqu'à la partie supérieure de la coulée de basalte. Nous trouvâmes le ruisseau encaissé par de gros blocs de lave, et formant une série de petites chutes déterminées par la disposition étagée du terrain. Les feuilles découpées des fougères s'inclinaient jusqu'à la surface du liquide, et de grands arbres formaient au-dessus une tente de verdure qui produisait beaucoup d'effet. Nous remontâmes pendant long-temps le cours du ruisseau, qui était tantôt ombragé, tantôt exposé aux rayons du soleil. Nous vîmes une autre cascade bien au-dessus de la première, et un cirque assez vaste, tout couvert d'arbres et de buissons, parmi lesquels on distinguait l'alisier, et nous arrivâmes enfin sur le plateau de l'angle qui domine le village des Bains. Après avoir marché quelque temps, nous nous trouvâmes précisément au-dessus du village, ayant le Capucin presqu'en face de nous, de l'autre côté de la vallée. Nous n'avions rien à voir sur le vaste plateau où nous nous trouvions. Nous connaissions ses pelouses et leur végétation ; nous avions visité plusieurs fois des burons et des troupeaux ; nous descendîmes au village en suivant un petit chemin très-rapide et couvert de pierres, qui, après plusieurs détours plus ou moins brusques, nous ramena précisément entre la grande cascade et le Mont-Dore.

HUITIÈME PROMENADE.

LE PUY GROS. — LA BANNE D'ORDENCHE. — LE LAC DE GUÉRY, ET SA CASCADE. — LES ROCHES TUILLIÈRE ET SANADOIRE. — LE ROCHER DE DEVEIX. — LE LAC DE SERVIÈRES.

Peu fatigués de la petite course de la veille, nous nous disposâmes à entreprendre une grande promenade, car nous avions bien six à huit lieues à parcourir. Nos préparatifs avaient été faits d'avance. Nous avions recruté deux personnes qui désiraient beaucoup voir la Roche-Sanadoire, et qui, comme nous, s'occupaient aussi d'histoire naturelle. Nous étions cinq, tous confians dans nos forces, bien décidés à gravir toutes les montagnes qui se présenteraient devant nous, et à nous arrêter seulement quand la nuit viendrait voiler toutes les richesses de la nature. Favorisés par un beau temps, nous partîmes à cinq heures du matin, le sac sur le dos, et le manteau imperméable attaché sur le sac avec des courroies. L'un avait sa pioche et ses marteaux pour écorner les prismes basaltiques, et deviner la structure géologique du mont Dore; l'autre, muni de cartes et d'une grande lorgnette, mesurait la distance des montagnes, leur situation respective ; il ne tenait aucun compte de leur nature , et cherchait partout des axes, des centres et des cratères de soulèvement ; un troisième, caché sous une énorme boîte en fer blanc, avait bien voulu se charger d'une partie des provisions de bouche, en attendant que de nombreux individus du règne végétal viennent les expulser. Pas un brin d'herbe ne lui échappait; mousses, lichens, champignons, et jusqu'aux taches qui naissent sur les feuilles, ou qui salissent l'écorce des arbres, tout était pour lui l'objet d'un mûr examen. Les deux autres n'étaient pas aussi exclusifs; ils recueillaient tout ce qu'ils rencontraient ; ils étaient munis d'une infinité de boîtes, les unes grandes, les autres petites, pour mettre des insectes, des coquillages terrestres ou fluviatiles ; ils avaient des flacons avec de l'esprit-de-vin, pour recueillir des araignées, pour placer des reptiles. L'un avait un filet pour pêcher les coquilles ; l'autre une gaze pour prendre les papillons.

Si vous ajoutez à cet ensemble un fusil, des

carnets, les loupes, crayons, et une foule de détails que je n'ai pu apercevoir, quoique faisant partie de la bande, vous aurez une idée de cette petite académie ambulante, dont le départ fit beaucoup moins de bruit que celui des baigneurs pour Murol, le jour où nous visitâmes le Capucin.

LE PUY GROS.

Deux chemins de longueur inégale pouvaient nous conduire à la Roche Sanadoire : l'un va à Prentigarde et à Pailloux, s'élève à travers des broussailles, passe près du roc de la Montheille, et traverse ensuite de grandes pelouses parsemées de grosses masses de scories ; l'autre côtoie la base du puy Gros, et conduit à la Banne d'Ordenche ; c'était le plus long ; il fut choisi à l'unanimité. Une fois au-dessus de Quereilh, nous montâmes de suite, à travers de belles prairies, jusqu'au hameau de Légal, qui est déjà à 1,034 mètres d'élévation. Il est bâti sur un phonolite un peu altéré et blanchâtre, dont les fissures sont tapissées de fer hydroxidé. Nous étions au-dessous du grand plateau de trachyte qui couronne le puy Gros. En sortant du village, on entre dans une belle prairie, semée de gros blocs de rochers détachés du sommet, et l'on arrive près d'un domaine isolé, ombragé par de vieux frênes. Nous entrâmes ensuite dans des prés plus élevés, où une foule de jolies fleurs étaient épanouïes ; puis nous rencontrâmes des sources qui s'échappent de la partie inférieure du plateau qui couvre la montagne ; elles forment plusieurs cascades sur les quartiers de roches éboulées, et s'écoulent ensuite dans un petit bois composé de hêtres et de houx, dont nous vîmes avec surprise le sol envahi par des orties, malgré l'élévation. De là nous distinguions parfaitement les prismes de lave qui couronnent le puy Gros, et qui semblaient suspendus au-dessus de nos têtes : nous les atteignîmes une demi-heure plus tard, après avoir passé près du roc d'Ourdines, montagne de basalte, fort rapprochée du puy Gros. Nous fûmes obligés de faire un détour pour arriver au sommet, car il est escarpé du côté de la vallée du Mont-Dore, et l'on ne peut atteindre sa cime qu'en gagnant le plateau auquel il est adossé. Une jolie pelouse et quelques buissons couvrent toute sa surface ; nous nous y reposâmes un instant pour considérer les environs. A notre gauche, s'étendaient les marais de la Croix-Morand, et près de là ce groupe isolé de hautes montagnes formant les puys de la Tache, d'Autechaux, de Tribout, énormes masses, couvertes d'une pelouse uniforme, et dont le soleil éclairait déjà les sommets, tandis que leurs bases étaient encore dans l'ombre. Nous dominions le puy de Mareilh, le roc de Cuzeau et le plateau de l'Angle tout entier, avec sa cascade et ses flancs couverts de buissons et de débris. La vallée des Bains se développait dans toute sa longueur, et nous en étions trop rapprochés pour que le moindre détail puisse nous échapper. D'un côté le Mont-Dore, de l'autre la Bourboule ; les prairies, les sapins, des sommets déchirés, des vallons profonds et privés de lumière ; des vapeurs légères errant sous nos pieds en flocons blancs et nombreux ; au loin les montagnes du Cantal et les plaines de la Corrèze : tel était le tableau que nous quittions pour aller à la Banne d'Ordenche.

LA BANNE D'ORDENCHE.

Banne, dans le langage du pays, signifie *corne*. Nous ne vîmes pas une grande ressemblance entre le nom et la chose ; mais nous étions curieux d'atteindre le point le plus élevé des environs, et nous y parvînmes après avoir traversé de vastes pelouses et un petit cours d'eau qui les arrosait. Nous vîmes quelques burons et de nombreux troupeaux gardés par des pâtres et de grands chiens qui, n'étant pas habitués à voir des caravanes comme la nôtre, nous poursuivaient de très-près. Peu s'en fallut que le plomb destiné par notre ornithologiste à un merle de rocher ou à un grimpereau de muraille, ne soit appliqué directement à l'un de ces quadrupèdes. Enfin, la présence d'un pâtre nous en délivra ou du moins calma leur colère, car deux d'entre eux nous accompagnèrent avec lui jusqu'au sommet de la Banne. D'un côté cette roche est coupée à pic, tandis que de l'autre on y arrive par une pente très-douce, qui se prolonge jusqu'à Laqueuille, village éloigné d'une lieue et demie.

L'un de nos géologues nous fit remarquer que nous avions traversé, pour y arriver, un grand plateau de phonolite que l'on trouve également sur le flanc de puy Gros, et que le rocher élevé sur lequel nous étions était un dyke ou filon basaltique qui s'était fait jour à travers. Nous vîmes en effet une grande quantité de scories très-fraîches, qui caractérisaient un point d'éruption assez moderne. L'autre géologue nous assura que nous étions sur un des centres de soulèvement du mont Dore; il nous fit remarquer l'exhaussement graduel du sol qui nous environnait, et il ne doutait pas que la Banne d'Ordenche, en se faisant jour à travers les grandes nappes de phonolite et de trachyte qui l'environnent, ne les ait soulevés comme une vessie. Il essaya de nous prouver que ce soulèvement était antérieur à celui du pic de Sancy, et que pendant long-temps le pic basaltique sur lequel nous étions avait dominé le groupe central; il nous dit aussi que les fissures produites par l'apparition de cette masse devaient donner naissance à des sources nombreuses que nous rencontrerions en descendant. Cette conclusion produisit quelque impression sur des gens qui se proposaient de déjeûner à la première fontaine. Nous vîmes par la suite que son raisonnement était juste, et, par analogie, nous crûmes à la réalité de ses hypothèses. Nous allions partir quand le pâtre qui nous avait écouté avec beaucoup d'attention, nous dit que nous n'avions pas vu ce qu'il y avait de plus intéressant et de plus utile au pays.

Il nous conduisit à la fenêtre de saint Laurent : c'est un trou rond qui existe dans le basalte, près de l'endroit où nous avions observé des scories ; il a cinq à six pouces de diamètre, et paraît très-profond ; il sert à deux usages : si les pluies durent trop long-temps, le curé de Murat conduit la procession à la Banne d'Ordenche, et vient prier saint Laurent d'être propice aux biens de la terre. En d'autres temps, ceux qui ont mal aux dents ou ailleurs, viennent également y solliciter des secours, et, dans ces deux circonstances, cherchent à fléchir le bon saint, en déposant des offrandes dans ce tuyau basaltique. En y plongeant le bras, j'en retirai successivement cinq sous, que j'offris à notre guide, pour la relation qu'il venait de nous faire ; mais il refusa obstinément d'accepter, et je remis l'argent dans le trou de saint Laurent, en le lançant assez fort pour le mettre à l'abri de l'indiscrète curiosité de ceux qui, après nous, feraient l'ascension de la Banne.

N'ayant plus rien de curieux à voir, nous atteignîmes bientôt, en descendant à l'opposé du point où nous étions montés, quelques roches d'un trachyte rougeâtre, tellement pyroxénique que nous vîmes un grand nombre de cristaux isolés sur le sol, et provenant de sa décomposition. Un peu au delà nous trouvâmes une fontaine fort à propos pour la théorie des soulèvemens et pour notre déjeûner ; nous y restâmes plus d'une heure, discutant peu et mangeant beaucoup. Nous nous remîmes en marche immédiatement après, et nous suivîmes ce même trachyte sur toute la crête qui sert de soubassement à la Banne. Ces rochers s'appellent la fille de la Banne. Un autre rocher sort de la pelouse un peu plus loin, et se nomme le Rouget. De son sommet, notre géologue nous fit remarquer l'aspect du mont Dore qui, selon lui, ne formait d'abord qu'une seule masse qu'une cause inconnue déchira en donnant naissance à de nombreuses vallées divergentes. Il nous faisait voir la concordance des grands plateaux couverts de trachyte, et leur pente doucement inclinée d'abord, et se relevant ensuite vers le pic de Sancy. La vue était magnifique; outre les détails du mont Dore, nous apercevions l'ensemble du Cantal, qui conservait encore de la neige, et dont les longues coulées de lave s'étendaient bien plus loin que celles qui étaient sous nos pieds.

Nous avions pris une direction opposée à celle que nous devions suivre pour aller de là au lac de Guéry. Nous étions sur le bord du ravin de l'Usclade, et nous fûmes obligés de traverser de grandes pelouses et plusieurs petits ruisseaux, pour arriver aux environs du lac près duquel nous devions passer.

LE LAC DE GUÉRY ET SA CASCADE.

Nous marchions alors sur un vaste plateau presque entièrement nu. Çà et là percent quelques pointes de rochers à travers la pelouse ; mais aucun arbre ne vient interrompre la monotonie de cette plaine. Nous ne tardâmes pas à rencontrer un ruisseau dont le lit est assez profondément creusé dans un terrain tourbeux ; il traverse un petit marais où nous retrouvâmes une végétation semblable à celle du marais de la Dore, sous le pic de Sancy, quoique son élévation soit moindre. Là nous aperçûmes des traces de verdure ; des saules nains se couvraient de feuilles, et au milieu des mousses qui formaient des masses mouvantes sur la vase des marais, on voyait s'élever les fleurs irrégulières du *pinguicula*. Dans son cours sinueux, le ruisseau reçoit plusieurs petits affluens, tous d'une limpidité parfaite, et se dirige vers le lac de Guéry, que nous n'apercevions pas encore. Enfin, avant d'arriver sur le bord du plateau où son lit est creusé, il se partage en deux branches inégales, dont chacune va former une cascade proportionnée à l'abondance de ses eaux. Ce qui contribue à rendre cette cascade très-pittoresque, ce sont les prismes écartés de la roche qui forme le plateau. Terminés à des hauteurs inégales, ils présentent à l'eau une infinité de gradins sur lesquels elle se divise en écumant, et s'échappe de leurs fissures par mille canaux. La hauteur de la chute est peu considérable ; mais la présence des arbres, et principalement les fruits rouges du sorbier et du sureau à grappes, le feuillage blanc de l'alisier, forment un tableau que nous admirâmes avec d'autant plus de plaisir, que les environs ne nous avaient rien offert qui puisse en approcher. Près de cette cascade, est le lac de Guéry, dont la forme arrondie et la situation au pied d'une grosse montagne rappellent sur-le-champ l'idée d'un cratère ; mais en approchant des bords, on voit qu'une pente assez douce se prolonge sous l'eau ; on n'aperçoit autour de lui aucune scorie, aucune pierre volcanique, autre que celle qui forme le plateau de la cascade, et rien n'indique plus une ancienne bouche volcanique : c'est simplement une cavité du terrain qui, comme nous l'avons vu, en parlant de la structure géologique du mont Dore, est due au relèvement du sol.

L'eau du lac est limpide ; quelques plantes aquatiques croissent sur ses bords ; mais la végétation devient très-active dans un petit bois, dont la pente rapide se prolonge jusqu'au bord de l'eau. Les fougères y dominent comme dans tous les lieux humides du mont Dore. La digitale, la benoite des ruisseaux, de grandes ombellifères y épanouïssent successivement leurs fleurs.

Des troupeaux nombreux paissent pendant l'été autour du lac de Guéry. Quelques burons, remplaçant les chalets de la Suisse, sont le seul abri que l'on rencontre au milieu de la pelouse.

L'eau qui s'échappe du lac descend du côté du Mont-Dore, elle suit le fond d'une vallée qui s'élargit beaucoup, et vient enfin se mêler à la Dordogne, à peu de distance du hameau de Quereilh.

Le paysage qui environne le lac de Guéry est triste et sauvage. Nous ne vîmes de tous côtés que le ciel et la pelouse, ou la surface de l'eau qui réfléchissait un soleil sans nuage. La chaleur était forte malgré l'élévation; mais, à peu de distance, étaient les bois de la Roche-Sanadoire, où nous nous empressâmes de pénétrer.

LA CASCADE DE LA ROCHE-SANADOIRE.

Nous traversâmes un bois épais où croissaient une infinité de belles plantes. Trois roches de même nature et de formes analogues s'élevaient devant nous: c'étaient la *Tuillière*, la *Malviale* et la *Sanadoire*. Le chemin, qui descend d'abord rapidement, s'adoucit ensuite, puis remonte pour atteindre cette dernière. Le point le plus bas est occupé par le lit d'un ruisseau qui coupe le chemin transversalement. En entrant un peu au milieu des noisetiers et des buissons nombreux qui ombragent le ruisseau, on aperçoit une belle cascade. A l'époque où nous y arrivâmes, un soleil ardent s'y réfléchissait tout entier, et donnait à la lame d'eau de la cascade un éclat inconcevable. L'eau ne quitte pas le rocher, qui est un tuf volcanique ; elle glisse rapidement à sa surface, tantôt découverte, tantôt ombragée par les arbres qui l'entourent.

Au milieu de la chaleur du jour, nous nous reposions avec plaisir sur le bord de cette cascade. Une herbe touffue et d'un beau vert se développait sur ses bords ; quelques guirlandes de digitale communiquaient à la surface mobile de l'eau la couleur pourprée de leurs fleurs, et le *meconopsis cambrica* profitait de l'ombre et de l'humidité pour épanouir ses grandes fleurs jaunes inclinées, et pour étaler son beau feuillage. La boule de neige sauvage était dispersée au milieu du bois, et ses ombelles fleuries, d'une blancheur éclatante, précédaient les grappes de fruits rouges qui devaient les remplacer en automne.

Notre botaniste jeta sans hésitation une partie des richesses qu'il avait recueillies, pour faire place au beau *meconopsis*, et le considéra comme sa plus belle conquête.

Le chemin que l'on traverse a arrêté la cascade, mais elle continue au delà ; on entend l'eau ruisseler au loin et former de nouvelles cataractes ; on voit quelques filets bondir et retomber en rosée sur des touffes épaisses de fougères, et disparaître entièrement pour se précipiter dans le fond de la vallée, à travers le bois impénétrable qui les couvre dans toute son étendue.

ROCHES TUILLIÈRE ET SANADOIRE.

Au delà de la cascade, la végétation continue jusqu'à la Roche-Sanadoire, qui s'élève au milieu des bois. Les buissons sont un peu moins rapprochés ; de jolies saxifrages croissent à la base de tous les escarpemens, et le sentier monte d'une manière très-sensible. On avance obliquement sur le flanc du rocher ; on s'élève insensiblement, et l'on arrive enfin sur la pointe de la Roche-Sanadoire, que l'on apercevait de si loin, et dont le sommet paraissait inaccessible. Nous dominions alors une grande étendue de pays ; mais ce qui nous frappa le plus, fut la profondeur de la vallée qui était sous nos pieds, et la masse bizarre de la Roche-Tuillière qui s'élevait en face. Nous étions sur l'emplacement d'une ancienne forteresse, car cette roche fut illustrée par un siége. Voici ce qu'on lit à ce sujet dans le Voyage pittoresque et romantique dans l'ancienne France, ouvrage remarquable par le luxe de ses planches, la pureté et l'élégance de son style, mais sur l'exactitude duquel je ne me permettrai pas de prononcer.

Elle n'est accessible que du côté du nord, où l'on voit encore des traces de gradins mal formés, mais taillés de main d'homme. Cette masse, d'une hauteur considérable, a éprouvé, on ne sait à quelle époque, un ébranlement par lequel furent diminués de beaucoup son volume et la surface de sa sommité, qui devait avoir alors une grande étendue, puisque ce rocher était, au commencement du xive siècle, le chef-lieu d'une prévôté royale, dont l'arrondissement comprenait quarante-huit paroisses; qu'il mérita, quelques années après, le titre de *forteresse imprenable*, et que sa garnison se composait alors de quatre-vingts capitaines et de trois cents hommes d'armes anglais, qui désolèrent long-temps toutes les habitations environnantes. Dans la relation qui nous reste du siége de ce rocher, il est fait mention d'un *chastel* et de deux tours éloignées l'une de l'autre. On n'y trouve aujourd'hui aucunes traces de construction. Froissard qualifie ces *preux* et hommes d'armes d'*Anglais pillards, qui moult travailloient le pays*. Ils dévastèrent en effet l'Auvergne pendant long-temps, après s'être emparés des châteaux d'Amburs, de Tracros, de la Rochebrion et de la Roche-Sanadoire; et on trouve encore, dans ce dernier lieu, sur des pierres de borne, en caractères du temps, plusieurs noms étrangers, tels que ceux de *Blenich* et de *Vinfinère*, et des écussons aux armes de certaines familles nobles d'Angleterre.

Le duc de Berry et d'Auvergne, ne se sentant pas la force de les attaquer et de les chasser de la province, conseilla au roi de France, son frère, d'y envoyer Louis, duc de Bourbon, qui se chargea de l'expédition, et partit en 1385, pendant l'été; il prit le château de Montpensier, où mourut Louis VIII, puis Amburs et Tracros. Après ces premiers succès, il crut nécessaire d'aller à Clermont, où il convoqua la noblesse d'Auvergne, le comte Dauphin, le sire de la Tour, le sire de Montravel et le sire de la Gueule, un des vaillans hommes d'Auvergne. « *Messeigneurs, leur dit le duc de Bourbon, j'ai délivré trois places, et* près d'ici est celle qui dévaste tout le pays ; car ils sont quatre-vingts capitaines et trois cents hommes d'armes, et la place non prenable, si n'estait par la grâce de Dieu ; et devez vous m'aider à les chastier. » Ah donc! répondirent les seigneurs d'Auvergne, et dirent au duc : « Monseigneur, vous nous requérez de ce que nous dussions requérir à mains jointes ; car cette place destruit tout Auvergne, et courent tous les jours devant ceste ville de Clermont. »

Le lendemain, le duc de Bourbon partit pour se rendre devant la Roche-Sanadoire, y fit dresser tentes et pavillons, et se chargea d'attaquer cette forteresse d'un côté, tandis que les seigneurs d'Auvergne l'attaqueraient de l'autre. Les habitans des villages voisins accoururent pour aider à la prise de ce redoutable château, « *qui merveilleusement était forte place, et qui semblait comme imprenable, et moult grand garnison de bonnes gens ;* » et avec zèle portaient des vivres aux deux camps, et aidaient aux ouvrages que l'on élevait chaque jour.

Dans la place commandait Robert Canole, que la relation nomme Robert Chennel, Anglais, fameux chef de partisans. Sa troupe était composée d'une partie de ces bandes franches dont nous avons déjà parlé, et dont la célébrité s'étendit particulièrement en Auvergne et vers les frontières du Languedoc. Un autre chef de compagnie, appelé Nolumbarbe, secondait Robert Canole; mais tout leur courage devait succomber devant des forces imposantes.

Après trois semaines employées à des combats où les succès étaient partagés, la place fut emportée d'assaut; et ainsi se rendirent à lui messire Robert Chennel, capitaine; le fils messire Jean Jonel, messire Richard Coedo, fils du maire de Londres, et Thomas Thomelin Mauleurier.

Le duc de Bourbon fit conduire six capitaines anglais dans les prisons de Clermont, et se dirigea vers le château de Saint-Angel, où se trouvaient d'autres ennemis.

Les paysans des environs s'empressèrent de démolir cette forteresse, dans la crainte qu'elle ne devînt encore le refuge de *nouveaux pillards*. Ils ne laissèrent pas pierre sur pierre; aussi maintenant ne retrouve-t-on plus la moindre trace des matériaux qui servirent à sa construction. En cherchant aux environs du sommet des restes du château fort dont nous venons de parler, nous étions descendus, sans nous en apercevoir, du côté de la vallée, et, pour ne pas remonter et descendre encore de l'autre côté, nous tâchâmes de gagner un petit bois formé par de nombreux buissons qui végétaient sur un éboulement considérable. Alors, nous accrochant aux branches, nous arrivâmes près du ruisseau qui indiquait le point le plus bas que nous puissions atteindre. Nous éprouvâmes une fatigue extrême pendant ce trajet, et si je rappelle ici ce petit incident de notre promenade, c'est pour engager les personnes qui la répéteront à ne pas suivre notre exemple, et à rejoindre le point où nous étions, en descendant tranquillement sur la pelouse, et faisant ensuite le tour de la Roche-Sanadoire. Nous fûmes obligés de traverser de larges touffes de houx après lesquels nous étions souvent forcés de nous retenir quand nos pieds mal assurés glissaient sur les débris amoncelés dont nous suivions la pente inégale. Couverts de sang et accablés de fatigue, nous nous reposâmes dans le fond de la vallée, entre les deux rocs élancés qui donnent au paysage un aspect si original.

La Tuillière d'un côté, et la Sanadoire de l'autre, semblent former les deux piliers d'un vaste portique qui aurait fermé la vallée. Toutes deux présentent des divisions prismatiques extrêmement remarquables, mais tellement différentes entre elles, que l'on abandonne bientôt la première idée qui se présente à l'esprit, que ces deux roches sont les restes d'un même massif, dont les eaux auraient entraîné une partie pour s'ouvrir un passage. Ces colonnades naturelles, que l'on désigne dans les descriptions pittoresques sous le nom de *chaussées* ou *pavés des géans*, se présentent ici dans de telles proportions qu'on ne peut les comparer qu'aux plus magnifiques points de vue de ce genre que l'on rencontre en Ecosse. On voit sur la Roche-Sanadoire des prismes de toutes les grosseurs et de toutes les dimensions : tantôt droits, élancés, ils forment des faisceaux sur lesquels d'autres prismes couchés s'avancent en corniches, et figurent ces bastions et ces machicoulis que l'on rencontre encore dans les villes de guerre et les anciennes forteresses ; tantôt courbés et divergens, ils semblent se contourner en rosaces, ou onduler comme une matière molle, qui aurait fléchi successivement sur plusieurs points. Des quartiers tout entiers, formés de faisceaux réunis, sont tombés depuis long-temps sur les flancs de la montagne, et tous les jours des tronçons qui se détachent roulent avec fracas sur les anciens débris. Sans ces fragmens amoncelés, ces rochers seraient inaccessibles. La végétation envahit ces ruines, et dans quelques siècles peut être elles auront disparu.

La Roche-Tuillière, qui est en face de la Sanadoire, ne présente pas la même structure : ses prismes ressemblent à d'immenses colonnes qui, d'un seul jet, s'élèvent de terre, et se réunissent en un sommet pointu, et difficilement accessible. On peut cependant y parvenir du côté opposé à la vallée ; mais ce n'est qu'en tremblant, qu'occupant un espace aussi circonscrit, on ose mesurer des yeux le précipice effrayant qui sépare ces deux roches. Non-seulement la Tuillière présente à la vallée une face tout à fait verticale, mais son sommet surplombe, et offre à l'aigle qui va des Alpes aux Pyrénées un point de repos dont il profite souvent.

Une troisième roche de même nature, désignée sous le nom de *Malviale*, occupe encore cette vallée, sans offrir le même intérêt que les deux autres.

Ces grandes colonnades ne sont pas formées par du basalte, comme cela a lieu pour l'ordinaire ; c'est une roche particulière que l'on désigne en France sous le nom de *phonolite*, en Allemagne sous celui de *kleing-stein*, et dont le nom, dans chacune de ces langues, suppose un caractère particulier, celui de rendre un son clair quand on la frappe. Nous entendions en effet depuis long-temps un bruit que nous comparions à celui d'une cloche éloignée, et qui se répétait à chaque instant, et ce fut seulement en voulant parvenir à la base de la Tuillière, que nous aperçûmes plusieurs ouvriers frappant avec force sur les gros prismes de ce grand obélisque. Ils les divisaient parallèlement à leur base, et en retiraient ainsi des dalles plus ou moins grandes, qui, dans les environs, remplacent les tuiles pour la couverture des édifices.

Tous les prismes de la Tuillière ne se divisent pas avec la même facilité. Tous cependant offrent cette structure de disgrégation qui fait présumer qu'à la longue ils se diviseront en feuillets. De loin on voit ces lignes transversales passer d'un prisme à l'autre, comme si les retraits avaient eu lieu à la fois sur toute la masse. Les végétaux qui s'emparent si promptement de toutes les surfaces exposées à l'air, croissent de préférence sur les fissures dans lesquels leurs racines peuvent déjà pénétrer, et figurent sur le rocher des bandes distinctes et légèrement inclinées, dont, au premier abord, on ne peut soupçonner la cause du parallélisme.

En avançant un peu dans les bois qui cachent partout le sol de la vallée, nous rencontrâmes des scories assez abondantes, qui nous firent penser un instant que nous pouvions être dans un cratère d'explosion qui aurait éclaté sous une couche de phonolite descendue du puy de Loueire, et dont la Malviale, Tuillière et Sanadoire feraient partie des bords.

Nous ne pûmes, du reste, avancer beaucoup dans ces bois qui sont réellement impénétrables. Ils servent de retraite à un certain nombre de loups qui remplacent les brigands qui occupaient autrefois la forteresse de Sanadoire : ils n'exercent pourtant leurs déprédations que sur les animaux, et nous rencontrâmes un pauvre cheval auquel ils avaient donné la chasse la nuit précédente. Son maître qui le cherchait, venait de le retrouver encore vivant, mais couvert de plaies si profondes qu'il n'espérait pas le sauver.

LE LAC DE SERVIÈRES.

Il fallut retourner sur nos pas pour sortir de la vallée, et remonter derrière la roche Sanadoire. Passant ensuite sur un des flancs du puy de Loueire, nous traversâmes de vastes plateaux couverts de pelouses. Nous vîmes en passant une petite montagne de phonolite comme celle que nous venions d'étudier, et nous arrivâmes sur les bords du *lac de Servières*. C'est une jolie nappe d'eau qui occupe un ancien cratère qu'elle remplit jusqu'au bord. Sa forme est arrondie, et ses contours légèrement ondulés, manquent de cette ceinture d'arbustes et de grands arbres qui ornent les pentes abruptes de Pavin, et les rives élégantes de Chauvet. Servières ne peut animer seul le paysage où il se trouve ; tout est triste autour de lui ; ses bords sont couverts d'un gravier volcanique mélangé de fer titaniaté, que les eaux réunissent en petites couches sur le sable. Le lac paraît peu profond ; mais sa transparence permet de distinguer, à une petite distance, un affaissement du sol, qui, d'après les sondages faits par M. Masson, lui donne soixante à soixante-dix pieds de profondeur. L'eau arrive par des sources intérieures et par de nombreux suintemens du terrain environnant, et elle s'échappe par une petite échancrure située à l'est. Le ruisseau qu'elle forme change bientôt de direction, et coulant vers le nord, va arroser de grandes prairies.

Près du lac, s'élève une montagne volcanique dont il paraît dépendre : c'est le puy d'Augeire ou de Servières, en partie couvert de pelouses, en partie dénudé. Les déchirures laissent voir un grand nombre de scories, dont les formes varient à l'infini. Elles rappellent celles du volcan de Gravenoire par leur fraîcheur et leur diversité. On rencontre au milieu d'elles des morceaux de pyroxène, dont les angles sont fondus et arrondis comme ceux des cristaux de même nature que l'on trouve sur la plaine de Corent. Ce point volcanique paraît le centre de plusieurs plateaux basaltiques qui s'étendent aux environs, et dont la roche dure et indécomposée, n'a pas permis encore à la végétation arborescente de s'établir.

LA ROCHE BRANLANTE.

En descendant du puy d'Augeire, nous vîmes une source minérale ferrugineuse sur le bord du lac ; nous ne nous y arrêtames pas, car la journée était très-avancée, et nous marchions depuis le matin. Notre intention était de coucher à Rochefort, et plusieurs membres de notre caravane, pour ne pas dire tous, désiraient beaucoup arriver au gîte. Il fallait cependant traverser de grands pacages, et nous étions fatigués de marcher sur des pelouses. Le soleil venait de se coucher, et nous voulions voir encore la *roche Branlante* ou le *rocher de Deveix.*

Il existe en Auvergne un assez grand nombre de ces pierres branlantes; on les regarde comme des accidens de la nature, quoique plusieurs personnes les considèrent comme des monumens druidiques. Celle-ci est celle qui jouit de la plus grande réputation. Nous y arrivâmes assez tôt pour l'examiner avec soin. C'est une très-grosse masse de trachyte posée en équilibre sur d'autres fragmens : elle est anguleuse et pourrait se mouvoir assez facilement en employant une force suffisante ; cependant nous essayâmes en vain de lui donner du mouvement : peut-être ne connaissions-nous pas le point auquel il fallait appliquer nos forces. Beaucoup d'autres blocs de trachyte gisent autour de celui-ci. On trouve aussi aux environs quelques cavités creusées dans le sol, que l'on pourrait, au besoin, considérer comme les traces d'anciennes habitations gauloises, si l'on adoptait l'opinion de ceux qui considèrent les pierres branlantes comme des monumens du culte des Druides.

Tous ces blocs de roche volcanique sont situés sur le bord de la vallée qui, de la Roche-Sanadoire, conduit à Rochefort. Au-dessous, se trouve le hameau de Deveix, près duquel la roche Branlante irait s'arrêter, si un tremblement de terre ou une force humaine pouvaient un jour la précipiter de son piédestal.

La nuit nous força de gagner Rochefort le plus promptement possible, et de remettre au lendemain notre visite à son ancien château, en attendant que la diligence de Clermont nous recueille à son passage et nous transporte au Mont-Dore.

NEUVIÈME PROMENADE.

PUYS DE MAREILH, DE L'ANGLE, DE HAUTE-CHAUX, DE TRIGOU ET DE LA TACHE. — LA CROIX MORAND. — LE BOIS DE LA CHANEAU.

Lorsque, dans une promenade précédente, nous étions assis sur le sommet du puy Gros, nous étions très-rapprochés de plusieurs montagnes gazonnées qui nous semblaient disposées sur une seule ligne, et dont les sommets paraissaient presque aussi élevés que celui du pic de Sancy. Nous les avions dès lors placées au rang des objets que nous voulions visiter. Notre embarras était de savoir quel chemin nous allions suivre pour nous y rendre. Nous pouvions monter sur le plateau de l'Angle, immédiatement au-dessus du village, en prenant le chemin par lequel nous étions descendus quelques jours auparavant. Nous préférâmes monter de nouveau à la grande cascade. Nous revîmes avec plaisir cette scène de désolation et ces blocs entassés, dont l'eau ne peut user les angles, quoiqu'elle se précipite d'une hauteur de quatre-vingts pieds. Nous suivîmes ensuite un sentier étroit, et à peine tracé sur des cendres et des débris mouvans, au moyen duquel nous sortîmes cependant du ravin. Nous étions à droite de la cascade ou sur la rive gauche du ruisseau qui en descend. Les buissons commençaient à se multiplier sur notre route; le sentier avait disparu, et nous étions toujours au bas de l'escarpement que nous voulions franchir. Enfin, nous vîmes au-dessus de nous une pente peu différente de la verticale, mais qui cependant servait de passage aux bergers qui gardent les chèvres. Quelques cavités creusées dans le rocher permettaient d'y assurer les pieds, et nous préservaient ainsi d'une chute certaine et d'autant plus dangereuse, qu'un précipice effrayant était au-dessous de nous. Le rocher fut escaladé en quelques minutes, et nous étions sur la pelouse qui domine la cascade.

LES PUYS DE MAREILH, DE HAUTECHAUX, DE LA TACHE, etc.

Nous ne conseillerons pas aux personnes qui n'auraient pas l'habitude des montagnes de suivre la route que nous venons d'indiquer, car elles resteraient infailliblement à la base de l'escarpement, sans oser tenter l'escalade ; tandis qu'elles parviendront facilement sur la pelouse que nous venions d'atteindre, en montant immédiatement au-dessus du village.

Le puy de Mareilh fut le premier qui s'offrit à nous; c'est une masse de trachyte, arrondie et remarquable par plusieurs coulées de lave qui en sont sorties. Ces laves diffèrent des laves modernes par leur nature trachytique, et s'en rapprochent par leur surface hérissée qui les rend difficiles à parcourir ; elles contiennent du péridot, substance très rare dans les trachytes, et qui fut découverte dans cette roche pour la première fois, au Cantal, par M. Bouillet. On y trouve aussi de petites lames de mica. Mareilh est le moins haut de toute la ligne ; nous n'avons pas cependant atteint sa partie supérieure qui ne nous offrait rien de remarquable. Nous laissâmes son sommet à notre gauche pour gravir plus tôt le puy de l'Angle qui est le plus élevé de cette petite chaîne. Il atteint 1742 mètres ; il est assez régulier, gazonné partout, et couvert d'une très-belle végétation. La neige y reste très-long-temps au nord. Nous y retrouvâmes les plantes que nous avions déjà rencontrées sur le pic de Sancy et dans nos autres excursions sur les lieux élevés. Des anémones étaient encore fleuries à son sommet, et à mesure que nous descendions, nous en trouvions de grosses touffes, dont les fleurs étaient déjà remplacées par des graines.

Nous visitâmes le puy de Hautechaux qui tient à celui de l'Angle, et qui présente deux sommets séparés par une petite vallée.

En suivant toujours la crête de ces montagnes, nous vîmes le puy Trigou ou du Barbier, dont la partie supérieure offre aussi plusieurs éminences, et enfin le puy de la Tâche, qui présente trois sommets distincts, auxquels on pourrait donner des noms différens. Toutes ces montagnes sont en trachyte, et s'élèvent comme des boursoufflures sur le grand plateau de l'Angle. Elles forment une série continue jusqu'au puy de la Croix Morand qui est de même nature qu'elles. Çà et là on remarque des scories qui se sont fait jour sur leurs flancs, et qui tendraient à faire croire que la force volcanique qui les a soulevées, a agi postérieurement encore et a fondu leurs parois. C'est surtout au puy de la Tâche que l'on aperçoit les traces de cette seconde volcanisation. Une portion toute entière est formée de scories. On y trouve même des masses de lave qui sont sorties dans une petite vallée qui sépare deux parties de la même montagne. Toute la masse trachytique a été fracturée, et ses fissures sont tapissées de fer oligiste que l'on y rencontre en larges lames ou en cristaux groupés. On en a extrait, il y a quelques années, de très-jolis échantillons qui tous ont été recueillis au-dessus des points scorifiés. Il paraîtrait que partout où l'action volcanique s'est manifestée de cette manière, des vapeurs ferrugineuses sont venues se condenser sur les parois des roches voisines.

LA CROIX MORAND.

Ces puys nous intéressaient beaucoup; nous les regardions comme une ligne de soulèvement dirigée vers les roches Tuillière et Sanadoire, où des phénomènes analogues avaient dû se produire à la même époque; mais au lieu de continuer notre marche vers ces roches que nous avions vues deux jours auparavant, nous descendîmes à la Croix Morand. C'est un marais assez étendu, au pied de ces grandes montagnes, et qui est traversé par la petite route de Clermont au Mont-Dore. Nous nous y engageâmes pour recueillir quelques plantes; et souvent le sol mouvant cédait sous le poids de notre corps, et nous éprouvions beaucoup de peine à nous éloigner de ces sortes de fondrières. Il fallait s'élancer avec vitesse sur des touffes de sphagnum et de joncs, qui bientôt eussent elles-mêmes cédé à la pression, si nous leur eussions donné le temps de pénétrer dans le sol un peu profondément. Une foule de petits ruisseaux naissaient partout, et creusaient leurs lits dans la tourbe. Ils entretenaient une belle végétation que déjà nous avons décrite en parlant des plantes qui se réunissent pour vivre dans les marais. Aucun arbre ne végète à cette hauteur, les sapins commencent plus bas, mais il n'en a pas toujours été ainsi ; car on a trouvé, dans cette localité, et il existe encore ensevelis dans la tourbe, d'énormes troncs d'arbres qui n'ont pu végéter ailleurs, et qui sont maintenant réduits en une sorte de terreau.

Nous étions à la Croix Morand par un de ces beaux jours d'été qui rendent le séjour des montagnes si agréable. Aucun nuage ne voilait l'horizon, et à peine si un vent léger tempérait la chaleur du soleil. Quelle différence entre ce calme de l'atmosphère et ces tempêtes effrayantes qui désolent quelquefois ces contrées ? J'avais vu la Croix Morand pendant ces écirs de neige si dangereux et si violens; combien ce paysage d'hiver différait de celui que nous avions sous les yeux. Une neige fine que le vent réduisait en poussière tourbillonnait alors sur les plateaux élevés, et cachait entièrement ces montagnes herbeuses que nous venions de parcourir. Des nuages congelés et violemment agités par des courans d'air refoulés sur les montagnes, se précipitaient tout à coup sur le sol, s'enlevaient de nouveau comme de la poussière, et ensevelissaient tout ce qui se rencontrait sur leur route. Chaque année des accidens ont lieu dans cet endroit; des voyageurs s'égarent; la neige les recouvre, le froid les saisit, le sommeil s'en empare, et la mort termine leur existence, sans qu'aucune douleur les prévienne du danger, et ne les mette en garde contre cet assoupissement dont ils peuvent à peine se défendre. La Croix Morand élevée dans ce désert, sur le bord de la route, rappelle sans doute un événement de ce genre; elle a dû d'abord s'appeler la *Croix du mourant.*

LE BOIS DE LA CHANEAU.

Malgré le beau temps, les marais ne nous offraient rien de bien curieux, si ce n'est leurs plantes, et dès que nous eûmes fait notre récolte, nous descendîmes dans le bois de la Chaneau. Le paysage change entièrement d'aspect; au lieu de ces grandes pelouses monotones, on voit une belle forêt de sapins que traverse aussi la petite route du Mont-Dore. On voit les arbres s'élever un peu sur les flancs du puy de la Tâche, mais ils s'arrêtent bientôt, et restent à l'abri des grands vents qui règnent si souvent sur le plateau de la Croix Morand. Au-dessus des arbres verts, paraissent les pics les plus élevés du Mont-Dore, tantôt couverts de verdure, comme nous les voyions alors, tantôt cachés sous un voile de neige, et contrastant alors avec la verdure des forêts. Le Capucin était entièrement découvert, et se dessinait sur l'azur du ciel, ainsi que plusieurs montagnes rapprochées de la vallée des Bains.

Nous parcourûmes quelque temps le bois de la Chaneau ; il nous offrait d'abord de l'ombre et de beaux groupes de hêtres et d'arbres verts. Sa disposition étagée nous permettait de voir d'un coup d'œil l'ensemble de la forêt que traversait le ruisseau qui lui a donné son nom. Nous retrouvâmes sur les vieux troncs de sapins ces larges rosaces de lichens que nous avions déjà recueillies dans les bois du plateau de Bozat et du ravin de l'Eau salée.

Cette promenade nous rappelait l'arrivée de la Société géologique au Mont-Dore, le 1er septembre 1833. Une file de voitures descendait le bois de la Chaneau, après avoir traversé avec peine le plateau de la Croix Morand. La neige nous avait assaillis, et nous poursuivait encore dans la forêt ; mais alors la tempête avait cessé, et de gros flocons blancs se croisant en tout sens, formaient un réseau mobile qui descendait sur le sol, laissant autour des sapins un espace circulaire que protégeaient leurs branches. Celles-ci, fléchies par le poids de la neige, descendaient vers la terre que les inférieures touchaient de leur extrémité. Derrière ce rideau de neige et de sapins, on apercevait la vallée du Mont-Dore que le soleil éclairait encore avant de se coucher, et dont de gros nuages neigeux allaient effacer les derniers rayons. Les parcelles d'eau glacée brillèrent quelques instans, le soleil disparut, les nuages s'amoncelèrent, et le lendemain toutes les sommités du Mont-Dore étaient convertes de dix-huit pouces de neige.

Nous n'avions pas à craindre ce contre-temps dans le mois de juillet, aussi nous profitâmes du reste de la journée pour parcourir le bois; nous vîmes une petite cascade située à droite de la route, et nous suivîmes ensuite le cours de la Chaneau. Cette petite rivière a creusé son lit dans des cendres ponceuses et fortement tassées qui forment une espèce de tripoli. Au-dessus, on voit plusieurs faisceaux de prismes basaltiques couronnés d'une belle végétation. Les pentes abruptes qui existent sur le bord de la rivière étaient cachées partout par de grandes plantes herbacées.

Nous vîmes avec intérêt un monticule isolé près du pont de la Chaneau. Il était couvert de bois à sa partie supérieure; un petit champ de seigle était immédiatement au-dessous, et une prairie ceignait sa base. Ce monticule est formé de trass ponceux, couronné par de la lave, et n'est autre chose que l'extrémité du plateau de l'Angle qui s'est éboulée, et qui est tellement séparée du plateau lui-même, que la route maintenant passe entre les deux. On n'a conservé aucun souvenir de la chute de ce terrain, qui a dû ébranler le sol environnant, et dont la cause est due sans aucun doute à des infiltrations aqueuses ou à l'une de ces secousses violentes qui, pendant si long-temps, ont accompagné les éruptions volcaniques en Auvergne.

Ce fut surtout en descendant dans le bois de sapins, et à une certaine distance de ce monticule, que nous pûmes juger de sa relation intime avec le plateau de l'Angle.

DIXIÈME PROMENADE.

LA CHAPELLE DE VASSIVIÈRES. — LE LAC PAVIN ET LE CREUX DE SOUCY. — LA VILLE DE BESSE.

Il nous restait encore à voir les environs de Besse et de Murol, et chacune de ces courses exigeait plusieurs jours. Mon compagnon de voyage était très-impatient de voir Pavin dont il avait souvent entendu parler comme d'un objet merveilleux ; et, afin de pouvoir y passer une partie de la journée, nous résolûmes de partir de très-bonne heure pour aller déjeûner à Vassivières.

La matinée était fraîche, et comme nous nous élevions rapidement, le froid tendait plutôt à augmenter qu'à diminuer. La vallée était pleine de brouillards ; nous ne pûmes voir en passant ni la cascade du Serpent ni le marais de la Dore. Le pic de Sancy était encore voilé quand nous passâmes à sa base. Le chemin qui conduit à Besse, par Vassivières, est un simple sentier assez bien tracé entre le pic de Sancy et le puy Ferrand, mais tellement effacé dans certains endroits, qu'il faut le bien connaître pour ne pas l'abandonner. Besse cependant est un chef-lieu de canton qui a des relations assez fréquentes avec le Mont-Dore; mais, pendant l'hiver, il est impossible d'aller de l'un de ces endroits à l'autre; car il faut passer un col extrêmement élevé qui est souvent couvert par la neige. Nous marchâmes fort long-temps sur une pelouse émaillée par les fleurs de plusieurs plantes alpines, et sur laquelle croissaient de larges touffes de genévrier qui nous parut être une variété naine et très-étalée de l'espèce ordinaire.

LA CHAPELLE DE VASSIVIÈRES.

Un petit ruisseau nous séparait encore de Vassivières, et nous avions en face de nous sa chapelle et les deux auberges destinées à recueillir les nombreux pèlerins qui viennent y prier tous les ans.

Nous déjeunâmes à l'auberge qui était à notre gauche, et nous fûmes ensuite visiter la chapelle qui renferme une image de la sainte Vierge, presque semblable à Notre-Dame du Puy. Elle est sculptée dans une matière noire et couverte d'ornemens. On lui attribue un grand nombre de miracles, dont le principal, s'il n'est le plus utile, est d'être retournée seule à Vassivières, lorsque les habitans de Besse l'ayant enlevée, voulurent la conserver pendant toute l'année. On fut obligé d'entrer en accommodement, et il fut convenu, à la satisfaction de tout le monde, que Notre-Dame de Vassivières habiterait Besse pendant l'hiver, et continuerait de rester dans la chapelle où nous la vîmes pendant tout l'été. Chaque année on l'apporte en procession au printemps, et on agit avec les mêmes cérémonies pour la reconduire à Besse à l'approche de l'hiver.

La chapelle que nous visitâmes fut construite en 1550 sur les ruines de l'ancienne. Elle a cinquante pieds de long sur vingt-six de large. Elle ne fut achevée qu'en 1555, et bénite cette même année par Antoine de Sénectère, alors évêque de Clermont.

On voit à côté une fontaine dont les eaux peuvent aussi produire quelques miracles.

LE LAC PAVIN ET LE CREUX DE SOUCY.

Avant d'arriver à la chapelle, nous avions déjà aperçu le lac Pavin tenant au puy de Montchalme, l'un des volcans modernes les plus élevés. Nous en étions très-près à Vassi-

Le Lac Pavin, Vue prise à ses bords.

vières, et très-impatiens de le voir en détail. Aussi nous ne nous arrêtâmes que très-peu de temps dans cet endroit. Le terrain s'élève tout autour du lac, et de toutes parts il faut monter pour apercevoir la surface du liquide; c'est un lac placé au sommet d'une montagne, qui elle-même est encore dominée par une autre. Des buissons couvraient les pentes que nous avions à gravir pour atteindre les bords du lac; mais nous préférâmes suivre quelque temps le chemin qui conduit à Besse, et arriver sur le bord du lac par son canal de décharge. Nous vîmes, en effet, un ravin peu profond, creusé dans des débris de roches volcaniques, et dont le fond était occupé par un ruisseau qui descendait du lac. Nous montâmes en longeant le cours de l'eau qui formait çà et là plusieurs petites cascades d'une limpidité remarquable, et nous arrivâmes bientôt sur le bord du bassin. C'est évidemment un ancien cratère d'une grande étendue, dont la coupe est à moitié remplie par une eau pure et parfaitement transparente. Une espèce de corniche entoure le lac, et se trouve couverte de morceaux de lave et de fragmens de rochers tombés des bords supérieurs. On la voit se prolonger sous l'eau, à une petite distance du rivage; puis tout d'un coup, la

Pl. IX.

teinte noire des eaux annonce leur profondeur, et les escarpemens du sol submergé. On croit voir, à travers le liquide, des couches distinctes d'une roche volcanique qui formait la base du terrain et les parois du lac. Nous aperçûmes aussi des branches d'arbres encore feuillées, dont l'eau augmentait les dimensions, et qui nous expliquaient la présence de grosses poutres et de forêts aquatiques que les gens des environs nous assuraient exister sous l'eau.

Cette corniche que nous suivîmes long-temps est interrompue sur quelques points, et nous fûmes obligés, à plusieurs reprises, de nous élever à travers les buissons sur une pelouse glissante, dont la déclivité eût pu effrayer plusieurs personnes. Nous pûmes à loisir examiner les contours arrondis de cette belle pièce d'eau, qui est sans contredit le plus beau lac de l'Auvergne. Ses bords, élevés dans certains endroits de plus de 300 pieds au-dessus de sa surface, s'abaissent graduellement des deux côtés, et viennent en quelque sorte se confondre à l'ouverture qui donne issue au trop-plein. D'un côté, la pelouse entrecoupée de rochers quelquefois verticaux, descend jusqu'au bord du bassin; de l'autre, des bois disposés en amphithéâtre forment un rideau de verdure qui contribue beaucoup à l'agrément du paysage. Un vent léger ridait la surface de l'eau, des ondes multipliées paraissaient tout à coup, et réfléchissant la lumière du soleil sous des angles divers, produisaient des taches irrégulières qui se renouvelaient sans cesse, et dont on ne pouvait distinguer les contours. Quelques lames arrivaient sur les bords, et frappaient à nos pieds des galets volcaniques, que des oscillations prolongées avaient arrondis. Le bleu du ciel, la verdure des arbres et la teinte sombre des rochers, réfléchis par ces eaux et modifiés par leur surface mobile, formaient un tableau ravissant, qu'un silence absolu rendait plus majestueux.

Au-dessus de cette étroite corniche sur laquelle nous étions, s'élèvent les bords abruptes du cratère; au-dessous, l'eau cache l'abîme, dont l'œil ne peut deviner la profondeur. Aucun bateau, aucune nacelle ne traversent ses eaux profondes. Aucun habitant des environs n'oserait se hasarder sur cette plaine liquide. Un tourbillon existe au milieu, et engloutirait l'imprudent qui voudrait y conduire sa barque. Une pierre même lancée assez loin pour atteindre ce gouffre, fait bouillir les eaux et produit un orage. Le plomb des sondes fond au milieu du lac, et sa profondeur n'a pas de limites. Telles sont les absurdités que nous entendions raconter, en demandant s'il n'existait pas un bateau au moyen duquel nous puissions le sonder.

Du reste, Pavin fut mesuré et sondé avec exactitude en 1726 et 1770. Je ne sache pas qu'il l'ait été depuis. Voici ce qu'en rapporte le vénérable Delarbre, ancien curé de la cathédrale de Clermont : Le 9 mars 1726, le lac Pavin étant bien gelé, un des aïeux de M. Godivel, subdélégué et juge de la ville de Besse, s'y transporta avec plusieurs amis pour en mesurer les dimensions. Ils trouvèrent du nord au midi 1,000 pas géométriques ou 5,000 pieds; de l'est à l'ouest 927 pas géométriques ou 4,635 pieds. On avait essayé aussi de percer la glace dans le milieu et d'en mesurer la profondeur, mais ce moyen dangereux n'eut pas de succès, sans doute parce que les cordes étaient trop courtes. M. Chevalier n'attendit pas l'hiver pour sonder ce lac; ce fut le 28 septembre 1770 qu'il fit porter sur ses bords deux claies de parc ; il les ajusta avec des cordes, les couvrit de fagots et de branchages, et muni, de deux rames, il monta cette espèce de radeau, avec un globe de plomb assez pesant, enduit de matières grasses, et attaché à de longs cordeaux. Il vogua sur le lac, en fit plusieurs fois le tour afin de découvrir les sources qui l'entretiennent ; il le croisa, jeta sa sonde en plusieurs endroits d'espace en espace, et il découvrit que la plus grande profondeur du lac était de 48 toises ou 288 pieds (1).

Il est à présumer que cette profondeur n'a pas varié depuis cette époque. Le fond du lac n'a pas la forme d'un entonnoir, mais celle d'une soucoupe à fond plat ; car son diamètre étant dix-sept fois plus considérable que sa profondeur, il faudrait que ses bords aient une pente très-douce pour se réunir à cette distance, tandis qu'au contraire ils sont escarpés et presque verticaux dans certains endroits.

On crut pendant long-temps que des sources souterraines alimentaient le lac Pavin ; cependant Delarbre rapporte que M. Chevalier a vu jaillir, à l'opposé du canal de décharge, la grande source qu'il présume dériver du creux de Soucy, et que, dans le contour du lac, il y a d'autres sources qui fournissent abondamment (2).

---

(1) Delarbre, Notice sur l'Auvergne, p. 241.
(2) *Idem*, idem.

Depuis cette année 1770, personne n'avait vérifié l'exactitude des recherches de M. Chevalier, pour la position de cette source. Il y a plus, plusieurs personnes, parmi lesquelles je citerai Legrand d'Aussy, assurent avoir fait le tour du lac, et n'avoir découvert aucun filet d'eau. Il est probable que ces personnes auront été effrayées par la déclivité du sol dans certains endroits, et qu'elles n'auront pas fait leur examen avec tout le soin nécessaire.

Je retrouvai cette grande source au lieu indiqué par Chevalier, le 16 juillet 1831, avec M. Croiset, curé de Neschers; nous la vîmes de nouveau le jour où je fis cette description.

En face du ravin par où s'échappe le tropplein du lac, on voit un banc de rocher horizontal assez élevé au-dessus de la surface de l'eau. C'est au-dessous que sont les sources. Pour y aller, nous gagnâmes le bord supérieur de Pavin, et nous longeâmes cette crête du côté opposé au bois de hêtres et d'alisiers. Nous arrivâmes près de ce banc de rocher que nous reconnûmes bientôt pour une lave moderne analogue à celle qui perce les pelouses sur plusieurs points de la circonférence du bassin. Au-dessous, sont de grands amas de pouzzolane noire, sur lesquelles on des-

Le Lac Pavin. — Vue prise en face du trop plein

cend avec difficulté, ayant à ses pieds les eaux du lac, et de gros blocs de lave séparés, qu'une végétation vigoureuse cache en partie. Plusieurs de ces blocs évidemment détachés de la partie inférieure de la coulée, sont de véritables scories, dont la fraîcheur atteste une volcanisation récente. Là, comme sous toutes les coulées de lave de l'Auvergne, paraissent des sources limpides et abondantes, qui s'échappent par plusieurs issues. Nous mesurâmes leur température qui était de cinq degrés, tandis que celle du lac était alors de 16°. On entend le murmure de l'eau quelque temps avant d'arriver à la base de la coulée; comme la pente est rapide, et que les sources sont élevées de 132 pieds au-dessus de la surface du lac, elles forment une infinité de petites chutes, et développent autour d'elles cette belle végétation des fontaines, que nous avons décrites dans un des premiers chapitres de ce Mémoire. Leur volume m'a semblé à peu près le même que celui du ruisseau qui s'échappe du lac, en sorte que l'absorption du sol et l'évaporation qui doit avoir lieu à la surface, seraient compensées par plusieurs filets que l'on observe sur les bords, et surtout dans la région boisée. Nous nous arrêtâmes près de ces sources pour

Pl. X.

dessiner Pavin, dont le bassin tout entier se déployait devant nous, et nous gravîmes ensuite les flancs de Montchalme qui s'élève au-dessus de la lave qui protége les sources et leur donne naissance. Ce volcan est partout couvert de pelouse. Il offre quelques dépressions peu sensibles, où croissent des buissons d'alisier, des lys martagon, d'élégans astrantia, et se termine par un cratère assez vaste, profond, ovale, allongé dans le sens d'une ligne qui traverserait le lac de ses sources au trop-plein. Il est entièrement formé de scories couvertes de pelouse et de larges touffes de genévrier, dont une partie venait d'être incendiée quand nous y arrivâmes. Nous remarquâmes une échancrure du côté de Montsineire, quoique, selon toute apparence, il n'ait pas fourni une coulée de lave hérissée de monticules que nous avions sous les yeux.

Cette coulée qui s'étend dans la direction du lac de Montsineire, est remarquable par les irrégularités qu'elle présente : tantôt ce sont de petites buttes formées par des blocs de lave amoncelés, tantôt ce sont des obélisques qui s'élèvent tout à coup au milieu de la pelouse. Ailleurs, ce sont de petits cratères parfaitement réguliers, quelquefois pleins d'eau et de plantes aquatiques, ou des fondrières dangereuses, mais presque toujours bouchées par de grosses pierres, dont la végétation a caché la surface et adouci les angles. C'est dans une cavité de cette nature que nous cherchions le *creux de Soucy*, espèce de puits creusé naturellement dans la lave, et que l'on peut considérer comme un soupirail que les produits gazeux se sont ouverts avant le refroidissement de la coulée. Nous eûmes assez de peine à le trouver, parce qu'on avait fait rouler de grosses pierres dans le fond de l'entonnoir où il vient s'ouvrir. Nous les écartâmes avec peine, et les fragmens que nous y laissions tomber, produisaient au bout de quelques secondes un bruit qui nous indiquait la présence de l'eau. On présume qu'un ruisseau souterrain passe sous le creux de Soucy, et conduit ses eaux dans le lac Pavin. Les sources qui sortent de la partie inférieure de la coulée dont nous avons parlé, seraient alimentées par l'eau de Soucy. Le nivellement fait en 1770 par Chevalier, favorise cette supposition; car il a trouvé au creux que nous examinions 54 pieds de profondeur et 6 pieds d'eau, en tout 60 pieds ; et la surface de l'eau serait encore élevée de 55 pieds au-dessus du niveau des sources. La température de l'eau était, le 27 septembre 1770, de cinq degrés

Réaumur. Rien cependant ne prouve que Soucy soit un des réservoirs de Pavin ; on peut admettre avec autant de vraisemblance que ses eaux vont alimenter le lac de Montsineire.

Ayant parcouru cette coulée de Montchalme, et prévoyant que nous ne pourrions visiter avec assez de soin Montsineire et son lac, nous revînmes sur le bord de Pavin. Nous essayâmes de pénétrer dans les bois qui couvrent les pentes que nous n'avions pas examinées ; mais sur plusieurs points, il nous fut impossible d'avancer. Tantôt des escarpemens nous arrêtaient tout d'un coup, tantôt l'épaisseur des broussailles était telle que, ne pouvant plus avancer, nous éprouvions encore bien des difficultés pour reculer. Aussi ces bois ne sont exploitables que pendant l'hiver, lorsque la surface du lac est congelée, et que l'épaisseur de la glace permet d'y amener des voitures pour le transport des fagots.

Revenus au point d'où nous étions partis, c'est-à-dire, au dégorgeoir du lac, nous vîmes qu'on avait placé quelques mottes de gazon à cette issue pour élever la surface du lac, et se procurer ensuite, par ce moyen, des eaux abondantes pour l'irrigation des prairies inférieures. Nous descendîmes dans le ravin par lequel nous étions montés le matin. Il est creusé dans un tuf ponceux assez dur, peu perméable à l'eau, et qui renferme beaucoup de fragmens de lave pyroxénique tout à fait semblable à celle qui forme la coulée qui présente sa tranchée au-dessous de Montchalme et au-dessus de la surface du bassin. Les eaux du trop-plein alimentent un ruisseau auquel se réunissent plusieurs sources situées dans les prairies qui sont au-dessous du lac, et elles forment une petite rivière qui passe sous la ville de Besse, et qui est connue sous le nom de *Couze-Pavin*.

Une petite maison, la seule que nous aperçûmes aux environs, est bâtie à la base du lac, sur le bord du chemin de Besse. Derrière s'élève un monticule non boisé, où nous montâmes pour jeter un dernier coup d'œil sur Pavin. De là, nous pûmes apprécier l'étendue et la profondeur de ce magnifique bassin qui paraît un cratère immense dépendant du puy de Montchalme. Au sommet de celui-ci, on voit aussi le cratère dont nous avons déjà parlé, et les nombreux buissons qui couvrent toutes les pentes de la montagne. De là, nous pûmes hasarder quelques conjectures sur sa formation et sur l'époque de son apparition, mais déjà nous avons consigné ces idées dans la partie géologique de cette description du Mont-Dore. Nous prîmes encore un croquis de Pavin avant de gagner Besse où nous voulions coucher. Peu d'instans après, nous étions au milieu des prairies humides et tourbeuses qui dominent la ville. Un bois de hêtres qui s'avance jusqu'auprès du lac, et que traverse le chemin de Vassivières, cache le commencement d'une coulée qui vient évidemment de Montchalme, et à travers laquelle Pavin s'est fait jour. On peut la suivre dans les prairies, et tout d'un coup on arrive à un escarpement de lave, où les blocs entassés laissent souvent à leur partie inférieure, des grottes produites par l'infiltration des eaux. Un mouvement de terrain que l'on observe un peu plus loin met à nu la coulée, et fait voir qu'elle repose sur une roche granitique qui se décompose facilement. La Couze offre ici sa première cascade; elle glisse plutôt qu'elle ne s'élance, et divisant ses eaux sur la pelouse, elle les réunit pour les séparer encore, et arrive, après bien des détours, sous la ville de Besse qu'elle longe sans quitter la lave qui, comme elle, a suivi la pente du terrain.

Le soleil était couché, et le jour commençait à disparaître quand nous entrâmes à Besse par la Tour de l'Horloge. Nous avions une belle soirée d'été, qu'un vent du nord rendait presque froide à cette élévation. Nous conservions le souvenir du dernier point de vue qui nous avait frappés avant d'entrer dans la ville. C'était le rocher noir et massif sur lequel est placée d'une manière si pittoresque l'église de Saint-Pierre-Colamine, qui se détachait des vapeurs bleuâtres dont la Limagne était couverte.

BESSE.

Nous employâmes le reste de la soirée à parcourir la ville; elle est assez bien bâtie avec des matériaux volcaniques. On y voit plusieurs fontaines et des restes de remparts très-bien conservés. Elle faisait partie autrefois du patrimoine de la maison de la Tour d'Auvergne. Giraud de la Tour en était seigneur au commencement du douzième siècle. Cette ville obtint, en 1270, plusieurs priviléges de Bernard et Bertrand de la Tour, qui les leur vendirent pour une somme assez considérable ou des redevances particulières, que nous ne pouvons énumérer dans un ouvrage qui pourra quelquefois se trouver entre les mains des dames.

L'église est sous la protection immédiate

de saint André. Il y avait autrefois un grand nombre de prêtres pour la desservir. Dulaure assure que leur nombre a été de plus de soixante. Ce sont eux qui, accompagnés du corps municipal, furent en procession chercher à Vassivières l'image de Notre-Dame que nous avions vue le matin, dans sa station d'été; mais, à plusieurs reprises, on assure, comme nous l'avons déjà dit, qu'elle retourna seule à Vassivières.

ONZIÈME PROMENADE.

LE LAC ESTIVADOU. — LE LAC CHAUVET. — LE LAC DE CHAMBEDAZE. — LE PUY ET LE LAC DE MONTSINEIRE. — LA GODIVELLE ET SON LAC.

Le lendemain nous sortîmes de Besse à quatre heures du matin, du côté même où nous étions entrés la veille. Nous laissâmes à gauche un bois de hêtres, et, traversant de grandes pelouses couvertes de fleurs, nous arrivâmes près du puy de Percussat : c'est une montagne de basalte qui a percé le sol, et qui l'a soulevé à une certaine distance. Le basalte s'y présente en prismes informes, mais très-durs. Nous passâmes à gauche de Percussat, et nous atteignîmes alors des pelouses immenses, interrompues çà et là par des lacs, des cônes volcaniques et des bouquets d'arbres, et qui s'étendent, pour ainsi dire, sans interruption, jusqu'aux pics du Cantal, dont la chaîne entière se développait devant nous. Le sol diffère entièrement de celui que nous avions parcouru la veille, en venant du Mont-Dore. Les pelouses ne cachent plus, aux environs de Besse, des masses de trachyte, comme les pics qui avoisinent Sancy, ou comme les plateaux de l'Angle et de Rigolet; elles recouvrent des nappes de basalte que des filons de même nature ont percées, et à travers lesquels plusieurs volcans modernes se sont fait jour. Il semble que la force volcanique, n'ayant pu ouvrir de passage à ses derniers produits, sous la croûte épaisse du Mont-Dore, soit parvenue à se frayer une issue au milieu des basaltes. En effet, deux des volcans modernes les plus puissans sont situés près de la ville de Besse: l'un est le puy de Montchalme que nous avions étudié la veille; l'autre est le puy de Montsineire que nous voulions visiter dans la journée.

LE LAC ESTIVADOU.

Estivadou fut le premier lac, ou, pour parler plus exactement, la première mare que nous rencontrâmes. Ses bords irréguliers n'offraient que des débris volcaniques et quelques fragmens du sol granitique inférieur. Ses eaux peu profondes étaient couvertes d'*alisma natans*, et ses bords nourrissaient plusieurs espèces de joncs. Nous restâmes peu de temps près de ce lac, qui ne vaut pas la peine que l'on se dérange de son chemin, et nous continuâmes notre route à travers des bruyères.

LE LAC CHAUVET.

Nous vîmes encore en passant le creux de Soucy et les fondrières de la coulée de Montchalme; puis nous traversâmes les vastes pacages qui sont à la droite du puy de Cocudou, grande montagne basaltique, dont les flancs sont couverts de broussailles. Après avoir descendu quelque temps, nous passâmes le petit pont de Clamouse, situé près d'un moulin tout à fait élémentaire sous le rapport de sa construction. Le paysage commençait à changer; des forêts descendaient jusqu'au milieu de longs prés tourbeux garnis de plusieurs espèces de saules nains; et, sur les sommets, on apercevait des troupeaux paissant près de quelques vacheries construites en larges gazons soutenus par des branches d'arbres.

Nous espérions jouir bientôt de la vue du lac, que déjà nous avions aperçu plus d'une fois du sommet de Sancy, d'où on le confond souvent avec Pavin. Nous ne fûmes pas trompés dans notre attente; car du point où étaient situées les vacheries nous découvrions entièrement Chauvet, arrondi comme

Pavin, avec une surface presque aussi grande, et des bords moins escarpés. C'est un des plus beaux lacs de l'Auvergne, et sous le rapport pittoresque, il peut être considéré comme un des points les plus remarquables des environs du Mont-Dore. Ce ne sont plus les précipices, ni les pentes abruptes de Pavin; la nature est moins sauvage, mais aussi belle. On arrive sans effroi sur les bords de cette nappe arrondie, à contours ondulés, qu'entoure une petite plage horizontale, quelquefois sablée par les graviers qu'amènent les flots. Souvent on y rencontre de nombreux galets basaltiques, sur lesquels se dépose une couche légère de fer hydroxidé. Nous vîmes plusieurs de ces cailloux altérés par une décomposition lente, et criblés de cavités assez profondes pour qu'on puisse prendre ces masses pour de véritables scories. L'action lente des eaux et le mouvement continuel qu'elles impriment à ces pierres ont attaqué la partie la plus tendre, tandis que la partie la plus dure est restée en saillie.

De vieux hêtres et de jolis buissons de saules pentandres forment autour de Chauvet une ceinture partielle qui descend jusqu'aux bords des eaux. Le puy Maubert élève au-dessus d'eux sa cime basaltique également ombragée,
Pl. XI.

Le Lac Chauvet.

et l'on entend au loin de nombreux ruisseaux qui viennent en murmurant conduire leurs eaux dans ce bassin. Leur cours est ombragé partout, soit par des arbres, soit par de grandes fougères, qui étalent leurs frondes élégantes. Les cours d'eau se divisent sur le sable, et forment un réseau que l'on traverse quelquefois avec peine. Non-seulement une verdure d'une fraîcheur remarquable décore tous les alentours, mais le fond même de Chauvet ressemble à une véritable prairie. Nous y vîmes l'*isoetes lacustris*, plante singulière qui croît au fond des lacs, et y forme des tapis d'une herbe courte et serrée que l'on ne peut mieux comparer qu'aux gazons des jardins paysagers. La majeure partie des eaux s'évapore à la surface du lac; il a cependant un trop-plein, espèce de rigole horizontale entourée de quelques buissons, et qui permet de faire de fréquentes irrigations dans les grandes prairies de Taillade.

Nous déjeûnâmes sur le bord de l'eau avec les provisions que nous avions eu soin d'apporter. Un batelet destiné à la pêche était attaché près de nous, et fixé par un cadenas qui nous priva d'une jolie promenade sur le lac. Nous étions assis à l'ombre de grands hêtres, près d'une source abondante, dont les eaux aussi froides que celles qui alimentent Pavin, marquaient 5° au thermomètre, et se rassemblaient dans une auge de bois.

Nous fûmes dérangés par un troupeau de vaches qu'un pâtre venait abreuver. Il empêchait ces bestiaux de boire dans le lac, car le sol qui sur les bords paraît couvert de deux ou trois pieds d'eau, s'enfonce tout à coup, et présente un abîme dont on ignore la profondeur. Ce caractère et la forme arrondie du lac doivent faire placer Chauvet parmi les cratères d'explosion qui ont donné naissance à ces beaux bassins d'eau douce.

LE LAC DE CHAMBEDAZE.

Nous fîmes le tour complet de Chauvet, et nous sortîmes de son enceinte par une ouverture que laissaient entre eux de grands arbres. Nous voulions voir Chambedaze qui, d'après la carte de Desmaret, ne nous paraissait pas éloigné. En effet, nous l'atteignîmes après avoir traversé deux grands plateaux de lave couverts de pacages, et séparés par des vallées assez profondes. Nous fûmes un peu désappointés à la vue de ce lac; Chauvet nous avait gâtés. Nous comptions trouver une belle nappe d'eau et des bouquets d'arbres agréablement étagés sur ses bords; nous ne vîmes qu'une grande mare, qui cependant animait la solitude où elle se trouvait. Quelques ruisseaux de peu d'importance conduisent leurs eaux dans un bas fond, sur un sol tourbeux : elles s'échappent ensuite par deux issues qui produisent chacune un ruisseau sinueux. Ces deux petits cours d'eau ne tardent pas à se réunir ; puis ils se divisent ensuite pour l'irrigation des prairies.

Nous vîmes à droite du lac plusieurs vacheries et de nombreux troupeaux. Nous ne pûmes approcher jusqu'aux bords du bassin ; le sol tremblait sous nos pieds ; nous enfoncions dans la fange, et nous abandonnâmes promptement Chambedaze.

LE LAC ET LE VOLCAN DE MONTSINEIRE.

Après avoir traversé de nouveaux pacages, nous aperçûmes le sommet de Montsineire, et au delà, au milieu des pelouses, une nappe d'eau assez considérable, qui occupait la partie basse d'un vaste plateau ; c'était le *lac de Bourdouze*, que nous jugeâmes analogue à Chambedaze, et que, pour cette raison, nous laissâmes de côté. Nous fûmes bientôt sur les bords du lac de Montsineire qui ne nous laissa aucun regret de l'avoir abordé. Il a la forme d'un croissant qui entoure en partie la base d'une large montagne toute couverte de bois. Ce lac paraît profond, et l'on voyait, comme à Chauvet, l'*isoetes lacustris* former un beau tapis vert sous une eau transparente. Nous vîmes sur ses bords de grosses masses de basalte, ou peut-être de lave moderne, qui font supposer que le volcan lui-même a fait irruption sous une couche de cette nature. On peut le considérer comme occupant un ancien cratère. Une explosion aura sans doute ouvert dans cet endroit un grand lac arrondi et régulier comme Pavin; Montsineire, en s'élevant sur un de ses bords, en aura comblé une partie, et lui aura donné la forme qu'il présente actuellement. A l'une des extrémités, on remarque de grands amas de pouzzolane, au milieu desquels se trouvent aussi de grosses masses de lave. Le lac reçoit ses eaux d'une foule de suintemens ou de petites sources que l'on rencontre en faisant le tour, sur la plage étroite que ses flots recouvrent quand un vent violent les agite. On croirait, au premier abord, que l'évaporation du lac suffit seule pour faire équilibre à la quantité d'eau qu'il reçoit. Mais comme les bords et une partie du bassin sont formés de matières poreuses lancées par le volcan, il est probable que l'eau s'infiltre à travers les laves, et que

Vue du Lac et du Volcan de Montsincère

les belles sources de Chamiane, au-dessus de Compains, doivent en partie leur origine au lac de Montsineire.

Assis sur ses bords, nous considérâmes quelque temps le joli paysage que ses eaux embellissaient. Les arbres de la montagne descendaient jusque sur ses rives, et ombrageaient une portion du chemin de Besse à Compains. Dans le lointain, s'élevaient plusieurs pics basaltiques dominés par les sommets du Cantal, tandis que sur le premier plan un bateau traversait le lac chargé de dalles de basalte qu'on exploitait près de nous.

Nous serions restés plus long-temps sur le bord de l'eau, si la journée n'eût déjà été avancée, et comme nous étions encore loin de la Godivelle où nous voulions coucher, nous fîmes de suite notre ascension sur Montsineire. Nous montâmes à gauche, c'est-à-dire, sur le flanc le plus rapproché du lac de Bourdouze; la pente était très-rapide; le sol couvert d'humus et de feuilles mortes, était très-glissant; il fallait à chaque instant nous accrocher aux branches des arbres, pour ne pas perdre le terrain que nous venions de gagner. Mais arrivés aux deux tiers de la hauteur, le taillis s'éclaircit un peu.

Nous traversâmes une zone entièrement

composée d'épilobes à épis, dont les fleurs épanouies, et d'un rouge purpurin, nous offraient un spectacle magnifique. Au delà nous ne trouvâmes que de la pelouse; nous arrivâmes au sommet où nous vîmes encore de grands arbres, mais ayant toutes leurs branches dirigées d'un côté par les vents d'ouest, qui règnent souvent sur ces hauteurs avec une violente impétuosité.

Le bord supérieur où nous étions est assez large; on y jouit d'une belle vue sur les lacs voisins et sur la coulée de lave de Montchalme; nous y restâmes quelques instans, et nous descendîmes, à l'ombre d'arbres de haute futaie, dans un cratère très-régulier et des plus pittoresques : c'est un ovale un peu allongé, garni d'une ceinture de grands arbres, qui en couvrent les pentes : le fond était caché sous une pelouse tout émaillée de fleurs, et dont aucune pierre volcanique ne venait interrompre l'uniformité. Nous entendions de tous côtés le chant des oiseaux cachés dans des buissons de chèvrefeuille et de groseilliers des rochers. De jolis papillons habitaient aussi ce palais de verdure, que l'homme a rarement visité. On ne reconnaît plus à ces contours élégans couverts sous une végétation brillante, le cratère du volcan le plus puissant de l'Auvergne; on n'y voit plus la trace de l'incendie violent qui lui donna naissance. Un chemin ombragé longe un des bords de ce cratère, et conduit dans son enceinte : les chevaux et même des chars peuvent y descendre. A côté de cette bouche volcanique en existe une autre qui attira bientôt toute notre attention ; c'est celle qui a laissé échapper cette immense coulée de lave qui va s'arrêter au Valbeleix. C'est un gouffre immense que des arbres séculaires embellissent de leur verdure, et aux parois duquel sont encore suspendus de grands lambeaux de lave noire, qui attestent la hauteur à laquelle s'éleva jadis le bain des matières fondues qui bouillonnaient dans l'intérieur de ce cratère. Une partie de l'enceinte pressée par cette masse énorme s'écroula à demi-fondue, et dès lors un fleuve de feu sortit pendant long-temps de Montsineire, et descendit dans la riante vallée de Compains. Nous suivions un petit chemin qui tourne autour de cette enceinte; nous admirions les vastes proportions de ce cratère, dont le bord le plus bas est situé du côté opposé au lac. Déjà quelques-uns des grands hêtres qui s'élèvent en amphithéâtre sur ses flancs, commençaient à changer de verdure, brûlés par les vents du midi et la longue sécheresse de l'été, tandis que les autres, abrités par les flancs de la montagne, conservaient encore leur feuillage du printemps. Le fond du cratère est partagé en deux, par un amas de scories, et après la sortie du torrent de lave, une digue de matières lancées par les deux issues, est venue fermer l'enceinte, et former ce bord surbaissé, qui permet d'embrasser d'un coup d'œil tout l'intérieur du volcan.

La lave une fois sortie conserva long-temps dans son intérieur une force particulière ; elle se souleva en montagnes très-rapprochées, qui font maintenant une espèce de labyrinthe, où nous nous égarâmes avec plaisir. En suivant toujours la pente du terrain, et traversant les bois qui s'étendent sur toute la surface de la coulée et des monticules qu'elle a produits, nous arrivâmes à Chamiane, petit hameau dont la position est très-pittoresque. Il semble que deux coulées de lave, sorties du même volcan, soient superposées dans cet endroit. Une pente très-forte conduit au fond d'une jolie vallée qui se distingue par ses beaux pâturages et le village de Compains qui s'élève au milieu. Des sources sortent de la lave, et leurs eaux descendent en cascades dans les prairies : on les emploie pour les irrigations.

Vue des deux cratères de Montsincyre.

Nous remarquâmes que le sol de ces prairies est formé par une coulée plus égale et moins montagneuse que celle qui se termine à Chamiane. Peut-être est-ce la même qui déjà, loin de son point d'éruption, a perdu une partie de sa force intérieure, et s'épanche alors tranquillement sur un sol moins incliné.

Nous aurions désiré suivre jusqu'au Valbeleix le courant de lave que nous abandonnâmes à Compains; mais la journée était trop avancée pour nous permettre une course aussi longue. Mes regrets furent moins vifs que ceux de mes compagnons de voyage, car déjà j'avais fait ce trajet.

Par une belle journée de l'année précédente, j'avais suivi les chemins sinueux et ombragés que l'on trouve au delà de Compains. Des arbres et des broussailles cachent partout le sol volcanique, et ce fut avec peine que je parvins au Valbeleix, en parcourant une foule de sentiers cachés, qui constituent un véritable labyrinthe. J'engage les personnes qui auront du temps à leur disposition à répéter cette promenade; car le paysage offre un caractère qui lui est particulier. Tandis que, dans toute l'Auvergne, les courans de lave ont recouvert des ruisseaux, celui-ci se trouve entre deux courans d'eau, comme s'il eût divisé une rivière et rejeté de chaque côté une partie de ses eaux. On voit sur la coulée de très-vieux arbres, dont les troncs contournés et rabougris annoncent l'aridité du sol. Il n'est pas rare de rencontrer des morceaux de lave empâtés dans leur tissu, et élevés par l'accroissement des racines et la résistance du terrain. Au bout de la coulée, on voit cependant sortir une très-belle source près du moulin de Valbeleix. Ses eaux serpentent sur une petite prairie, et se jettent dans un des deux ruisseaux. Ceux-ci passent d'abord sous un pont de pierre voûté, se joignent et coulent ensemble sur le côté du Valbeleix. Cette commune est dans une situation extrêmement sauvage ; d'un côté, elle est dominée par un grand plateau de basalte, dont les flancs sont très-escarpés ; de l'autre, elle est abritée par une crête granitique qui s'élève très-haut, et qui contraste par les arbres dont elle est couverte, avec l'aridité du sol environnant.

LA GODIVELLE ET SON LAC.

Nous ne pûmes, comme nous venons de le dire, aller au Valbeleix ; nous sortîmes de Compains, et après avoir traversé un des petits ponts de pierre situé sur le ruisseau, nous montâmes lentement sur les pelouses qui séparent Compains de la Godivelle : ce sont des pacages immenses qui, tous les ans, se couvrent de bestiaux. Nous laissâmes à notre gauche la montagne de Bryon, et après une heure et demie de marche nous aperçûmes la Godivelle, au milieu de nouvelles pelouses qui s'étendaient jusqu'au pied du Cantal.

Nous étions séparés du village par une large vallée, dans laquelle on voyait çà et là quelques saules pentandres : c'est le seul arbre que présente cette vaste étendue de pays. Le sol mouvant et élastique indiquait la présence de la tourbe, seul combustible que nous trouvâmes dans le village où nous arrivâmes très-tard. Le jour nous avait abandonnés, et nous étions d'ailleurs assez fatigués pour chercher un gîte et nous reposer. On nous indiqua plusieurs auberges, et nous pensâmes que l'adjoint du maire, qui était à la fois aubergiste et meunier, nous présentait plus de chances de bien être. Nous entrâmes donc chez lui, et, malgré les sentimens de curiosité que notre présence avait éveillés dans le village, il eut la politesse de ne pas nous demander de passe-ports. Nous retrouvâmes, en entrant à la Godivelle, un de nos compagnons de voyage qui, pour l'amour de la science ou par esprit de contrariété, nous avait quittés à

Chambedaze et avait pris une autre direction que la nôtre. Il entra avec nous dans l'hôtel, et nous fûmes bientôt groupés autour d'un feu de tourbe que la fraîcheur de la soirée rendait très-nécessaire. Le souper fut préparé en un clin d'œil ; il consistait en une omelette horriblement salée, et une salade de pommes de terre aromatisée avec un peu d'huile de chènevis soustraite à la lampe qui devait nous éclairer. Après ce repas, on nous conduisit dans notre appartement, espèce de chambre à laquelle un toit de chaume servait de plafond, et éclairée par une seule croisée à quatre carreaux, dont trois en bois, et un en papier huilé nous rappelait encore l'odeur de notre salade. Un tas de légumes occupait le milieu de cet appartement, où se trouvaient aussi réunis plusieurs instrumens d'agriculture. Huit lits ou couchettes, dont nous ignorons encore la nature, étaient disposés dans des armoires ou coffres de sapins tout autour de la chambre. Nous ne pûmes découvrir de quelle étoffe étaient formées les couvertures, mais leur poids était si grand que, malgré la fatigue que nous avions éprouvée, nous ne pûmes fermer l'œil de la nuit.

Le lendemain nous fûmes visiter le lac qui nous avait attirés à la Godivelle ; nous traver-

Le lac de la Godivelle.

sâmes le village qui est bien bâti et situé sur un vaste plateau de basalte. Le lac est à une très-petite distance des dernières maisons. Il est parfaitement rond, et domine les environs, à l'exception d'une petite montagne de basalte qui s'élève sur un de ses bords; c'est évidemment un cratère qui s'est rempli d'eau, quoiqu'on ne remarque aucune source ni ruisseau qui puisse l'alimenter, ni aucune issue par laquelle l'eau puisse s'échapper. Il y a cependant une petite dépression du sol sur un des côtés, qui doit servir de trop plein dans certains temps. Les environs, ainsi que la montagne qui domine le lac, sont entièrement basaltiques, et quelques couches qui paraissent un peu à découvert pourraient faire croire, par leur direction, qu'elles ont été soulevées lors de la formation du cratère, et qu'elles plongent à l'opposé du lac. La même direction s'observe sur des couches de pouzzolanes et de scories que l'on remarque aussi sur une partie des contours du bassin. Ces sables volcaniques appartiennent nécessairement à une éruption moderne, à celle qui a formé le cratère-lac de la Godivelle. On les exploite pour les constructions, et l'on a même creusé, pour les extraire, des espèces de galeries dont le toit est formé de fragmens de lave et de scories. Ce lac est poissonneux et très-profond ; il a, au sud-est, cent cinquante-six pieds d'eau, et cent trente-huit seulement à la partie opposée. Chaque hiver il gèle à une assez grande profondeur, ce qui en a facilité le sondage.

Nous vîmes aussi de l'autre côté du village un autre lac dont les contours sont très-irréguliers, et qui n'est guère qu'une espèce de mare analogue à Chambedaze. On exploite près de ses bords une assez grande quantité de tourbe.

Nous repartîmes de suite pour retourner à Besse, et le lendemain au Mont-Dore. Le ciel était couvert de gros nuages qui annonçaient la pluie, et la crainte d'être retenus à la Godivelle hâta singulièrement notre départ.

DOUZIÈME PROMENADE.

LE LAC CHAMBON ET LA DENT DU MARAIS. — MUROL ET SON VIEUX CHATEAU.

Notre retour de Besse au Mont-Dore ne fut pas des plus agréables. Une pluie fine et très-froide tomba sans discontinuer, et le vent peu sensible d'abord était devenu très-fort quand nous passâmes à la base du pic de Sancy. Il fallut changer en arrivant, et attendre quatre jours un temps plus favorable pour notre dernière excursion.

Notre départ arrêté, nous nous mîmes en route pour Murol et Chambon. Nous traversâmes encore le bois de la Chaneau, et nous arrivâmes à la Croix Morand, localités que nous connaissions déjà. Nous prîmes alors le seul chemin que nous trouvâmes à droite, et après avoir descendu assez long-temps, nous arrivâmes au petit hameau de Diane, qui est le lieu habité le plus élevé du département. Près de là, nous vîmes le puy de Diane, petite montagne couverte d'une herbe fine, très-remarquable par sa forme régulière ; c'est un dôme parfait, qui semble n'être qu'une boursoufflure du terrain. Nous continuâmes ensuite à marcher sur de vastes plateaux de basalte qui s'étendent au-dessus de la vallée de Chambon. Bientôt nous aperçûmes le beau lac qu'elle renferme, et le volcan de Tartaret que l'on reconnaît au loin à la couleur rouge de ses scories. Nous descendîmes un petit chemin tracé sur le granite et les gneiss dans lesquels la vallée est creusée, et nous arrivâmes à Varennes, hameau situé sur le bord du lac. Près de là, sur un monticule très-voisin de la route, sont les ruines d'un vieux château. Nous y vîmes encore une vieille tour près de laquelle nous nous reposâmes un instant pour admirer le magnifique point de vue que nous avions devant nous.

LE LAC CHAMBON ET LA DENT DU MARAIS.

Chambon, dont la belle nappe d'eau s'étendait toute entière sous nos yeux, ne ressemble en rien aux lacs que nous avions visités les jours précédens. Sa surface azurée n'indique pas une profondeur considérable comme la couleur noire que présente Pavin. Ses bords n'offrent rien de sauvage; de vertes prairies viennent, au contraire, les embellir; beaucoup d'arbres sont disséminés sur la pelouse, et environnent le village de Chambon, situé à l'une des extrémités du lac. De l'autre côté, s'élève le volcan de Tartaret et un rocher escarpé qu'on appelle la Dent du Marais. Entre ces deux objets qui resserrent la vallée, s'étend un bois de hêtres de toute beauté, sous lequel s'écoule la rivière de Couze, aussitôt qu'elle s'échappe de Chambon. Ce lac n'offre rien de régulier. Ses bords sont dentelés; le terrain suit sous l'eau une pente douce et uniforme. D'un côté, le gazon vient jusque sur la rive; de l'autre, les rameaux des arbres de la forêt s'inclinent jusqu'à la surface de ses eaux. Une île s'élève au-dessus d'elles, et de vieux arbres la couvrent en entier; leurs racines, continuellement humectées, entretiennent la fraîcheur de leurs cimes; plusieurs groupes de végétaux paraissent à côté, et annoncent le peu de profondeur du lac. Ce sont des touffes de joncs, des plantes aquatiques, au milieu desquelles on aperçoit déjà quelques plantes ligneuses.

La beauté de ce site, le voisinage du lac et la présence des îles, ont fait supposer avec raison que l'habitation de Sidoine Apollinaire était sur les bords de Chambon plutôt qu'aux environs d'Aydat. Selon M. le docteur Bertrand, les ruines du château de Varennes, où nous étions assis, eussent été autrefois l'*avitacum* de Sidoine, cette maison de campagne délicieuse qu'il décrit si longuement, et que sa situation pittoresque lui rendait si chère. Sans chercher d'autres preuves de l'existence de l'ancien *avitacum* dans ces lieux, nous pensâmes qu'il était difficile de trouver un plus beau site que celui de Varennes, et nous ne le quittâmes qu'à regret pour aller visiter la Dent du Marais. C'est un grand rocher de nature volcanique, qui s'élève au-dessus d'un ancien éboulement. Il semble qu'une coulée de lave ancienne soit sortie de sa base, ou du moins de ses environs, et se dirigeant vers le Tartaret, soit venue barrer la vallée, et former ce beau lac qui la rend si agréable. Cette roche inaccessible, demeure ordinaire des oiseaux de proie, contraste, par sa nudité, avec la belle végétation qui cache le cours de la Couze. On la distingue de loin au-dessus des longs plateaux basaltiques et des tufs ponceux sur lesquels ils reposent. Nous pénétrâmes ensuite sous les hêtres de la forêt. Il est bien rare de trouver encore en Auvergne ces restes majestueux des grands

Vue du Lac Chambon, et du Château de Murol.

bois qui en couvraient le sol autrefois. Le lieu où nous étions en était pourtant un exemple. L'écorce des hêtres était lisse, et leurs troncs s'élevaient comme des colonnes avant de donner des branches. Celles-ci, presque horizontales, croisaient leur feuillage et leurs rameaux, et formaient un toit de verdure que le soleil le plus ardent ne pouvait pénétrer. A l'abri de la chaleur, nous suivions lentement le cours de la rivière, dont les eaux vives fuyaient devant nous, en blanchissant de leur écume les noirs rochers qui s'opposaient à leur cours. Il est bien difficile de peindre la beauté de ces bois de Murol, qui sont si souvent le rendez-vous des promeneurs du Mont-Dore; mais il est à craindre que ce luxe de végétation ne devienne la cause de leur perte. Déjà nous vîmes sur plusieurs d'entre eux le signe de la destruction. Les plus beaux doivent être abattus, et bientôt peut-être ces forêts, dont l'ombre protectrice nous abritait alors, ne seront plus que des broussailles, parmi lesquelles quelques troncs élancés lutteront avec peine contre l'ardeur des étés et l'aridité du terrain. Bientôt peut-être un canal artificiel remplacera le cours sinueux de la rivière; les eaux de Chambon s'écouleront, et le lac desséché n'offrira plus que des prairies et des terres cultivées. C'est ainsi que l'homme peut, à son gré, changer l'aspect des lieux ; quelquefois il embellit la nature, et conserve ses ouvrages qu'elle anéantirait elle-même avec le temps ; mais souvent aussi la civilisation diminue la majesté de ses grandes scènes, et l'originalité de ces sites sauvages dont la France n'offre plus qu'un petit nombre d'exemples. Nos réflexions s'appliquaient alors au lac Chambon, dont nous venions de suivre les bords et d'admirer l'ensemble, et à la forêt que nous venions de traverser.

Nous étions très-près de Murol, village bâti dans une charmante position, à la base du volcan de Tartaret. En face de nous, s'élevait son vieux château, masse imposante encore, et que déjà nous avions aperçu au-dessus des arbres en descendant à Varennes.

MUROL ET SON CHATEAU.

Nous arrivâmes d'assez bonne heure au village de Murol. Ses maisons sont bâties sur la lave qui est sortie de Tartaret. Comme cette lave est très-près de son point d'origine, elle forme plusieurs étages superposés qui rendent le sol très-inégal, et qui ont obligé de bâtir une partie de la commune en amphithéâtre. La Couze a creusé son lit au milieu de cette pierre volcanique ; elle a formé un ravin dont elle a poli les parois, et dans lequel ses eaux glissent avec rapidité. La forêt descend jusqu'aux premières habitations ; plusieurs arbres sont aussi disséminés dans le village, qui est un des plus pittoresques de l'Auvergne. Le château est complétement isolé. Il est construit sur un monticule composé d'argile et de graviers, à travers lesquels un filon de basalte s'est fait jour. C'est sur le sommet de cette butte basaltique, escarpée de tout côté, que fut construit le château de Murol. On a profité soigneusement de tous ces escarpemens pour asseoir les fondations du corps de la forteresse. Ses murs sont très-épais comme ceux de tous les châteaux forts. Sa forme est un polygone régulier, auquel est jointe une tour ronde qui domine non-seulement le château, mais tout le pays des environs. C'est là qu'il faut monter pour avoir une juste idée des bouleversemens que le feu des volcans a pu produire autrefois. De là, on verra la Dent du Marais, son éboulement, et tous ces longs plateaux de lave démantelés par le temps, comme la forteresse d'où on les observe l'a été par la main des hommes. Là, on verra en entier cette plaine brûlée, couverte de la lave vomie par le Tartaret, et de monticules rapprochés et torréfiés, qui ressemblent à des volcans en miniature. Là, on dominera ces forêts de hêtres que nous avions traversées ; on verra les cratères du volcan, le lac de Chambon, la gorge de Chaudefour, et les pics décharnés qui la couronnent. On verra les environs de Saint-Nectaire, et une partie de la Limagne dans un lointain vaporeux. Ce spectacle nous fit oublier quelque temps les ruines qui nous avaient attirés. A peine avions-nous fait attention aux cours que nous avions traversées, aux enceintes du château, et au sentier rapide que nous avions suivi pour y arriver : les beautés de la nature effacent dans cet endroit les folies des hommes, et la citadelle des anciens seigneurs de Murol ne fixa nos regards qu'après les avoir détachés avec peine des sites variés qui l'entourent.

Une galerie règne au sommet du château; on peut en faire le tour ; elle est cependant dégradée sur un point assez circonscrit, mais pourtant capable d'empêcher quelques personnes de s'exposer à traverser ce passage. Elle est garnie d'un parapet dans lequel on a ménagé des machicoulis. C'est de cette galerie qu'on peut le mieux étudier le château.

On distingue encore dans l'intérieur, des appartemens garnis d'armoiries, les prisons, la chapelle et les cachots. Une petite cour située au milieu de ces ruines, nous offrit des ronces qui couvraient les murailles, et une touffe de sureau qui ombrageait une espèce de source ou de citerne. Les murs d'enceinte sont très-étendus, et interrompus de temps en temps par des tours bien conservées. On voit encore des barbacanes près de la porte d'entrée, et la loge du garde est tout à fait intacte. Cependant, quelque étendue que puisse avoir l'enceinte extérieure, on ne peut supposer, comme le pense Chabrol, qu'elle soit ni qu'elle ait jamais été assez étendue pour renfermer un lac, des sources abondantes, et des terres cultivées assez grandes pour produire le grain nécessaire à la nourriture de sa garnison. Ces détails s'accordent parfaitement à Chastel Marlhac, ancienne forteresse située près de Mauriac, et qui serait le *castrum meroliacense* dont parle Grégoire de Tours; c'est du moins l'opinion émise par dom Ruinant, dès 1699, et adoptée ensuite, en 1739, par dom Bouquet. En effet, quoique quelques auteurs aient cru retrouver dans Murol ce *castrum meroliacense*, dont Grégoire de Tours fait un si pompeux éloge, ces deux châteaux forts n'ont de commun que leur position sur un rocher escarpé, et ce n'est vraisemblablement pas Murol, qui, en 532, soutint un siége contre Thierry.

On ignore l'époque précise de la construction de ce château. Robert Chambe-Chevarier en était seigneur en 1223, et Jean Chambe en 1272. Il n'eut qu'une fille qui épousa Guillaume Sam, dit de Murol, qui fut caution au contrat de mariage d'Anne Dauphin, avec Isabelle de la Tour, en 1354.

Le fils de ce Guillaume de Murol fut père du cardinal de Murol, et d'Amblard de Murol, qui vivait en 1406. La seigneurie de Murol appartint ensuite à Dauphine et Jeanne de Murol. Cette dernière épousa, en 1455, Gaspard de l'Estaing, et eut en partage la terre de Murol en 1504. Elle resta long-temps dans la maison d'Estaing, et fut vendue, par décret du 31 mars 1770, à M. de la Garlaye, évêque de Clermont (1). Elle appartient maintenant à la maison de Chabrol.

---

(1) Chabrol, Coutumes d'Auvergne, t. 4, p. 397.

TREIZIÈME PROMENADE.

SAINT-NECTAIRE ET SES ENVIRONS.

Nous fûmes agréablement surpris de trouver à Murol une auberge où nous couchâmes dans des lits très-propres, et où nous fûmes parfaitement accueillis. Dès le matin, nous prîmes la route de Saint-Nectaire. Nous traversâmes d'abord les monticules volcaniques que nous avions aperçus de la tour du château. Notre chemin était couvert de laves et de scories qui nous rappelaient la puissance de Tartaret que nous laissions derrière nous. Nous arrivâmes à *Sachat*, hameau qui est encore bâti sur le même courant de lave, et vivifié par des sources abondantes qui s'échappent du rocher sous lequel elles étaient abritées.

Une des jolies chutes d'eau de l'Auvergne est située près de Sachat. La Couze s'élance sur la lave de Tartaret, tombe dans un gouffre qu'elle s'est creusé, et forme la *cascade des Granges*, qui nous arrêta quelque temps.

Nous continuâmes ensuite à nous rapprocher de St-Nectaire, qu'une heure de marche sépare de Murol. Nous visitâmes *son église*, près de laquelle s'élevait un *château* récemment démoli, et remarquable par son escalier qui permettait aux bêtes de somme de monter le blé dans les greniers. Nous gravîmes le *mont Cornadore* pour visiter ses caves, et nous redescendîmes dans la petite *vallée* située au bas du village, et si curieuse par ses plantes marines et ses eaux minérales. Nous examinâmes avec soin les *sources incrustantes* et les bâtimens où l'on recueille leurs eaux qui se moulent sur tous les objets qu'on leur présente. Nous vîmes aussi près de là le nouvel *établissement thermal*, dont les eaux naissent au pied du mont Cornadore, et nous allâmes ensuite aux anciens bains, en passant sur le coteau qui les sépare du village. L'*autel druidique*, parfaitement conservé, que nous trouvâmes sur notre chemin, attira quelque temps notre attention, et nous descendîmes aux deux petits établissemens qui ont commencé la réputation méritée de ces eaux thermales. Nous employâmes le reste de la journée à gravir le puy d'Eraigne, à herboriser sur son sommet, et à jouir, de ce point élevé, du spectacle imposant d'une belle soirée d'été.

Le lendemain fut encore consacré aux environs de Saint-Nectaire. Il nous restait à voir la *cascade de Saillans*, qui, comme celle des Granges, offre une rivière et une coulée de lave dans la même vallée. De là à Verrières il n'y avait qu'un pas, et les beaux sites que nous y rencontrâmes, *son pont*, la *roche longue*, etc., nous dédommagèrent amplement de cette petite course. Nous allâmes même plus loin, suivant toujours la lave de Tartaret et la Couze de Chambon, au milieu des escarpemens granitiques où l'une et l'autre prolongent leur cours. Nous aperçûmes la *tour de Granderole* au milieu des rochers, et ce fut le terme de notre promenade. Nous rentrâmes à Saint-Nectaire, riches de souvenirs et de croquis.

Jusque-là nos promenades avaient toujours eu lieu sans discussion mais non sans fatigue. Mes deux compagnons de voyage m'avaient choisi pour guide, et s'en étaient entièrement rapporté à moi. Je désirais terminer l'excursion de Murol, en retournant au Mont-Dore par la vallée de Chaudefour que je n'avais jamais parcourue ; mais l'un d'eux fut effrayé des pentes abruptes et des profondes déchirures qu'il avait aperçues dans le lointain ; il préféra retourner au Mont-Dore par une route connue, celle que nous avions suivie les jours précédens. L'autre, qui devait quitter l'Auvergne, sans espoir d'y revenir, ne voulait pas partir sans voir les *caves de Jaunas*, le *vallon de Coteuge*, les *ruines du château de St-Diéry*, et les singuliers *blocs erratiques* disséminés près de ce village; il promit de nous rejoindre au Mont-Dore en passant par Besse.

Quant à moi, je conservai ma résolution d'aller étudier la vallée de Chaudefour; je tenais beaucoup à compléter, par cette course, la description des principaux sites du Mont-Dore, et je me félicite d'avoir exécuté ce projet.

Saint-Nectaire offre trop d'intérêt pour qu'on puisse en deux ou trois jours voir avec détail ce qui mérite d'être vu; aussi n'ai-je fait ici qu'indiquer les lieux sans les décrire. Je compte y consacrer bientôt le temps et l'espace nécessaires. J'ai pensé cependant que les personnes qui ne peuvent, comme moi, visiter toutes les curiosités de l'Auvergne, me sauraient gré de leur indiquer les sites les plus remarquables des environs de St-Nectaire : ce sont ceux dont les noms, dans cet article, sont imprimés en caractères *italiques*.

QUATORZIÈME PROMENADE.

LE VOLCAN DE MUROL OU LE TARTARET. — LA VALLÉE DE CHAMBON. — LA GORGE DE CHAUDEFOUR.

Je laissai mes deux compagnons de voyage à Saint-Nectaire, et j'allai coucher à Murol. Le lendemain, je n'attendis pas le jour pour partir ; je profitai d'un beau clair de lune pour traverser des lieux que je connaissais déjà, et arriver plus tôt au village de Chambon, au delà duquel la vallée m'était inconnue.

LE VOLCAN DE MUROL OU LE TARTARET.

Je restai cette fois sur la rive droite de la Couze, et à peine sorti du village, j'entrai sous des groupes de hêtres qui se prolongeaient jusqu'au sommet de Tartaret. Je marchais déjà sur ces scories ferrugineuses que le volcan a lancées en si grande quantité. En peu de temps, je fus tout à fait sous les arbres, dont les branches étalées se croisaient sur ma tête, et produisaient une obscurité presque complète. Le vent qui commençait à s'élever, agitait le feuillage, et la lumière de la lune, affaiblie par ce réseau de verdure, formait de temps en temps sur le sol des figures bizarres et mobiles, que mes yeux n'avaient pas le temps de fixer. Je tâchais de suivre le sentier qui est assez bien tracé sous les arbres, mais de temps en temps je m'approchais de la rivière ; le terrain mouvant roulait sous mes pieds, et je descendais malgré moi au fond de la vallée, où les méandres de la Couze arrosent une foule d'arbrisseaux, et circonscrivent de petites îles couvertes de verdure. Je m'élevai alors sur le cône volcanique, et peu de temps après, je me trouvai hors du bois, marchant sur des scories rouges incohérentes, et rencontrant çà et là quelques pins trop éloignés pour que leur ombre puisse m'empêcher de distinguer les objets qui étaient autour de moi. Je montais encore, et j'étais au sommet du volcan, sur le bord d'un des trois cratères qui ont inondé les environs de leurs produits. Peu de sites ont produit sur moi une impression aussi vive que celle que je ressentis, quand je pus contempler à mon aise ce vaste paysage que j'avais vu souvent coloré par les rayons du soleil, mais que j'apercevais pour la première fois avant la lueur de l'aurore. Je me rappelais involontairement ces longues nuits éclairées par les feux du volcan sur lequel j'étais tranquillement assis. Je croyais voir ces gerbes étincellantes formées par les scories et les sables volcaniques qui retombaient à demi-refroidis, et s'agglutinaient dans leur chute. Je me reportais à l'époque éloignée où la coulée de Murol s'épancha dans la plaine, lorsque sa surface boursouflée et incandescente produisait ces monticules dont elle est couverte aujourd'hui, et répétait en petit ces phénomènes d'éruption dont le volcan venait d'être le théâtre. Près de moi étaient trois cratères refroidis, qui pendant long-temps durent répandre dans l'atmosphère d'épaisses colonnes de fumée, que l'obscurité des nuits rendait lumineuse. Mon imagination rapprochait et confondait tous ces phénomènes qui se succédèrent peut-être à de longs intervalles. Mais la scène était changée; des pins à écorce lisse étalaient dans ces cratères leurs branches resserrées; les parois éboulées attestaient la puissance du temps et l'action des eaux; d'énormes masses de sable rouge aggluciné gisaient sur les flancs de la montagne, et descendaient jusque sous les arbres. Je dominais ces belles forêts de hêtres que j'avais traversées deux jours auparavant; j'entendais le bruit des eaux de la Couze, dont ils me cachaient la vue, et le sifflement du vent à travers leurs branches. Au-dessus d'eux, s'élevait la Dent du Marais, éclairée d'un côté par la lune, et projetant son ombre allongée sur le feuillage de la forêt. Un peu plus loin, paraissait la masse imposante du château de Murol, avec sa vieille tour et ses créneaux. J'entendais distinctement le cri plaintif de l'effraie, habitant de ses ruines, qui me rappelait les gémissemens des malheureux qui périrent dans ses cachots. Je croyais voir encore la sentinelle faisant le guet sur la plate-forme de la tour; mais je détournais promptement les yeux de ce tableau qui m'attristait, je les reposais avec plus de plaisir sur le beau lac que j'avais déjà contemplé de Varrennes, et qui s'offrait alors sous un aspect bien différent. Sa surface était fortement agitée par le vent; de petits flots venaient battre le rivage, et j'entendais le frottement des graviers qu'ils déplaçaient à chaque instant. Quelquefois le vent cessait tout à coup, et le lac, semblable à une glace, réfléchissait l'image des montagnes voisines, de ses îles de verdure et de la lune qui l'éclairait. Le village de Chambon paraissait au loin au milieu des arbres ; la vallée s'élargissait, puis se resserrait encore, et je voyais distinctement les pics du Mont-Dore alternativement découverts ou voilés par des nuages abaissés qui semblaient descendre en roulant dans la gorge de Chaudefour. Ce paysage avait quelque chose d'étrange ; je me croyais éloigné de l'Auvergne, quelquefois bien loin de la France ; seul, au milieu de ce grand tableau de la nature, je ne pouvais me résoudre à quitter des lieux que peut-être je ne reverrais plus sous les mêmes circonstances.

Le froid me chassa ; je descendis dans un des cratères du volcan, et sortant par une échancrure, je me trouvai de nouveau sur des pentes couvertes de scories et de sables volcaniques. Je marchais sur les bords de l'eau en me dirigeant du côté de Chambon, et j'arrivai près du village au lever du soleil. Je suivis avec intérêt les beaux effets de lumière qui se succédèrent pendant quelque temps, jusqu'à ce que cet astre effaçant la clarté de la lune, ait rendu au paysage ses teintes accoutumées.

LA VALLÉE DE CHAMBON.

Je passai la Couze sur un petit pont de bois

avant son entrée dans le lac, et je me trouvai au milieu de terres cultivées et de vertes prairies qui s'étendent jusqu'au bord du bassin. Tous les ans ces prairies gagnent en étendue ; les eaux minent lentement leur digue et la surface du lac diminue. Les habitans de Chambon conservent le souvenir de plusieurs prés qui ont été successivement émergés. Il est facile, en examinant ses bords, de se convaincre de l'abaissement successif des eaux ; aussi on a souvent formé le projet de faire un canal d'écoulement, et de rendre ainsi à la culture ce qu'on enlèverait au paysage : peut-être même ce projet ne recevra-t-il que trop tôt son exécution. Depuis le bord de l'eau jusqu'au village, je marchais partout sur des cailloux roulés, et sur un sol d'alluvion qui témoigne de l'ancien séjour du lac dans toute la vallée, dont la surface parfaitement unie est maintenant bien cultivée.

J'entrai de très-bonne heure à Chambon. Cette commune est bâtie au pied d'une montagne escarpée et granitique. Son clocher pointu produit de loin un effet très-pittoresque. On voit, avant d'arriver, le cimetière du village, et une petite chapelle dédiée à saint Jean. Cette chapelle paraît ancienne ; elle était fermée, je ne pus y entrer. Je remarquai aussi au dehors de l'église de la paroisse une plaque de pierre incrustée, représentant plusieurs personnages dont les têtes ont été mutilées.

Au delà de Chambon, je retrouvai encore des prairies et des terres cultivées jusqu'à la Vouassière, hameau peu important, mais remarquable, en ce qu'en cet endroit la vallée se resserre pour s'élargir ensuite. La Couze qui s'est creusé un passage au milieu des gneiss et des granites, amenait ses eaux d'un lac supérieur, et les versait dans le bassin de Chambon, qui s'étendait de la Vouassière aux limites actuelles du lac, du côté de Murol.

A peine a-t-on passé cette espèce de détroit, que l'on retrouve des prairies arrosées avec beaucoup d'intelligence, et l'on voit à peu de distance une jolie cascade en partie cachée sous des arbres. Les paysans des environs la nomment le *Ressaut* ou *Saut de ruisseau*; elle me parut une des plus belles du Mont-Dore. A l'époque où je la visitai, elle avait beaucoup d'eau, et différait de toutes celles que j'avais vues les jours précédens, par sa disposition étagée, et la nature de la roche sur laquelle elle coulait. Tandis que la plupart des chutes d'eau sont occasionées par des nappes de lave qui présentent leur tranche à découvert; celle-ci offre le singulier spectacle d'un ruisseau qui rencontre les masses arrondies d'une roche granitique. Tantôt la lame s'épanche sur une demi-sphère qui paraît recouverte d'une glace transparente ; tantôt elle vient frapper un angle encore saillant, et s'élance en écume qui mouille tous les alentours. Ailleurs, elle disparaît sous des bouquets de frênes, sous des groupes de trembles, dont les feuilles sont continuellement agitées par les goutelettes qui les touchent ou l'air que l'eau déplace. Tout d'un coup elle reparaît à travers le feuillage, glisse entre deux masses arrondies, et s'étale en une gerbe éblouissante de blancheur. Une vapeur légère s'en détache; elle entoure, elle mouille les arbustes dont les racines sont implantées dans les fissures du rocher, et leurs rameaux, toujours humides, distillent une eau pure que le soleil transforme en nouvelle vapeur. Je trouvai au pied de la cascade de gros blocs amoncelés et depuis long-temps arrondis. Ils arrêtaient le torrent qui se répandait sur la prairie, et s'épanchait sur des fleurs dont il changeait l'aspect sans altérer les formes.

Au delà de ce site, la vallée qui s'est élargie se rétrécit encore ; on commence à trouver ces nappes de lave qui couvrent tous les sommets ; le cours de la Couze devient

Entrée de la Gorge de Chaudefour.

plus rapide, et l'on rencontre un nouveau détroit qui indique le point de séparation de deux lacs de niveau différent. Au lieu de suivre les bords de la rivière ou du ruisseau, je montai sur sa rive gauche, dans des bois épais et marécageux; je retrouvai ensuite quelques prairies qu'il fallut traverser avant de pénétrer dans la gorge de Chaudefour, dont je distinguais l'entrée de si loin.

LA GORGE DE CHAUDEFOUR.

J'allais pénétrer dans le dernier cirque de cette belle vallée, quand j'aperçus encore une cascade qui était à ma gauche, et dont l'eau ruisselait sur une roche rougeâtre. Elle était environnée de grands arbres formant un rideau de verdure qui semblait s'ouvrir au milieu pour laisser apercevoir la chute d'eau et décorer le paysage.

Devant moi étaient deux montagnes surbaissées et couvertes de forêts, dont les versans finissaient à mes pieds, et ne laissaient entre eux qu'un passage rétréci, par lequel la Couze s'échappait en murmurant : c'était l'entrée de Chaudefour, portail digne de l'enceinte à laquelle il conduisait. Dès que je l'eus franchi, je me trouvai dans ce vallon sauvage, si remarquable par ses contours, sa profondeur et son isolement. J'étais seul dans ce grand cirque. Le soleil même n'avait pu encore y pénétrer ; il éclairait la pointe des rochers déchirés et des obélisques de lave qui dominaient la vallée ; mais l'ombre des montagnes entre lesquelles je venais de passer s'étendait au loin et conservait à la verdure sa fraîcheur du matin. Une pelouse uniforme et d'un beau vert couvrait le sol dans toute son étendue. La Couze y prend naissance, et je vis plusieurs sources dont les eaux serpentaient d'abord sur le gazon, et se réunissaient ensuite dans un lit rocailleux. Une rosée abondante humectait encore les jolies fleurs bleues de l'ancolie et les thyrses élégans du martagon. Une large ceinture d'arbustes et de grands arbres cachait les parois de ce grand cirque, et descendait jusqu'au bas des pentes, s'avançant quelquefois sur la pelouse émaillée qu'ils protégeaient de leur ombrage.

Ce site, quoique très-rapproché du Mont-Dore, manquait entièrement de sapins ; j'y distinguai des hêtres, des frênes, des trembles, des alisiers et la boule de neige sauvage, qui produit un effet si pittoresque par ses fleurs blanches qui s'épanouissent au printemps, et par les grappes de fruits rouges qui les remplacent en automne. J'entendais le chant des oiseaux qui seuls troublaient le silence de cette solitude ; car le bruit du ruisseau n'était plus sensible quand j'approchais de la lisière arborescente qui servait de retraite à ces chantres du matin. Je reconnus les sons mélodieux du merle de roche, qui semblait saluer le soleil, dont la lumière descendait lentement dans la vallée. Je passai une partie de la journée à parcourir la gorge de Chaudefour ; partout je trouvai des objets dignes d'arrêter un voyageur. A ma droite s'élevaient de grands rochers, dont les formes bizarres offraient un contraste frappant avec l'uniformité des pelouses supérieures. Quatre couches de trachyte, séparées par une roche ponceuse et blanche, attestaient la proximité d'une bouche volcanique, dont Chaudefour même était peut-être le cratère. A ma gauche, les arbres étaient tellement rapprochés qu'ils formaient une forêt impénétrable, dans laquelle je distinguai encore une cascade, dont l'eau peu abondante s'était pourtant creusé un ravin dans le rocher. En face, étaient des déchirures profondes, dont les débris exhaussant le sol de la vallée, avaient contribué à combler l'ancien lac qui existait autrefois.

Des sources minérales s'échappent encore

des fissures du terrain, et laissent sur le gazon des traces ferrugineuses qui décèlent leur naissance. Une d'entre elles passe pour jouir des mêmes propriétés que celles du Mont-Dore; on vient souvent recueillir ses eaux pour boisson; mais elles sont peu abondantes. Des fouilles bien dirigées en augmenteraient sans doute la quantité.

Si je n'avais tracé ailleurs le tableau de la végétation du Mont-Dore, je reviendrais ici sur celle de Chaudefour, qui acquiert un développement bien remarquable. Située au-dessous des plus hauts pics et communiquant avec eux par des ravins profonds, la vallée reçoit des sommets élevés les plantes que charrient les torrens ou qu'entraînent les vents. Abritées dans cette magnifique enceinte, protégées par les forêts qui s'élèvent sur toutes ses pentes, arrosées par les eaux vives qui coulent sur ses versans, et sillonnent le fond du bassin, elles végètent avec vigueur, et présentent des groupes où la variété se joint à l'élégance et à la fraîcheur.

Je traversai ce vaste parterre pour sortir de la gorge et gagner le Mont-Dore. J'avais à gravir les pentes rapides qui ferment le cirque de tous côtés. A gauche, elles me parurent inaccessibles; à droite, j'espérais trouver une issue et parvenir assez facilement ensuite aux environs du roc de Cuzeau, pour descendre au village. Je trouvai d'abord de nombreux sentiers qui traversent les bois. J'en choisis un au hasard, et montant lentement, j'arrivai au-dessus des arbres. Ce sentier était très-glissant, et je reconnus bientôt qu'il servait aux paysans des environs pour descendre le foin qu'ils recueillent péniblement sur les hauteurs. Il était à peu près midi, et j'éprouvais une chaleur suffocante; le vent du matin avait cessé, et le soleil éclairait alors les parois du cirque qui réfléchissaient sa chaleur. Je crus trouver l'origine du nom de la vallée, *chaud four*, four échauffé, dans cette température élevée. Je montais cependant et j'étais aux trois quarts de la hauteur, quand j'aperçus, dans un ravin, une source minérale qui paraissait très-abondante. Je voulus la voir de plus près, et je m'engagai imprudemment au milieu de grands genêts qui couvraient tout l'espace qui me séparait d'elle. On ne peut s'imaginer la difficulté qu'on éprouve, sur une pente aussi rapide, à traverser ces végétaux entrelacés. Leurs tiges flexueuses et couchées sur le sol embarrassent la marche et retiennent les pieds. Je m'aperçus trop tard que je m'étais trop avancé; je ne pus joindre la source, et le trajet que j'avais parcouru péniblement en montant, il m'était impossible de le recommencer en sens inverse. Il ne me restait qu'une ressource, c'était d'escalader une espèce de muraille volcanique qui me fermait le passage, et dont la hauteur excédait trente pieds. Il fallut m'y résoudre; je profitai des fissures du rocher, et surtout des arbrisseaux dont les racines s'y trouvaient solidement fixées. Si l'une d'elles se fût arrachée, si une branche s'était rompue, ma perte était certaine; un précipice effrayant était sous mes pieds; je voyais, à plus de cinq cents pieds de profondeur, ce gazon que j'avais foulé le matin, et ces arbres sous lesquels j'étais si tranquillement assis. Je comparais ma situation du moment à celle qui la précédait de deux heures; je voyais la distance qui les séparait. Une heure plus tôt, je plaignais un montagnard qui, chargé de foin, descendait péniblement dans la vallée; et, dans ma position, j'enviais le sort d'un malheureux qui promenait lentement la faux sur quelques herbes flétries, mais qu'une large ceinture et une corde assez longue, solidement fixée, mettaient à l'abri du danger. J'espérais encore, et réunissant mes forces, j'arrivai presque sans connaissance sur le roc qui pour moi était le port du salut. Dieu protége ceux qui ont le bonheur de sentir les beautés de la nature, et d'admirer ses œuvres.

Une heure de repos fut à peine suffisante pour me remettre en état de continuer ma course. Je dominais cette fois la gorge de Chaudefour, et je vis à une petite distance du sentier que le hasard m'avait fait prendre pour monter, une pente moins rapide qui m'eût conduit sans peine au point que je venais d'atteindre avec tant de fatigues. J'avais encore une nouvelle cascade devant les yeux; mais elle méritait à peine d'être mentionnée, après celles que j'avais vues dans la journée. Je parvins sur les pelouses les plus élevées; j'arrivai à la base du puy Ferrand, et au sommet de Cacadogne; je fis le tour du roc de Cuzeau, et je descendis au Mont-Dore, me promettant bien de recommander aux personnes qui voudraient visiter le beau vallon de Chaudefour, de prendre, au village des Bains, un guide qui connaisse bien ce canton, où plusieurs d'entre eux vont, chaque année, récolter les foins.

QUINZIÈME PROMENADE.

DU MONT-DORE A CLERMONT PAR LA PETITE ROUTE.

Cette route, beaucoup plus courte que l'autre, a l'inconvénient de traverser des lieux si élevés, que souvent elle est impraticable à cause des *écirs* ou tempêtes de neige auxquels on peut être exposé, lorsque la saison est trop avancée ; mais en été elle est plus agréable que la grande route qui passe à Rochefort, et dont nous avons donné la description au commencement de cet ouvrage. Nous trouvâmes au Mont-Dore une voiture qui retournait à Clermont, et nous prîmes nos arrangemens pour l'avoir toute la journée à notre disposition, afin de nous arrêter sur la route quand nous trouverions des objets dignes de notre attention.

Le lendemain nous étions sur pied avant le jour, et déjà tout était en mouvement au Mont-Dore ; les hôtels étaient ouverts, et les malades à demi-endormis se laissaient conduire au bain. On voyait de tous côtés des chaises à porteur de la construction la plus simple, que de vigoureux montagnards transportaient avec vitesse, mais l'ordre et le silence régnaient partout. Une lumière pâle et une vapeur abondante s'échappaient des arcades grillées de l'établissement thermal ; la lune à demi-voilée éclairait de temps en temps la vallée, puis tout à coup un nuage épais la cachait en entier ; le vent sifflait au loin dans les branches des sapins, et nous apportait le bruit des eaux de la Dordogne ; quelques zônes de pluie chaude s'échappaient des nues, et la lune que nous apercevions de nouveau à travers une atmosphère saturée d'humidité, nous paraissait plus brillante encore, quoique son disque ne fût éclairé qu'en partie. Quel contraste entre cette scène nocturne et cette fête brillante où de nombreux convives allaient chercher, sous les vieux hêtres de Murol, un repas champêtre et une ombre protectrice ! quelle différence entre ce silence des nuits et cette gaîté bruyante qui annonce par un beau jour un départ pour la campagne ! On a peine à croire que les mêmes acteurs figurent dans les deux scènes, dont l'une paraît consacrée au plaisir et l'autre accordée à la douleur. Nous commencions une longue discussion sur les contrastes de la vie, quand on vint nous prévenir que rien ne manquait à notre voiture, et que deux chevaux qui s'étaient reposés la veille, s'y trouvaient solidement attelés. Nous eûmes un instant la crainte d'aller trop vite, et de ne pouvoir examiner en vrais touristes toutes les particularités que nous voulions transmettre à nos lecteurs. En effet, nous fûmes lancés avec une grande vitesse, et en quelques minutes nous fûmes à Quereilh, c'est-à-dire, à un demi-quart de lieue de notre point de départ. Là, nous quittâmes la grande route, et nous montâmes à Prentigrade avec une lenteur que l'obscurité et le mauvais chemin ne pouvaient excuser. Notre conducteur fit boire ses chevaux dans un bac placé sur le bord de la route, et alimenté par une source extrêmement limpide. Nous descendîmes pour monter à pied le chemin qui traverse le bois de la Chaneau où nos promenades nous avaient déjà conduits.

Rien n'est plus pittoresque que de traverser la nuit un bois de sapins disposés en amphithéâtre comme celui dans lequel nous étions. Il est presque impossible de décrire les magnifiques effets de lumière de la lune sur les vapeurs flottantes qui s'élèvent à chaque instant du milieu des arbres verts. Tous les objets qui nous entouraient avaient perdu leurs formes et leurs dimensions : tout était illusion. Nous ne pouvions plus mesurer les distances ; les rochers, les vieux troncs nous offraient les contours les plus bizarres, les contrastes les plus singuliers. Quand nous arrivâmes au sommet de la montagne, le point du jour allait paraître, la température s'était abaissée, et les brouillards condensés sous nos pieds ressemblaient à des vagues énormes et vacillantes, réfléchissant encore la lumière que notre satellite allait cesser de répandre. Des groupes d'arbres verts paraissaient comme des îles sur cet océan de vapeurs, dont les ondulations les enveloppaient tout à coup pour les émerger ensuite ; d'autres à demi-cachés simulaient de grandes plantes aquatiques, dont l'eau baignait encore les tiges et s'éloignait avec lenteur. Le jour, en dissipant l'illusion, rendit au paysage toute sa réalité, et s'il eût fallu décider du mérite des deux tableaux, nous eussions hésité entre le mensonge et la vérité. Nous remontâmes en voiture, et nous atteignîmes au petit pas la Croix-Morand que nous connaissions déjà ; quelques instans après, nous traversions de grands pacages couverts de nombreux troupeaux. A notre droite, s'élevait le puy de Baladou, au pied duquel on avait ouvert une carrière de pierre de taille; à notre gauche, nous aperçûmes le lac de Guéry, et une partie de la cascade que nous avons décrite dans une de nos promenades précédentes. Le paysage était très-sévère, et de gros nuages qui nous semblaient très-bas nous faisaient craindre une pluie d'orage pour le milieu du jour. Heureusement nos prévisions ne furent pas réalisées, et avant même d'avoir dépassé le puy de Baladou, nous vîmes au loin une partie de la Limagne que les rayons du soleil éclairaient déjà. C'était une portion du bassin d'Issoire, couverte de pics basaltiques, et limitée par la chaîne du Forez. Ce lointain qu'illuminaient les premiers rayons du soleil, tandis que nous étions encore dans l'ombre, nous semblait une contrée privilégiée, entièrement différente des vastes plateaux dénudés sur lesquels nous marchions. Nous le perdîmes de vue, et notre attention fut dirigée d'un autre côté par l'apparition presque subite du puy de Dôme et de tous les cônes volcaniques qui l'entourent. Ils formaient devant nous un groupe serré, et composé de plus de trente montagnes, dont la plupart étaient terminées par un cratère. Quelques-unes même n'en offraient plus qu'un vaste segment formé par les scories incohérentes qui en avaient été lancées. Nous distinguions en même temps une grande partie de la Limagne, et une teinte grise fort éloignée nous indiquait les plaines du Bourbonnais.

Nous entrâmes bientôt dans un hameau qu'il est nécessaire de voir pour se faire une idée de la misère qui règne dans ces contrées ; nous étions à Pessade, réunion de quelques chaumières qui méritent à peine ce titre ; car souvent de larges gazons ont remplacé le chaume qui les couvre. Quelques pâturages entourent ces habitations ; une fontaine, dont la nature a fait tous les frais, coule près du bord de la route, et abreuve à la fois les bestiaux et les habitans. Quelques sorbiers qui poussent naturellement à cette élévation, semblent au premier abord un luxe déplacé près de ces misérables réduits. Quand on songe à la richesse du Mont-Dore, à ses hôtels commodes et élégans, à la société distinguée qui, chaque année, vient les occuper, on a peine à concevoir que Pessade soit habité, et que l'amour du sol natal puisse y retenir des individus dont le travail pourrait leur procurer partout ailleurs un pain moins noir et un abri plus commode.

En sortant de Pessade, on abandonne complétement la région du Mont-Dore; on descend encore, et l'on chemine alors sur un plateau élevé qui sert de base aux montagnes que nous venions de parcourir, et à la chaîne des puys dont nous nous approchions insensiblement. Nous laissâmes à gauche de la route deux cabanes éloignées d'une petite lieue de Pessade, et dignes, sous tous les rapports, de faire partie de ce hameau. Ce sont deux auberges rivales que l'on dédaigne avec raison, lorsqu'un beau temps facilite votre arrivée au Mont-Dore, et que l'on est quelquefois heureux de rencontrer quand une tempête de neige s'élève à l'improviste, lance des tourbillons de poussière glacée, et couvre en un instant le malheureux voyageur qui a l'imprudence d'opposer ses efforts à la violence de l'*écir*.

Nous aperçûmes à droite le premier volcan de la chaîne des puys, Monteinard, montagne isolée dont nous avons déjà parlé en nous occupant de la géologie du Mont-Dore, et au delà le puy de l'Enfer, moins remarquable par ses dimensions que par celles d'une vaste cavité qui est située à sa base, et dont le fond marécageux est occupé par des pâturages. C'est un vrai cratère plus large et moins profond que ceux des autres puys. On le connaît sous le nom de *Narse d'Espinasse*. Nous laissâmes à droite le hameau qui lui donna son nom, et qui nous parut presque aussi misérable que Pessade. Une heure après, nous étions au milieu d'un groupe de volcans éteints, sur une route sablée par leurs pouzzolanes ; nous avions en face deux larges segmens de cratères d'une ressemblance frappante, dont les scories couvraient le sol, et dont la lave bouillonnante semblait s'échapper encore. C'étaient les puys de la Vache et de Lassolas. Un autre, d'un aspect moins sévère, reposait agréablement la vue, et cachait son cratère sous une verdure attrayante ; c'était le puy de Montchaud, au pied duquel plusieurs bâtimens annonçaient une exploitation rurale bien remarquable par sa situation. Nous étions à Randanne, sur les propriétés du comte de Montlosier. Nous descendîmes dans une auberge qu'il a fait construire près de son habitation, et après un simple déjeûner qui nous fut disputé par plusieurs milliers de mouches d'espèces différentes, nous nous disposâmes à voir Randanne et ses environs.

La terre de Randanne a plus d'un titre à la célébrité. D'abord elle est la résidence habituelle de M. le comte de Montlosier ; ensuite elle montre à l'observateur la puissance du génie en lutte avec la nature, qui lui offre à la fois son sol incendié, son ciel glacé, son climat rigoureux, et qui, en multipliant les obstacles, ajoute au prix de la victoire. Ici, le triomphe fut complet ; le ciel et le climat ne purent changer, mais le sol couvert de plantes sauvages, et souvent même privé de cette parure, ne résista pas long-temps à la main puissante qui venait de le conquérir ; une culture raisonnée transforma bientôt le désert en un oasis, dont l'étendue augmente tous les jours. Nous fûmes agréablement surpris de rencontrer au milieu de ces montagnes arides, de vastes prairies, où de robustes taureaux trouvaient leur force et leur vigueur ; des plaines couvertes de moissons que la faux n'avait pas encore atteintes, et des haies d'aubépine servant de bordure à la route qui conduisait à Randanne. Une immense bergerie, dont les dimensions étaient cependant proportionnées à l'exploitation, abritait un nombreux troupeau, annonçant, par des bêlemens prolongés, l'heure du départ et de la liberté. Nous les vîmes sortir et s'élancer dans la campagne. Le berger qui les conduisait, offrit de nous faire voir le puy de Montjugheat, et son offre fut acceptée. Nous ignorions ce que pouvait être Montjugheat, mais nous supposions que c'était un ancien volcan comme ceux qui nous environnaient. Nous marchâmes à peu près un quart d'heure sur la bruyère, et nous arrivâmes à la base d'une petite montagne couverte de pelouse; sa pente était douce; quelques buissons étaient dispersés sur ses flancs, et de grosses pierres volcaniques étaient descendues jusqu'en bas du cône. Le sommet fortement tronqué annonçait un cratère assez régulier, dont nous pûmes bientôt juger sur les lieux. Nous connaissions les beaux cratères de Pariou, de Côme, de Jumes et de Coquille, mais nous vîmes avec grand plaisir celui de Montjugheat. Il a la forme d'un vaste bassin légèrement ovale, dont les deux extrémités sont relevées. Une pente douce conduit jusqu'au fond, où l'on trouve quelques blocs de lave détachés des parois. On voit aussi des scories qui percent le gazon sur plusieurs points. Tout est resté dans la même situation que si le volcan venait de s'éteindre, et quand on a visité ce cratère, on a l'idée complète d'un volcan contemporain, dans un de ces intervalles qui séparent leurs paroxismes. Nous fîmes le tour du cratère en examinant les nombreuses montagnes qui nous environnaient, et nous redescendîmes à Randanne pour faire une promenade dans le bois de Montchaud.

Montchaud, au pied duquel nous nous étions arrêtés en arrivant à Randanne, est encore un de ces cônes volcaniques qui ont surgi lors de l'incandescence de l'Auvergne. Quoique sans doute contemporain de Montjugheat, il n'a conservé aucune ressemblance avec lui; son cratère est déformé, caché comme ses flancs sous la végétation; de larges buissons en couvrent les scories, et des allées ménagées avec art sur le flanc de la montagne en font un parc dont la nature a fait presque tous les frais, et que bien des châteaux envieraient à Randanne. Là, le feuillage des arbres est encore frais, quand le soleil a flétri la verdure de la plaine; là, se développent pendant les chaleurs de l'été, des fleurs du printemps, qu'un dais de verdure protége contre ses rayons, et qu'une rosée abondante vient rafraîchir tous les matins. Nous n'avions plus sous les yeux ces arbres verts et ces sombres forêts du Mont-Dore; le bois de Montchaud présentait un tout autre aspect. Nous étions entourés de plantes remarquables par leurs couleurs et leurs parfums. Nous avions vu souvent plusieurs d'entre elles figurer avec honneur dans les jardins. Telles étaient le lis martagon et la jolie astrance mariant ses ombelles délicates aux fleurs éblouissantes du lychnis des bois. Nous restâmes près d'une heure à nous promener à l'ombre dans le bois de Monchaud, rencontrant à chaque pas de nouvelles plantes et de nouveaux contrastes. Nous en sortîmes plus tôt que nous l'eussions voulu, afin d'avoir le temps d'aller jusqu'au lac d'Aydat.

Nous avions vu tous les lacs du Mont-Dore, nous ne pouvions laisser Aydat dont nous n'étions éloignés que d'une lieue ; aussi notre résolution fut bientôt prise. Nous traversâmes des prairies qui n'étaient pas encore fauchées, et au delà des propriétés de M. de Montlosier, nous retrouvâmes des bruyères et une herbe jaunie. Nous laissâmes successivement derrière nous les puys de Vichatel, de la Taupe, de Charmont et de Combegrasse, et nous montâmes sur le puy de la Rodde, l'un des plus beaux volcans du groupe. Nous rencontrâmes sur le flanc de cette montagne, le petit puy de Chalard qui nous offrit un cratère en miniature, entouré d'un double rang de scories incohérentes. Nous vîmes avec intérêt ce soupirail volcanique qui dut brûler long-temps, et répandre ses gerbes de feux en même temps que le volcan puissant auquel il est adossé.

Bientôt après nous parvînmes au sommet du puy de la Rodde. Il offre un large cratère dont s'est échappée une coulée de lave qui vient se terminer au village d'Aydat. Nous recueillîmes sur les parties de la montagne non recouvertes par le gazon, une grande quantité de cristaux de pyroxène, dont plusieurs très-volumineux et tous régulièrement cristallisés. La lave et les scories en sont remplies, et en jonchent le sol par leur décomposition.

Ce puy est le centre d'un magnifique panorama. Nous y fîmes une remarque assez curieuse, c'est que la plupart des montagnes ignivomes qui l'entourent, présentent un cratère ouvert d'un côté, et dans la direction sud; c'est ainsi du moins que s'offrit à nos regards le puy de la Rodde lui-même, Charmont, la Vache, Lassolas, Pourcharet, Combegrasse, et c'est encore sensiblement dans la même direction que l'on voit la Narse d'Espinasse. Montchaud et surtout Vichatel font exception; leur cratère s'ouvre précisément vers le nord. C'est un spectacle curieux de voir près de soi ces longues coulées de lave dont une enceinte de scories indique le point de départ, et sur lesquelles les hommes et les végétaux cherchent à s'établir. Verneuge, Fonclairant, Sauteyrat étaient sous nos pieds, et nous rappelaient encore Pessade, dont Randanne et le bois de Montchaud nous avaient presque ôté le souvenir. Les ruines de Montredon étaient à notre droite, et nous dominions entièrement le lac et le village d'Aydat. Les trois puys de Charmont, de la Vache et de Lassolas nous présentaient en face leurs énormes cratères, et nous restâmes long-temps les yeux fixés sur ces nouveaux champs phlégréens. Nous descendîmes ensuite pour visiter les bords du lac.

Une belle nappe d'eau s'étendait à nos pieds, et s'éloignait tout à fait par ses bords anguleux de ces anciens cratères que nous avions vus au Mont-Dore, transformés en véritables lacs. Sa surface était unie comme une glace, et offrait seulement près du point où nous étions, quelques rochers qui s'élevaient au-dessus de l'eau. Une pente très-douce forme ses rivages ; un chemin est tracé sur ses bords, et l'on aperçoit, dans le fond de la vallée, le village d'Aydat avec son clocher pointu, des bouquets d'arbres, et ses vertes prairies toujours arrosées par les eaux pures qui alimentent le lac. Une barque sillonnait sa surface, guidée par un pêcheur qui vint bientôt après nous présenter le produit de sa pêche, qui consistait en un certain nombre de perches, à la réputation desquelles les hautes prétentions du vendeur ne pouvaient rien ajouter. Nous refusâmes; mais une promenade sur l'eau nous paraissait une chose si délicieuse à Aydat, que nous louâmes pour une heure son incommode et grossier canot. Aidé d'une espèce de rame placée derrière le bateau, notre guide nous fit faire le tour du lac, dont la plus grande profondeur, d'après Legrand d'Aussy, qui le sonda en 1788, n'excède pas 90 pieds. Ce n'est guère qu'au milieu qu'existe cette épaisse couche d'eau, dans d'autres points, il la trouva seulement de 39, ailleurs de 51. A une époque où personne ne s'inquiétait des beautés de la nature en Auvergne, M. le comte de Montlosier avait fait à Aydat une observation fort curieuse. Il avait vu que l'emplacement, aujourd'hui caché par les eaux, était une vallée spacieuse, où serpentait le ruisseau qui passe près du village. Lorsque les volcans éclatèrent et inondèrent le sol de leurs laves, une coulée suivant la pente du terrain vint traverser la vallée d'Aydat, et intercepta le cours du ruisseau. L'eau s'arrêta ; son niveau s'éleva ; mais la lave coulait encore, et des flots de matière embrasée luttaient avec succès contre les ondes mobiles qui venaient se briser contre elle, et se dissiper en vapeur. Enfin, cette lave incandescente finit par s'arrêter ; la digue n'augmenta plus en hauteur, et l'eau cessa de s'élever. Long-temps sans doute une vive ébullition signala, dans ces lieux, un des grands phénomènes de la nature ; mais depuis lors les siècles se sont écoulés ; la lave s'est refroidie ; l'eau a mouillé ses masses entassées ; elle s'est glissée dans leurs interstices, et a couvert de nombreux végétaux cette épaisse chaussée que de nouveaux siècles lui permettront peut-être d'anéantir.

Le niveau du lac a dû baisser déjà ; l'eau qui, sur un des côtés, déborde par-dessus la lave, s'est aussi creusé des issues souterraines, par lesquelles elle s'échappe en partie. Le limon s'accumule tous les ans sur d'autres points, et l'on voit du côté du village un terrain fangeux, que des joncs et d'autres plantes aquatiques préparent à la culture.

Aydat n'est pas seulement remarquable par son paysage ; il excite encore l'intérêt par des souvenirs qui se rattachent à l'un des bienfaiteurs de l'Auvergne, au vertueux Sidoine

Apollinaire, dont presque tous les auteurs s'accordent à placer la demeure sur les bords de ce lac.

Évêque de Clermont et gendre d'un empereur romain, Sidoine avait en Auvergne une maison de campagne qu'il décrit lui-même comme un lieu de délices, et à laquelle il tenait plus encore, comme une propriété que sa femme Papianille lui avait apportée en mariage. Cette maison de plaisance s'appelait *Avitacum*; le lac était à l'orient; il avait deux mille cent vingt-cinq pas géométriques ou près d'une lieue; ses eaux s'écoulaient à l'est. Avant de pénétrer dans le lac, continue Sidoine Apollinaire, le ruisseau qui le forme, se précipite en écumant à travers des rochers élevés qui en gênent le cours. Tous les ans, les habitans du village d'Avitac avaient une fête, dans laquelle ils représentaient une sorte de course navale, à l'imitation de jeux semblables qu'Énée, selon Virgile, avait célébrés à Drépane. Une île, placée au milieu du lac et formée de rochers entassés naturellement les uns sur les autres, servait de but aux rameurs, et leurs barques étaient obligées de tourner à l'entour, de même que les charriots, dans les jeux du cirque, tournaient autour de la borne.

Sidoine ajoute encore d'autres détails sur son habitation et sur ses environs. A l'occident, la vue est arrêtée par une montagne herbue, mais pourtant d'un accès difficile, des flancs de laquelle d'autres montagnes moins élevées se détachent et forment deux prolongemens séparés d'environ quatre arpens; ces prolongemens s'avancent en ligne droite, et la vallée qu'ils encadrent s'élargit à mesure qu'elle se rapproche d'*Avitacum*. Les bains de la maison, à l'aspect du sud-ouest, sont adossés contre une montagne boisée; les arbres que l'on coupe roulent d'eux-mêmes jusqu'à la fournaise où l'on fait chauffer l'eau. Du haut de cette montagne, un ruisseau descend dans la piscine qui peut contenir 20,000 *modius* d'eau, et dans laquelle on peut facilement nager. L'eau est amenée dans cette pièce par des tuyaux qui, après avoir serpenté autour de la *natatoire*, y débouchent par six ouvertures qui représentent des têtes de lion à gueule béante.

Nous cherchâmes quelque temps à rapporter cette description au paysage qui nous environnait; mais nous ne fûmes pas très-heureux dans nos rapprochemens; nous avions été plus satisfaits lorsque, assis sur les ruines du château de Varennes, près du lac Chambon, nous avions essayé, comme l'indique M. le docteur Bertrand, de retrouver dans les environs le site que nous ne pouvions reconnaître à Aydat.

Peut-être le nom d'Aydat, qui se rapproche d'*Avitacum*, a-t-il contribué à amener la conviction du plus grand nombre ; ou bien les restes de Sidoine ont-ils réellement été enfermés dans la pierre creusée qui existe encore dans l'église du village, et porte cette inscription :

Hìc sunt duo innocentes, et † S. Sidonius.

Si Aydat fut réellement sa sépulture, toutes les objections doivent céder devant ce fait principal ; il a dû remplacer le véritable *Avitacum*.

La lave qui, par la digue qu'elle a formée dans la vallée, a donné naissance au lac d'Aydat, ne s'est pas arrêtée dans cet endroit ; elle a continué sa course dans une vallée assez profonde, creusée au milieu de grosses masses de granite. Elle passe entre la montagne de Montredon et le village de Cournol, s'élargit à St-Saturnin, continue au delà de St-Amant, et vient s'arrêter à Tallende, en laissant échapper des sources magnifiques qui fécondent la riante vallée de Veyre et des Martres. Partout cette lave offre une surface hérissée et difficile à parcourir. Le ruisseau qui sort du lac longe un des bords de ce courant, puis il se perd tout à coup au delà de Montredon.

Au lieu de descendre en suivant la coulée volcanique, nous remontâmes son cours afin de nous rapprocher de Randanne. Nous passâmes à Verneuge, petit hameau bâti sur le terrain primitif, mais très-rapproché du courant de lave qui s'opposa aussi à l'écoulement des eaux de ses fontaines, et y détermina une stagnation que l'on a décorée du nom de lac, et qui n'était qu'une grande mare. Elle est desséchée depuis plus de trente ans, mais on a été obligé de creuser pour cela des excavations dans la lave, où les eaux se sont facilement perdues. Près de Verneuge, est le puy de Vichatel que nous avons déjà cité ; c'est un fort joli cône volcanique ayant un cratère régulier et peu profond, ouvert du côté du nord. Il a contribué à former la lave qui fait le barrage d'Aydat. Une portion de cette lave a aussi reflué dans la prairie de Randanne, et a intercepté le cours d'un petit ruisseau ; en sorte qu'en hiver et l'été même, dans les années pluvieuses, une large mare couvre la prairie, chaque fois que les fissures du rocher ne peuvent plus absorber toute l'eau qui vient s'y rendre.

De retour à Randanne, nous recommandâmes à notre conducteur de venir nous attendre, dans deux heures, au pied du puy Noir, sur la route de Clermont, et continuant à remonter le même courant de lave, nous arrivâmes près de ces deux grands cratères que nous avions admirés le matin, les volcans de la Vache et de Lassolas, de la base desquels sortait la majeure partie du courant que nous suivions depuis si long-temps.

Ce qui frappe le plus en voyant ces deux montagnes, c'est leur ressemblance; l'une cependant est un peu plus haute que l'autre, c'est le puy de Lassolas, aussi nommé puy de la Gravouse, qui atteint 1,198 mètres, tandis que le point culminant du puy de la Vache ne dépasse pas 1,181. On voit que cette différence n'est pas bien grande, et ne peut nuire à leur ressemblance. Nous abordâmes d'abord le puy de Lassolas, et nous montâmes lentement, marchant sur les scories mouvantes dont il est composé; nous parvînmes enfin au sommet, et nous vîmes une énorme montagne entièrement formée de matières incohérentes, de cendres, de pouzzolane et de rapilli. Çà et là, des masses de scories agglutinées paraissaient au-dessus des matières meubles, dans lesquelles leur base était encore enfouie. Tout le nord de la montagne était gazonné, mais le sud n'offrait qu'un énorme cratère dans lequel la végétation cherchait vainement à s'établir. Des bandes étroites de gazons descendaient sur ce sol fortement incliné ; quelques buissons avaient implanté leurs racines dans le sable du volcan ; à peine cependant ces végétaux pouvaient-ils résister à une pluie d'orage qui entraînait le terrain où ils étaient faiblement attachés, ou à une sécheresse prolongée qui brûlait leurs tissus délicats. Nous aperçûmes au nord-ouest un reste de cratère, d'où s'échappe une lave très-dense qui va se confondre avec celle des puys voisins ; mais cette éruption latérale ne pouvait être comparée à cette lave bouillonnante qui sortait du grand cratère, formait plusieurs étages, et qui dut présenter autrefois une immense cascade de feu qui s'écoulait dans la plaine. Nous abordâmes ensuite le puy de la Vache, « immense cratère dont le puy n'est qu'un segment, et dont le bord s'est écroulé en entier du côté où la lave s'est fait jour. Ici, comme à Lassolas, tout se montre à découvert, et l'on prend en quelque sorte la nature sur le fait. Les murailles du cratère conservées jusqu'au haut de son enceinte, marquent le point où le bain de matières fondues s'est élevé avant que son poids lui ait ouvert une issue; et, au fond de l'entonnoir, on voit la cheminée du volcan indiquée par la calotte de lave qui en bouche l'orifice. La nudité des parois intérieures, la fraîcheur des scories, la couleur ardente que ces antiques ruines ont conservée, attirent de loin les regards quand on aborde la chaîne par sa face occidentale. Les puys de la Vache et Lassolas sont les premiers que l'on visite (1)». Ajoutez à cette description fidèle, que nous descendions la montagne dans le cratère tourné au midi, par une de ces journées chaudes qui précèdent un orage, abrités du moindre souffle de vent par les parois du demi-cercle qui nous entourait, et vous pourrez facilement vous figurer que l'illusion était complète. Nous croyions marcher encore sur des parois brûlantes, et le puy de la Vache était pour nous un volcan que de longues années devaient enfin refroidir. Tout en effet concourait à entretenir cette idée. La plupart des scories, couvertes d'oxide rouge de fer, offraient la teinte vive de masses incandescentes ; d'énormes bombes volcani-

---

(1) Ramond, Nivellement baromètr. des monts Dores et des monts Dômes, p. 97.

ques gisaient sur le flanc de la montagne ou s'étaient arrêtées à sa base; des lames de fer oligiste sublimées dans toutes les fissures, étincelaient aux rayons du soleil, tandis qu'ailleurs des pouzzolanes jaunies, des laves décolorées, attestaient la puissance des acides violens qui se dégagent en abondance pendant les éruptions. Rien ne manquait au spectacle de ce vaste incendie, car les laves des deux volcans venaient se confondre à nos pieds; leurs flots, quoique figés, semblaient couler encore; leur surface refroidie nous paraissait brûlante, et sans les arbres qui s'étaient emparés d'une portion de ce désert, nous eussions pu croire que nous avions assisté à cette grande éruption.

Un autre volcan était très-rapproché de ceux que nous venions de quitter, c'était le puy Noir ou puy de la Meye, adossé au puy de Lassolas, et remarquable par la couleur noire intense de tous ses produits. Cette teinte fixa notre attention, et nous vîmes que le puy Noir, en partie gazonné, n'était aussi qu'un segment d'un immense cratère qui, lorsqu'il était complet, devait avoir au moins 550 pieds de profondeur. Ce cratère a été entièrement renversé du côté du levant, et son fond est de niveau avec la plaine. Le puy de la Meye offre plusieurs déchirures toutes couvertes de scories noires, et d'une grande quantité de pouzzolane dont la couleur est aussi foncée que celle des scories et des blocs de lave qui sont épars à sa surface. Ce volcan a répandu tout autour de lui une grande quantité de ces pouzzolanes, et elles couvrent la petite route du Mont-Dore. En les examinant avec attention, on y trouve beaucoup de noyaux ou bombes volcaniques d'un beau noir, et atteignant à peine la grosseur d'une amande. On y rencontre aussi des cristaux de pyroxène qui paraissent grillés à la surface, qui sont d'un noir mat, et qui présentent plusieurs formes cristallines bien distinctes.

De la base du puy Noir, part une large coulée qui s'étend jusqu'à Fontfreide ; là, sortent des sources abondantes qui jaillissent entre deux nappes de lave de nature différente ; la première est évidemment felspathique et se taille facilement ; la seconde paraît à Fontfreide sous la première, coule en nappe uniforme jusqu'à Teix, et de là à Julia, où elle finit son cours, à deux grandes lieues de son point de départ. Ces deux laves sortent du puy Noir ; mais la dernière seule offre des rapports de couleur et de composition avec les produits qui sont épars à la surface du puy.

Couverts de sueur et de cendres volcaniques, nous vînmes nous reposer dans le joli bois de bouleau qui a changé le courant de lave du puy de la Vache en un véritable jardin; la route le traverse, sablée dans toute son étendue par les sables noirs du puy de la Meye, et les pouzzolanes rouges du puy de la Vache. Çà et là s'élèvent des obélisques de lave aux formes bizarres ou imitatives, qui simulent tantôt des ruines et des créneaux, tantôt des tours et des remparts. Sur leur fond noir ou rouge, se dessinent les branches pendantes du bouleau, ses feuilles mobiles et son écorce blanche. Ailleurs, des touffes de noisetiers ombragent des gazons d'œillets, dont les fleurs délicates s'unissent aux bouquets du chèvre-feuille pour embaumer les environs. On rencontre çà et là de petites pelouses d'un beau vert, où la pâquerette vient aussi fleurir; puis des espaces arides, où la lave blanchie par les lichens refuse une végétation plus brillante, et conserve toute son âpreté. Nous eussions, sans doute, découvert quelque site remarquable dans ce joli bosquet, si notre voiture n'était pas venue aussi exactement. Nous la retrouvâmes avec plaisir, et nous eûmes bientôt traversé les plaines couvertes de bruyères qui nous séparaient du village de Laschamp.

C'est une commune située à 976 mètres d'élévation, à une lieue du Puy-de-Dôme. Ses maisons solidement bâties, sont entourées de vastes prairies, de terres cultivées et de champs de genêt que l'on distingue de loin, pendant toute la durée du printemps, à la couleur dorée de leurs fleurs. De petits chemins garnis d'arbres des deux côtés, aboutissent au village. Le frêne, l'orme et le bouleau y dominent ; on y voit aussi le saule, le noisetier et l'aubépine qui conserve jusqu'à la fin de juin les girandoles de fleurs dont elle se couvre chaque année. Le chèvrefeuille et l'érable champêtre, dont une variété à fruit rouge, y produisaient encore un effet magnifique.

Les prairies étendues que nous vîmes à Laschamp ne ressemblaient en rien à celles de la plaine. A peine y rencontrait-on quelques graminées. Les plantes subalpines étaient les espèces dominantes. Le meum couvrait de son feuillage un espace très-considérable. Des scabieuses fleurissaient en abondance près de la grande gentiane ; le cerfeuil sauvage et la brancursine mêlaient leurs ombelles blanches aux aigrettes légères des pissenlits.

Nous laissâmes à notre gauche et au sud du village deux vastes montagnes, dont l'une est le puy de Mercœur et l'autre le puy de Laschamp. Le premier est couvert de broussailles; le second offre encore les restes d'une belle forêt. Ce dernier est le plus élevé des volcans modernes de la chaîne des puys de Dôme; il atteint 1,271 mètres. Sa masse est considérable, mais ses pentes sont douces. Son sommet élargi offre en face du puy de Dôme, un cratère très-large et peu profond, dans lequel on trouve des fragmens de lave, de scories et surtout de domite, dont plusieurs échantillons semblent avoir été altérés. Ce cratère est couvert de pelouse qui cache les restes d'un vieil édifice entièrement ruiné, et qui paraît avoir été construit avec des matériaux très-divers, comme la chapelle qui existait au sommet du Puy-de-Dôme.

De vieux hêtres sont disséminés dans ce cratère. Leurs branches sont dirigées du même côté par la violence du vent, et l'on y remarque un grand nombre de fractures et de cicatrices dues à la foudre et aux ouragans.

Le point culminant du puy offre un dôme parfaitement arrondi et très-large, caché sous une pelouse uniforme. On trouve cependant en face du puy de Lamoreno, une déchirure assez profonde, toute couverte de débris de domite et de scories. On observe bien aussi, sur les flancs de la montagne, quelques amas de pouzzolane noire, mais il est rare de les rencontrer. Une végétation active cache le sol sur tous les points. Les hêtres sont les arbres dominans, et il paraît qu'autrefois ils formaient une forêt presque impénétrable, retraite assurée des loups des environs. Quoique en partie détruite, elle est encore belle aujourd'hui ; le sol est couvert d'une couche épaisse de terre végétale qui nourrit un grand nombre de fougères en touffes magnifiques, qui se mêlent aux ancolies, aux geranium, à l'alchimille, et du milieu desquelles on voit encore sortir les têtes de fleurs de l'ail à feuilles de plantain, et les panicules serrées de la luzule blanc de neige. Plus haut, le bunium dénudé, le genêt soyeux, croissent au milieu des mayanthèmes et du muguet.

On ne voit aucune grande coulée sortir de cette montagne ; cependant de gros blocs de lave sont épars du côté du village, et tout porte à croire qu'ils proviennent d'une petite éruption qui s'est fait jour au pied du cône volcanique.

Ces détails que je racontais à mes compagnons de voyage, ne purent les décider à gravir le puy de Laschamp, et j'étais moi-même trop fatigué pour ne pas applaudir intérieurement à cette résolution. La journée était d'ailleurs trop avancée pour exécuter ce dernier projet; nous devions même nous féliciter de ne pas avoir souscrit au désir de l'un d'eux, qui eût voulu, en partant de Randanne, passer à Pasredon, puis à Tedde, route plus courte, qui lui eût permis de voir en passant le curieux volcan de Gravenoire, mais impraticable le soir pour les voitures.

Nous sortîmes bientôt des pelouses de Laschamps, et nous retrouvâmes, au pied du puy de Dôme, la grande route que nous avions suivie, un mois auparavant, pour aller au Mont-Dore. Notre voyage était à peu près terminé, et nous allions bientôt nous séparer. L'un était rappelé à Paris par ses occupations, et devait quitter l'Auvergne le lendemain; l'autre voulait rester encore et employer quelques jours à visiter le puy de Dôme et le puy de Pariou, Royat, Volvic, Gravenoire, et plusieurs autres sites dont il avait trouvé la liste dans l'*Indicateur d'Auvergne*. Nous nous donnâmes rendez-vous pour l'année 1836, et pendant que nous discutions quel serait le but de notre prochain voyage, nous nous aperçûmes, à la rapidité inaccoutumée avec laquelle notre équipage était entraîné, que nous descendions la côte de la Barraque, car l'obscurité ne nous permettait plus de distinguer où nous étions. Nous n'apercevions de Clermont que ses réverbères qui nous semblaient placés très-près les uns des autres. Cette illusion cessa bientôt après en entrant dans la ville.

FIN.

TABLE ALPHABÉTIQUE
GÉNÉRALE
DE TOUS LES NOMS
CITÉS DANS LE COURS DE L'OUVRAGE.

Nota. Les noms de lieux sont en *caractère italique*, les noms de choses en caractère droit.

A

Acanthocinus atomarius, ins., 157
Acanthocinus œdilis, insecte, 157
Achillée millefeuille, pl., 131, 271
Achillæa millefolium, pl., 138
Aconite, plante, 124, 201
Actæa à épi, plante, 128
Adjuvant (économie rurale), 175
Adonis, papillon, 272
Adoxa moscatellina, plante, 125
Age des basaltes, 66
Age des phonolites, 64
Age des trachytes, 56
Age des volcans modernes, 69
Agonum obscurum, insecte, 158
Agriculture, 163
Agrions, insecte, 159
Agrostis alpina, plante, 136, 171
Agrostis capillaris (agricult.), 171
Aigle (rocher de l'), 235
Aigle royal, oiseau, 150
Ail à feuilles de plantain, pl., 424
Aira montana, plante, 137, 172
Aira flexuosa (agricult.), 172
Airelle myrtille, plante, 124, 275
Ajuga alpina, plante, 137
Alagnat (parc et château), 10
Alchimille des Alpes, plante, 137
Alchimille vulgaire, pl., 131, 424
Alisier, plante, 22, 123, 144, 201
Allier, rivière, 57, 113
Alpes (vue des), 209
Amara crenata, insecte, 158
Amara montana, insecte, 158
Amelanchier, plante, 129, 144
Amphibole, minéral, 95
Amphibolite, roche, 94
Analyse des eaux de la Bourb., 241
Ancolie, plante, 124, 201, 424
Andrea, plante, 146

Androsace carnea, pl., 135, 136
Aném. des Alp., pl., 134, 136, 196
Anemone alpina (agric.), 172
Anemone baldensis, plante, 135
Anémone des bois, plante, 125
Anémone à fl. soufrées, pl., 136
Angle, situation de mines, 22
Angle, plateau, 27, 41, 55, 74
Angle, puy, 323
Anguilles, poisson, 155
Animaux du Mont-Dore, 148
Antérioux, village, 11, 14
Anthicus, insecte, 158
Anthoxantum odoratum (agr.) 171
Anthribus latirostris, insecte, 159
Aphanite, roche, 19
Apollon, insecte, 158
Arachnides, 160
Arbres fruitiers, 167
Arbre rond (plateau de l'), 229
Arbutus, plante, 137
Arenaria montana, plante, 145
Argynne, papillon, 156, 231, 272
Arnica, plante, 138, 206
Aspérule odorante, plante, 124
Astrance majeure, plante, 407
Associations végétales, 118, 121
Athamantha libanotis, pl., 138
Atmosphère, 97
Attérissemens, 49
Aubépine, plante, 127, 228
Augère (puy d'), 79, 318
Auliat, hameau, 33
Aulnes, plante, 132
Autel druidique, 378
Auzon, ruisseau, 13
Avena flavescens (agriculture), 171
Avena versicolor, plante 137, 170
Avitacum, 370, 412
Avoine (agriculture), 165
Aydat, lac, 40, 93, 409

B

Bagnassou, *source.* 239
Bain (grand), *de la Bourboule.* 239
Bain (grand), *source.* 185
Bains romains 185
Bains (vallée des). 72
Baladoux, *puy.* 49, 400
Balsamine impatiente, plante. 192
Banne d'Ordenche (montagne). 23, 26, 47, 48, 64, 67, 99
Baraque (la), auberge. 6
Barbier (puy du). 74
Banne, *puy.* 10, 86
Baromètre, son élévation. 109.
Barthramia, plante. 141
Basalte, roche. 4, 20, 21, 24, 47, 48, 54, 64
Basalte de Saint-Bonnet. 14, 20
Basalte en coulées et en filons. 65
Batier (économie rurale.) 174
Bécassine, oiseau. 154
Beisse (côte de la). 93
Belette, quadrupède. 149
Bembidium stomoïdes, ins. 158
Bénoite des ruisseaux, pl. 270, 304
Besse, *ville.* 83, 209, 347
Bétoine officinale, pl. 132, 272
Blechnum spicant, plante. 129
Blocs erratiques, minéraux. 380
Blocs trachytiques. 57
Biscutella lævigata, pl. 137, 206
Bistorte, plante. 131
Bonne Femme (grotte de la). 252
Bort, *ville.* 93
Botrychium lunaria, plante. 137
Bouillon blanc, plante. 232
Bouleaux, plante. 127
Bouleaux, fossiles. 9
Bourboule-les-Eaux. 25, 32, 39, 62, 112, 145, 236, 238
Bourdouze, *lac.* 355
Bourrettes et bourrets (éc. rur.) 173
Bouvreuil, oiseau. 153
Bozat, plateau. 41. 273
Brameaux (les), *village.* 11
Brancursine, plante. 422
Branlante, roche. 318
Brize tremblante, pl. 130, 271
Broc (Chaux du), montagne. 44
Brolat (hameau). 44, 57
Brouillards. 99, 206
Bruant fou, oiseau. 153
Brunella grandiflora, plante. 132
Bryon, *montagne.* 363
Bryonnet, masse basaltique. 67
Bugle commune, plante. 275
Bunium dénudé, plante. 424
Burande, *rivière.* 33
Burons (écon. rur.) 170, 177
Buse, oiseau. 151

C

Cabane (la), auberge. 402
Cacadogne, mont. 32, 104, 154
Cacalia petasites, plante. 123, 141, 200, 277
Cacalia saracenica, plante. 129
Cailles, oiseaux. 154
Caillelait jaune, plante. 271
Caltha palustris, plante. 142, 143
Canard sauvage, oiseau. 154
Canche flexueuse, plante. 271
Cantal, montagnes. 31, 43, 49, 209
Cantharide, insecte. 158
Campanules, plante. 270
Campanula glomerata, plante. 132
Campanula rhomboidalis, pl. 139
Capucin, *montagne.* 99, 216
Carabus alpinus, insecte. 157
Carabus amœnus, insecte. 157
Carabus auronitens, insecte. 157
Carabus festivus, insecte. 157
Carabus vagans, insecte. 157
Cardamine amara, pl. 131, 142
Cardamine bellidifolia, pl. 135
Cardamine des prés, pl. 131, 143, 230
Carex, plante. 131, 132
Caroline, *source.* 185
Cascades. 110
Cascade (grande). 45, 190
Cascade des Granges 377
Cascade du Ressaut. 387
Cascade de Saillins. 379
Cascade de Saillant. 11

Pour les autres cascades, voyez leurs noms particuliers.

Cassidium violaceum, insecte. 159
Caves de Jaunas. 380
Centaurea montana, pl. 132, 139
Cendres grises volcaniques. 45
Cerastium alpinum, plante. 138
Cerf, quadrupède. 149
Cerfeuil sauvage, plante. 422
Cerisier (agriculture). 168
César (bains de). 185
Chabano, *puy.* 59, 62, 220

Chabot, poisson. 155
Chagourdet, montagne. 4, 7, 67
Chalard, volcan. 87, 90, 407
Chamablanc, montagne. 48
Chambedaze, lac. 354
Chambon, lac. 368
Chambon, vallée. 39, 85, 385
Chambon, village. 386
Chambourguet, puy. 32, 67
Chamiane, hameau. 357, 360
Chaneau, bois. 327, 398
Chaneau, rivière. 290
Chantuzet, montagne. 48
Chanvre. 165
Chapelle de Saint-Jean. 386
Chapelle de Vassivières. 333
Charençon, insecte. 207
Charbon végétal. 9
Chardonneret, oiseau. 153
Chareyras, hameau. 33
Charmont, volcan. 86, 407
Charoude (bois de). 245
Chastel-Marlac, château. 375
Chastreix, vallée. 33, 39
Chaudefour, gorge ou vallée. 61, 72, 112, 127, 129, 138, 389
Chaussées des Géans. 313
Chauvet, lac. 207, 351
Chénopodées, plante. 177
Chevalier, oiseau. 154
Chèvrefeuille à fruit bleu, arbrisseau. 275
Chèvrefeuille xilostéon, pl. 127
Chevreuil, quadrupède. 149
Chopine (puy). 87, 95
Chrysanthème, plante. 132, 271
Chrysomèles, insecte. 158, 279
Chrysomela cacaliæ, insecte. 157
Chrysomela gloriosa, ins. 157
Chrysomela Lalandii, ins. 159
Chrysosplenium oppositifolium, plante. 141
Cicindela sylvicola, insecte. 159
Cinclus aquaticus, oiseau. 152
Circea lutetiana, plante. 141
Circée des Alpes, plante. 124
Cistella fulvipes, insecte. 158
Clausilia bidens, mollusque. 161
Clausilia dubia, mollusque. 161
Cliergue (puy du). 33, 41, 59, 62, 70, 220
Clierzou, puy. 87, 90
Climat du Mont-Dore. 97
Cnicus eresythales, plante. 139

Cænomice bacillaris, plante. 147
Cænomice cocciferus, plante. 147
Cænomice rangiferina, plante. 126
Cænomice sylvatica, plante. 126
Coccinelle à sept points, ins. 207
Coléoptères, insectes. 157, 160
Coliades, insectes. 158
Coluber natrix, reptile. 156
Comarum palustre, pl. 23, 142
Combegrasse, puy. 407
Combronde, ville. 87
Côme, puy. 90, 360
Compains, village. 357, 360
Compissade. 161
Conglomérats trachytiques. 41, 43, 52
Constitution géologique. 39
Coquillages. 160
Coracias, oiseau. 152
Corbeau noir, oiseau, 151
Cordès, château et parc. 21
Corent, montagne. 95, 209
Cornadore, montagne. 378
Cornicularia tristis, plante. 146
Cornillou (puy de). 79
Corvus corax. 151
Coteuge, village. 380
Coudes, village. 57
Couleuvre à collier, reptile. 156
Couleuvre (grande), reptile. 156
Cour, vallée. 104, 112, 220
Courlande, roc. 48, 67
Courgoul, plateau. 67
Cournol, village. 414
Couze-Chambon, rivière. 369, 382
Couze-Pavin, rivière. 345
Craie, ravin. 104
Creux du Soucy. 334
Cristaux de neige. 105
Crocus, plante. 22
Cros-de-Peze, chuquet. 48
Croix-Morand, marais. 51, 107, 297, 325, 399
Crustacés, 160
Cryptoganes, plantes. 126
Cuzeau, roc. 55, 59, 62, 74, 104, 195
Cychrus attenuatus, insecte. 157
Cychrus rostratus, insecte. 157
Cyclade des fontaines, mollusq. 162
Cyclade des lacs, mollusque. 162

D

Daphne laureola, plante. 125, 127

Daphne mezereum, plante. 125
Densité de l'air. 109
Dent du Marais, rocher. 368, 384
Dentaria pinnata, plante. 125
Deveix, hameau. 319
Diane (puy de). 74, 367
Diane, village. 170
Dianthus cœsius, plante. 145
Dianthus monspeliensis, pl. 139
Dicranum, plante. 146
Digitale pourprée, plante. 128, 253, 304
Diorites, roches. 40
Diptères, insectes. 150, 159
Dogne, ruisseau. 108
Dolérite, roche. 21, 48
Dordogne, rivière. 25, 114
Dordogne, vallée. 129
Dore (cascade de la). 202
Dore (marais de la). 202
Doronic, plante. 124, 285
Doronicum austriacum, pl. 128
Drosera rotundifolia, plante. 143

E

Eaux. 97
Eaux minérales. 50
Eau salée, ravin. 236, 257
Eaux, température. 109
Ecirs ou tempêtes. 396, 402
Ecureuil, quadrupède. 149
Ecureuil, cascade. Voy. Quereilh.
Egravats, ravin. 43, 44, 45, 55, 111, 195
Elévation des montagnes du Mont-Dore. 34
Ellébore blanc, plante. 232
Embelles, hameau. 93
Enfers (gorge, val, vallée). 62, 89, 104, 138, 221, 223
Enfer, (puy de l'), volcan. 48, 86, 402
Entraigues, village. 94
Ephémère, insecte. 159
Epilobes, plante. 124, 132, 285
Epilobe à épis, plante. 201
Epilobium montanum, pl. 139
Epipactis 124
Epoque de la végétation. 116
Equisetum sylvaticum, pl. 131, 143
Eraigne, puy. 378
Eriophorum polystachion, pl. 143
Eriophorum vaginatum, pl. 143

Erithronium dens canis, pl. 25
Escarpemens, leur végétation. 143
Escures (les), hameau. 48, 236
Estivadou, lac. 351
Etablissement thermal du Mont-Dore. 27, 184
Eupatoire, plante. 128, 132
Euphorbe d'hiver, plante. 132
Euphrasia minima, plante. 139
Euphraise officinale, plante. 132
Exploitation des forêts. 169

F

Fauchaison. 167
Faucon cresserelle, oiseau. 151
Fées (roche des). 247
Feillet, montagne. 154
Felspath. 43, 45, 193
Fenestre, hameau. 257
Fenêtre de Saint-Laurent. 300
Fer hématite, minéral. 225
Fer hydroxidé, minéral. 50
Fer titaniaté, minéral. 317
Feronia montana, insecte. 158
Feronia pusilla, insecte. 158
Ferrand, puy. 32, 33, 41, 43, 138
Fescelle (économie rurale). 179
Festuca aurea, plante, 137
Festuca duriuscula, plante. 172
Feuille (économie rurale). 180
Fièvres (source des). 240
Fille de la Banne, rocher. 302
Filons de trachyte. 41, 60, 63, 222
Flore du Mont-Dore. 115
Foin. 167
Fontaine de l'Etang. 14
Fontanat, vallée. 7
Fontclairant, hameau. 409
Fontfreide, village. 420
Fontinale, plante. 141, 204
Forestie (la), hameau. 93
Forêts. 117, 163
Forêts basses, leur végétation. 126
Forêts hautes, leur végétation. Ib.
Forêts de sapins de Bozat. 273
Formes prismatiq. des roches. 54
Fougères, plantes. 124, 276
Fouine, quadrupède. 149
Fourme (économie rurale). 180
Fracture de soulèvement. 59
Framboisier, pl. 128, 168, 275
Frêne, arbre. 22
Froumadzou (écon. rurale). 176

Fumaria bulbosa, plante. 24
Fumeterre bulbeuse, plante. 125

G

Gallium saxatile, plante. 145
Gaperou (économie rurale). 181
Geai, oiseau. 151, 153
Gelée blanche. 99
Genestoux, hameau. 289
Ganet, plante. 139
Genêt à balais, plante. 127, 248
Genêt purgatif, plante. 248
Genêt soyeux, plante. 424
Genevrier, plante. 137
Genista pilosa, plante. 144
Genista purgans, plante. 139, 145
Genista sagittata, plante. 173
Genista tinctoria, plante. 139
Gentiana verna, plante. 135
Gentiane, plante. 102
Gentiane grande, pl. 23, 138, 172
Gentiane bleue, plante. 136
Gentiane jaune, plante. 23
Géologie du Mont-Dore. 39
Geranium, plante. 424
Geranium pyrenaycum, pl. 138
Geranium robertin, plante. 259
Geranium sanguineum, pl. 188
Geranium sylvaticum, pl. 212
Geum montanum, pl. 135, 137, 204
Geum rivale, plante. 142
Givre. 100
Glaciers. 106
Gnaphalium supinum, pl. 139
Godivelle, lac. 362
Godivelle, village. 357, 362
Gorge de Chaudefour. 389
Gorge des Enfers. 31, 71, 223
Gouri (économie rurale). 175
Gouttes (puy des) 87
Graminées, plantes. 130, 134
Granderole, tour. 379
Grand duc, oiseau. 151
Granges (cascade des). 377
Granite, roche. 20, 39, 40
Gravenoire, volcan. 55, 209, 425
Grèbe, oiseau. 154
Grenouille temporaire, reptile. 156
Grimpereau de murailles, ois. 153
Gros, puy. 33, 41, 296
Groseiller (agriculture). 168
Grotte de la Bonne-Femme. 252
Guéry, cascade. 302
Guéry (lac de). 302
Guirlande (écon. rurale). 180
Gymnostomum, plante. 146
Gyrophora, plante. 146

H

Habitations. 170
Hannetons. 158
Hautechaux, puy. 74, 101, 322
Hauteur des montagnes du Mont-Dore. 34
Helianthême, plante. 271
Hélix, mollusque. 160
Helix arbustorum, mollusque. 161
Helix cornea, mollusque. 161
Helix hispida, mollusque. 161
Helix hortensis, mollusque. 160
Helix lapicida, mollusque. 161
Helix limbata, mollusque. 161
Helix nemoralis, mollusque. 160
Helix nitida, mollusque. 161
Helix pomatia, mollusque. 160
Hérisson, quadrupède. 149
Hermine, quadrupède. 149
Héron, oiseau. 154
Hêtre, arbre. 122, 127
Hieracium grandiflorum, pl. 139
Hirondelle de cheminée, ois. 154
Hirondelle de fenêtre, oiseau. 154
Hirondelle de rochers, ois. 154
Houx, plante. 127, 228, 312
Humidité de l'air. 109
Hygromètre. 109
Hylobius abietis, insecte. 157
Hylobius fatuus, insecte. 157
Hyménoptères, insectes. 159
Hypnum, plante. 141, 146
Hypnum splendens, plante. 126

I

Impatiens noli tangere, pl. 141, 259
Impératoire, plante. 124
Imperatoria ostrutium, pl. 141
Industrie. 163
Insectes. 156
Irrigations. 166
Isoetes lacustris, plante. 353, 556
Issoire, ville. 44

J

Jaleyrac, village. 93
Jardins. 167
Jardin (source du). 240

Jasione ondulée, pl. 248,	271
Jasione perennis, plante.	139
Jaunas, caves.	380
Jean (bain St-)	187
Joubarbe arachnoïde, pl.	270
Julia, habitation.	420
Juncus filiformis, plante.	137

K

Kleing-stein, roche.	314

L

Lacs.	111
Lac d'Aydat.	409
Lac de Bourdouze.	355
Lac de Chambedaze.	354
Lac Chambon.	363
Lac Chauvet.	351
Lac Estivadou.	351
Lac de la Godivelle.	363
Lac de Guéry.	32, 65
Lac de Montsineire.	355
Lac Pavin.	351
Lagigeola, ruisseau.	19
Lagorce, moulin.	19
Lagorce, ruisseau.	16
Lagorce, source minérale.	19
Lagrange, habitation.	24
Lagrange, puy.	33, 41
Laguièze, hameau.	39
Lamoreno, puy.	10
Lapradas, habitation.	14
Laqueuille, village.	23, 139
Laschamps, puy.	7, 9, 423
Laschamps, village.	93, 422
Lassolas, volcan.	86, 89, 403, 416
Latour, village.	33
Latour, basaltes.	48
Lecidea, plante.	146
Legal, hameau.	47, 296
Leontodon hispidum, pl.	132
Lepidium alpinum, plante.	145
Lepidoptères, insectes.	156
Leptura cincta, insecte.	158
Leptura rubro testacea, ins.	158
Lézards, reptile.	156
Libellules, insecte.	159
Lichens, plantes.	102, 125, 139
Lichen d'Islande, plante.	140
Lichen nivalis, plante.	140
Lichen pixide, plante.	126
Lichen rangiferinus, plante.	140
Lichen des Rennes, plante.	126
Lichen sylvaticus, plante.	140

Lièvre, quadrupède.	149
Lignites.	41
Limagne, plaine.	57, 209
Lin, plante.	164
Linots rouges, oiseaux.	153
Liorant (bois du).	129
Lis martagon, plante.	128, 407
Loire, rivière.	114
Lotus corniculatus, plante.	172
Louchadière, volcan.	90
Loueire, (puy de).	74
Loup, quadrupède.	149
Luperus viridipennis, insecte.	159
Luzule blanc de neige, pl.	424
Luzula maxima, nivea, pl.	123
Luzula spicata, plante.	137
Lychnis des bois, pl.	128, 407
Lychnis viscaria, plante.	128
Lycopodium selago, plante.	137
Lymnée auriculaire, mollusq.	162
Lymnea minuta, mollusque.	162
Lysimaque des bois, plante.	129

M

Machaon, papillon.	211, 272
Magdeleine, source.	185
Malroche, montagne.	25, 48
Malvialle, roche.	46, 64, 74, 305
Mansset, village.	93
Marais.	107
Marais, leur végétation.	142
Mareilh, puy.	74, 107, 322
Marguerite, (source de Ste).	185
Martagon, plante.	138
Martre, quadrupède.	149
Martres, vallée.	414
Maubert, puy.	352
Maupertuis, montagne.	48
Mauve des bois, plante.	232
Mayanthême à deux feuilles, pl. 124, 424	
Meconopsis cambrica, pl.	128, 306
Mellite à feuilles de mélisse, pl. 128	
Melolontha albida, insecte.	158
Menat, bassin.	44
Menole (écon. rurale).	179
Mercœur, puy.	423
Merhingia muscosa, pl.	141
Merle d'eau, oiseau.	152
Merle grive, oiseau.	152
Merle litorne, oiseau.	152
Merle noir, oiseau.	152
Merle à plastron, oiseau.	152

Merle des rochers, oiseau.	152	Narcisse des poëtes, plante.	131, 136, 230
Mesadou (économie rurale).	179		
Mésange charbonnière, oiseau.	153	Nardus stricta, plante.	136, 172
Mespilus cotoneaster, plante.	144	Narse d'Espinasse.	86, 403
Message (économie rurale).	175	Nébouzat, village.	11, 18
Meum, plante.	138, 230, 422	Nebria gyllenhalii, insecte.	153
Mèye (puy de la).	419	Nebria olivierii, insecte.	158
Mezenc, montagne.	31	Nebria rubripes, insecte.	158
Milan, oiseau.	151	Neige.	104
Millepertuis, plante.	271	Nerprun, plante.	
Mirabeau (salon de).	227, 289	Neschers, village.	49
Miremont (château de).	93	Nivellement barométrique des monts Dores.	34
Mollusques.	160		
Monotropa hypopitis, plante.	24	Noir, puy.	419
Monsalvy, ville.	94	Noisetier, plante.	127
Montagnes à graisse.	171	Noyer (agriculture).	168
Montagnes à lait.	171	Nuages.	98, 226
Montagnes du Mont-Dore, leur élévation.	34	Nugère, volcan.	90
		Nymphales, insectes.	158
Montchalme, volcan.	49, 80, 80, 345	**O**	
Montchaud, bois.	406	Obsidienne, roche.	43
Montchaud, puy.	403	Œillets, plante.	207, 270, 248
Montchié, puy.	7, 86, 95	Oiseaux.	150
Monts Dores, gr. de montagnes.	1	Ombre chevalier, poisson.	155
Mont-Dore, village.	27, 396	Orage.	280
Monteynard, volcan.	48, 402	Ordenche, (Banne d').	47, 298
Montheille (roc de la).	48, 296	Orcet, village.	44
Monti fontana, plante.	141	Orchis, plante.	143
Montjugheat, volcan.	405	Orchis albida, plante.	138
Montredon, montagne.	414	Orchis à larges feuilles, pl.	131
Montrodeix, château.	7	Orchis mâle, plante.	230
Montsineire, lac.	355	Orchis morio, plante.	131
Montsineire, volcan.	80, 89, 355	Orchis sambucina, plante.	132
Mordella, insecte.	158	Orchis taché, plante.	131
Morio, insecte.	157	Orcines, village.	6
Moteux, oiseau.	151	Orobe tubéreux, plante.	271
Mouette, oiseau.	154	Orpin, plante.	248
Moulins à foulon.	17	Ortie grande, plante.	177
Moulins à scie.	272, 273, 286	Ouragan.	280
Mousses, plantes.	102	Ourdines (roc d').	48, 297
Moyennes barométriques.	109	Oxalis acetosella, pl.	228, 285
Muguet, plante.	124, 424	Oxide de fer.	46
Murat-le-Quaire, village.	25, 32, 48, 236	Orvet, reptile.	156
		P	
Murol, château.	372		
Murol, village.	85, 372	Pachyta octomaculata, ins.	159
Murol, vallée.	215	Pailheret, puy.	48
Murol (volcan de).	381	Pailhoux, montagne.	48
Myosotis, plante.	82, 131, 135	Pan de la Grange, puy.	41
N		Panthéon, ruines.	187
		Papillons.	156
Narcisse jaune, plante.	125, 136, 196, 204	Papillon citron, insecte.	157
		Pardines, montagne.	44

28

Pariou, volcan.	56, 90	*Pont de Clamouse.*	351
Pariou, sa coulée de lave.	5	*Pont des Eaux, village.*	19, 40
Parmelia, plante.	146	Ponts de glace.	106
Parnassia palustris, plante.	143	Populage, plante.	204
Pasredon, village.	425	*Portail de la Cour.*	223
Pâturages.	163	Potentille dorée, plante.	137
Pavés des Géans.	313	Potentilla verna, plante.	144
Pavin, lac.	32, 80, 334	*Pouge, puy.*	48
Pédiculaires, plantes.	138	*Pourcharet, volcan.*	86, 408
Pedicularis foliosa, plante.	137	Prairies basses, leur végétation.	129
Pelouses.	170	Prairies hautes, leur végétat.	132
Pensée sauvage, plante.	138	Prairies de Rigolet.	229
Perdrix grise, oiseau.	153	Prenanthes purpurea, pl.	24, 246
Périodes géologiques.	52	*Prenioux, hameau.*	33, 236
Perlite, minéral.	288	*Prentigarde, hameau.*	48, 398
Perrier, montagne.	44	Prés.	167
Pessade, hameau.	401	Primevère élevé, plante.	128
Pessis, hameau.	26, 44, 48, 287	Prismes des trachytes.	42
Pétasite, plante.	131	Prismes volcaniques.	239
Phellandrium mutellina, pl.	142	Prunier, plante.	168
Phleum alpinum, pl.	136, 171	Pulmonaire, pl.	22, 126, 128
Phryganes, insectes.	159	Pulsatille, plante.	129, 134
Phyllade primitif, roche.	19	*Puy de Dôme.*	6, 87, 90, 134
Phyteuma, pl.	137, 206, 230	*Puy de Dôme (petit).*	87
Phyteuma hæmispherica, pl.	146	*Puy Gros.*	26
Phyteuma spicata, plante.	132	Puys du Mont-Dore, leur élévation.	34
Pic de Dallet.	67	*Puy de Mur.*	67
Pic vert, oiseau.	279	Pyrethrum halleri, plante.	139
Pie grièche rousse, oiseau.	151	Pyrola minor, pl.	128, 137, 275
Piérides, insectes.	158		
Pigeon ramier, oiseau.	154	**Q**	
Pinguicula vulgaris, pl.	128, 142, 303	Quadrupèdes.	148
		Quaire, hameau.	236
Pinson, oiseau.	153	Quarz.	248
Pimpinella major, plante.	132	*Quereilh, basaltes.*	48
Pipi spioncelle, oiseau.	153	*Quereilh, cascade.*	290
Pissenlit, plante.	177	*Quereilh, hameau.*	26, 398
Plantago alpina, plante.	172		
Plantago lanceolata, plante.	172	**R**	
Plantain des Alpes, plante.	136	*Ramond (bain), source.*	185
Plantain lancéolé, plante.	131	*Randanne.*	127, 403
Plantes du Mont-Dore.	115	Rat, quadrupède.	150
Pluie.	103, 282	*Ravin de la Craie.*	70, 72
Poa alpina, plante.	171	*Ravin de l'Eau salée.*	236
Poa compressa, plante.	37	*Recolène, ruisseau.*	13
Poissons.	155	Renard, quadrupède.	149
Polygala, plante.	132	Renoncule, plante.	230
Polygonum bistorta, pl.	172	Renoncule à feuilles d'aconite.	19
Polyomates, papillons.	158, 231	Renoncule à feuilles de platane, plante.	124, 131, 141, 200
Polytric, plante.	126	Renoncule de montagne, pl.	123
Pommes de terre.	165	Reptiles.	155
Pommiers sauvages, plantes.	127	Reseda sesamoïdes, plante.	145
Ponce, minéral.	43		

Rhagium cursor, insecte.	199
Rhododendron, plante.	133
Rigny, source.	185
Rigolet-Bas, hameau.	130
Rigolet (prairies de).	229
Rigolet, plateau.	41
Rizocarpon, plante.	146
Rodde, volcan.	89, 407
Roc de Cuzeau.	31
Roche branlante.	318
Roche des Fées.	247
Roche longue, rocher.	379
Roche Sanadoire.	127, 146
Roche Sanad. (cascade de la).	305
Roche Vendeix.	261
Rochefort, ville.	22, 40
Rocher de l'Aigle.	235, 257
Rocher de Dreix.	319
Roitelet huppé, oiseau.	153
Ronces, plantes.	8
Rosée.	99
Rosier des Alpes, plante.	127
Rosier à feuilles de pimprenelle, plante.	129
Rosier à feuilles rouges, pl.	127
Rotonde, source.	240
Rougegorge, oiseau.	153
Rouget (le), rocher.	302
Ruines du Panthéon.	187
Ruisseaux.	110
Rumex des Alpes, pl.	131, 177
Rumex à feuilles d'arum, pl.	124

S

Sachat, hameau.	377
Saillans, cascade.	379
Salliens, village.	14
Salliens, cascade.	11
Saint-Amant, ville.	414
Saint-Diéry, château.	380
Saint-Martin-de-Tours.	21
Saint-Nectaire, village.	377
Saint-Romain, montagne.	57, 67
Saint-Saturnin, village.	25, 32, 40, 236
Salix pentendra, arbre.	21
Salix sericea, plante.	142
Salomon, puy volcanique.	86
Salon de Mirabeau.	227
Sanadoire, roche.	22, 25, 46, 64, 74, 307
Sancy, pic.	30, 32, 33, 40, 43, 51, 61, 99, 104, 137, 205, 221, 332
Sanglier, quadrupède.	149
Sanguisorba officinalis, pl.	139
Saperda oculata, insecte.	159
Saperda violacea, insecte.	158
Sapins.	169
Sarcouy, montagne.	87, 90
Sarrazin, plante.	164
Satyres, papillons.	156, 158, 246, 271
Saule, plante.	123, 127
Saules nains.	23
Saule pentendre, plante.	132
Saurier, village.	83
Sausses, hameau.	47
Saut du Ruisseau, cascade.	387
Saut de la Saule, cascade.	93
Sauteyrat, hameau.	409
Saxicola œnanthe, oiseau.	151
Saxifraga aizoïdes, plante.	146
Saxifraga cæsia, plante.	145
Saxifraga cæspitosa, plante.	145
Saxifraga stellaris, pl.	141, 143
Saxifrages, plantes.	192
Saxifrage étoilée, plante.	230
Saxifrage à feuilles rondes, plante.	141, 193
Saxifrage hypnoïde, plante.	144
Scabieuse, plante.	230, 270, 272
Scabiosa arvensis, pl.	132, 172
Scabiosa succisa, plante.	172
Schiste argileux, roche.	40
Scilla lilio-hyacinthus, plante.	24, 125
Scilla nutans, plante.	125
Sedum, plante.	270
Sedum telephium, plante.	145
Selinum pyrenaïcum, pl.	141
Sempervivum arachnoïdeum, pl.	145
Senecio doronicum, plante.	139
Senecio saracenicus, pl.	129
Seigle.	164
Serpent, cascade.	161, 199
Serpollet, plante.	132, 270
Serratula tinctoria, plante.	139
Sesleria cærulea, pl.	137, 171
Servières, lac.	79, 317
Siége de la Roche Sanadoire.	309
Siége de la Roche Vendeix.	264
Silene rupestris, plante.	145
Silice, minéral.	50
Sioule, rivière.	19, 91, 113
Sioulet, rivière.	91
Soldanella alpina, plante.	135

Soldanelle des Alpes, pl.	202, 203	Trachytes, leur formation.	53
Sonchus, plante.	124, 200	Trachyte ponceux.	46
Sonchus plumieri, plante.	128	Traquet pâtre, oiseau.	151
Sorbier des oiseleurs, arbre.	123, 145, 201	Trass blanc, roche.	216
		Travertin, roche.	49
Soucy (Creux du).	334	Trèfle des Alpes, pl.	136, 206
Soulèvement des monts Dores.	60, 65, 69, 198	Trèfle d'eau, pl.	19, 131, 230
		Tribout, montagne.	74, 101
Sources.	107	Trichius fasciatus, insecte.	158
Sources minérales.	225	Trifolium alpestre, plante.	132
Sources incrustantes.	378	Trifolium alpinum, plante.	172
Sources thermales.	185	Trifolium medium, pl.	172
Sources, leur végétation.	140	Trifolium pratense, pl.	132, 172
Sphagnum, plante.	108, 143	Trifolium repens, plante.	172
Spirée ulmaire, plante.	275	Trifolium spadiceum, pl.	143
Stellaire des bois, plante.	124	Trifolium thalii, plante.	172
Stellaria nemorum, plante.	24	Trollius europeus, pl.	131, 136, 230
Sterne ou hirondelle de mer, ois.	154	Truite, poisson.	155, 278
Suchet (petit), montagne.	87	Tuillière, roche.	22, 25, 46, 64, 74, 305, 307, 314
Sureau à grappes, arbrisseau.	128, 275, 234	Tussilage a ... blanches, pl.	125
Swertia perennis, plante.	143	Tussilage pétasite, pl.	116, 191

T

Tache (puy de la).	49, 74, 101, 322		

U

Tallende, village.	414	Usclade, hameau.	26, 288
Tambour (source du).	185	Usclade, ravin.	26, 288
Tamnus, plante.	128		

V

Tartaret, volcan.	48, 85, 89, 369, 381	Vaccinium, plante.	137
		Vache (puy de) volcan.	86, 89, 403, 416
Taupe, quadrupède.	150	Vacher (économie rurale).	175
Taupin, insecte.	158	Vacherie (économie rurale).	219
Tazana (gour de), lac.	87	Val d'Enfer.	223
Tedde, village.	425	*Valbeleix, village.*	361
Teix, hameau.	420	Valeriana dioïca, plante.	145
Température de l'air.	109	Valeriana officinalis, pl.	145
Température des eaux.	109	Valeriana tripteris, plante.	145
Temple romain.	28	Valériane, plante.	128
Tetras, oiseau.	154	Valériane dioïque, pl.	143
Thermomètre.	109	*Vallée de Chaudefour.*	32, 41, 389
Thlaspi montana, plante.	135	*Vallée de la Cour.*	31, 41, 61, 71
Thymalus limbatus, insecte.	157	*Vallée de Coteuge.*	380
Tomme (économie rurale).	180	*Vallée de la Dordogne.*	31
Tonnerre.	280	*Vallée des Enfers.*	41, 50, 61
Topographie du Mont-Dore.	30	*Vallée du Mont-Dore.*	31
Tortula, plante.	146	*Vallée de la Scie.*	48
Tourbe.	49	Vapeurs.	100
Tourillons (écon. rurale).	174	*Varenne, hameau.*	370
Trachytes, roche.	40, 52, 194	*Vassivières, hameau.*	49, 138
Trachyte bleuâtre.	45	*Vassivières, chapelle.*	338
Trachytes en coulée.	58	Vedelet (économie rurale).	176
Trachyte gris.	23		

Végétation des escarpemens.	143	Village des Bains.	32
Végétation des forêts basses.	126	Villars, vallée.	7
Végétation des forêts hautes.	122	Viola palustris, plante.	142
Végétation des marais.	142	Viola sudetica, plante.	23
Végétation du Mont-Dore.	115	Violette des marais, plante.	204
Végétation des prairies basses.	129	Violette tricolore, plante.	270
Végétation des prairies hautes.	132	Viorne lantana, pl. 123,	127
Végétation des sources.	140	Viorne obier, plante	127
Veissia, plante.	146	Vitrina elongata, mollusque.	161
Vendeix, roche. 48, 130, 145,	261	Vitrina pellucida, mollusque.	161
Vendes, village.	93	Vivanson (puy de). 49,	79
Veratrum album, pl. 22, 139,	179	Volcans modernes. 48,	69
Verge d'or, plante.	128	Volvic, ville.	93
Verneuge, hameau. 93, 409,	415	Vouassière, hameau.	387
Vernières, cascade. 161,	231	Vulcain, papillon. 157, 211,	272
Verrières, village.	379		
Veyre, vallée.	414	**Z**	
Vichatel, volcan. 86,	415	Zônes de végétation.	117

ERRATA.

Page 22, *ligne* 2, puy d'Augère, *lisez* puy de Rochefort
Page 105, *ligne* 16, hexaïdes, *lisez* hexaèdres.
Page 110, *ligne* 11, roches, *lisez* rochers.
Page 150, *ligne* 16, assez suffisante, *lisez* suffisante.
Page 172, *lignes* 11 *et* 12, où foisonne, *lisez* où foisonnent.
Page 206, *ligne* 2, armica, *lisez* arnica.

www.ingramcontent.com/pod-product-compliance
Lightning Source LLC
Chambersburg PA
CBHW070212240426
43671CB00007B/625